utb 4840

Eine Arbeitsgemeinschaft der Verlage

W. Bertelsmann Verlag · Bielefeld
Böhlau Verlag · Wien · Köln · Weimar
Verlag Barbara Budrich · Opladen · Toronto
facultas · Wien
Wilhelm Fink · Paderborn
A. Francke Verlag · Tübingen
Haupt Verlag · Bern
Verlag Julius Klinkhardt · Bad Heilbrunn
Mohr Siebeck · Tübingen
Ernst Reinhardt Verlag · München
Ferdinand Schöningh · Paderborn
Eugen Ulmer Verlag · Stuttgart
UVK Verlagsgesellschaft · Konstanz, mit UVK/Lucius · München
Vandenhoeck & Ruprecht · Göttingen
Waxmann · Münster · New York

Julia Gerick, Angela Sommer,
Germo Zimmermann (Hrsg.)

Kompetent Prüfungen gestalten

53 Prüfungsformate für die Hochschullehre

Online-Angebote oder elektronische Ausgaben sind erhältlich
unter www.utb-shop.de

Bibliografische Informationen der Deutschen Nationalbibliothek
Die Deutsche Nationalbibliothek verzeichnet diese Publikation in der
Deutschen Nationalbibliografie; detaillierte bibliografische Daten sind
im Internet über http://dnb.d-nb.de abrufbar.

utb 4840
ISBN 978-3-8252-4840-6

© Waxmann Verlag GmbH, 2018
www.waxmann.com
info@waxmann.com

Einbandgestaltung: Atelier Reichert, Stuttgart
Einbandmotiv: © Syda Productions – Fotolia.de
Satz: Stoddart Satz- und Layoutservice, Münster
Druck: Friedrich Pustet GmbH & Co. KG, Regensburg

Gedruckt auf alterungsbeständigem Papier,
säurefrei gemäß ISO 9706

Printed in Germany
Alle Rechte vorbehalten. Nachdruck, auch auszugsweise, verboten.
Kein Teil dieses Werkes darf ohne schriftliche Genehmigung des
Verlages in irgendeiner Form reproduziert oder unter Verwendung
elektronischer Systeme verarbeitet, vervielfältigt oder verbreitet werden.

Inhalt

Kompetenzorientierte Prüfungsformen – Eine praxisorientierte Hinführung 9
Julia Gerick, Angela Sommer & Germo Zimmermann

Übersicht über die 53 Prüfungsformate 18

1 24-Stunden-Hausarbeit 20
  Gabi Reinmann

2 Beitrag in einer formalisierten Debatte bzw. im Debattierclub 25
  Doris Gutsmiedl-Schümann

3 Best-case-Szenarien entwickeln 30
  Julia Gerick

4 Bibliographie 34
  Peter Kauder & Andreas Kempka

5 Blogbeitrag 38
  Miriam Kahrs & Sandra Kohl

6 Coding Challenge 42
  Malte Schilling

7 E-Klausur 46
  Andreas Hoffmann & Marc Sauer

8 Entwicklung eines Interviewleitfadens 51
  Claudia Equit

9 E-Portfolio-Prüfung 54
  Ivo van den Berk & Wey-Han Tan

10 E-Prüfungen 58
   Joachim K. Rennstich

11 Essay 62
   Karsten Jung

12 Expertenboard (Wirtschaftsrecht) 66
   Carolin Sutter

13 Exzerpt 72
   Katharina Hombach

14 Fachlich reflektierte Hospitation mit Bericht 76
   Florian Karcher

15 Fallbasierte Klausuren 80
   Christian Decker

16 Formative Online-Gruppenprüfung 84
   Katja Königstein-Lüdersdorff & Andrea Warnke

17 Führung als Prüfungsformat 88
   Tobias Nettke

18 Gemeinschaftlich gestellte Klausur 93
   Silke Lautner

19 Hausarbeit 97
   Tobias Künkler

20 Kartenproduktion 101
   Jonathan Otto & Wolfgang Teichert

21 Kombination von Einzel- und Gruppenprüfung im
   Zwei-Stufen-Verfahren 105
   Christian Kautz & Katrin Billerbeck

22 Kreatives Produkt entwickeln 109
   Nico Thom

23 Kunstführer 113
   Jochen Hermann Vennebusch

24 Laborprotokoll 118
   Martin Hieronymus

25 Lerntagebuch 123
   Florian Karcher

26 Lexikonbeitrag 128
   Simon Dombrowski

27 Memos schreiben 132
   Thomas Hoebel

28 Multiple-Choice-Prüfungen
   (Antwort-Wahl-Verfahren) 136
   Dorothea Ellinger

29 Mündliche Einzelprüfung 140
   Angela Sommer

30 Mündliche Gruppenprüfung im interdisziplinären
   Problembasierten Lernen (iPBL) 144
   Mirjam Braßler

| 31 | Mündliche Gruppenprüfung in problemorientierten Lernformaten 149
Katrin Billerbeck & Marisa Hammer

| 32 | Musterlösung erstellen 154
Paul Borsdorf

| 33 | Objektive strukturierte praktische/klinische Prüfung 158
Marc Dilly

| 34 | Paper Review 163
Nadine Stahlberg

| 35 | Pecha Kucha 168
Germo Zimmermann

| 36 | Planspiel 172
Nathali T. Jänicke

| 37 | Portfolioprüfung 177
Antonia Scholkmann & Daniela Lund

| 38 | Poster 181
Annika Ohle

| 39 | Posterkonferenzen 185
Christian Decker

| 40 | Protokoll einer Seminareinheit 189
Lena Niekler

| 41 | Prüfungsgespräch mit Poster-Präsentation 193
Dagmar Killus & Sabrina Kulin

| 42 | Reflexionsbericht 198
Angela Sommer

| 43 | Rezension 202
Arnd Holdschlag

| 44 | Schriftliche Problemfalldiskussion 206
Antonia Scholkmann

| 45 | Schriftliche Reflexion 212
Ina S. Gray

| 46 | Semesterbegleitende Aufgaben 216
Natalie Enders & Martin Aßmann

| 47 | Seminarsitzungen vorbereiten – durchführen – reflektieren 220
Angelika Paseka

| 48 | Software-Produkt 225
Dirk Bade

49 Studienskizze 229
Judith Vriesen

50 Thesenpapier 233
Helge Keller & Jürgen Boeckh

51 Übersetzung 237
Björn Oellers

52 Videos analysieren und Ergebnisse der eigenen
Auswertungen präsentieren 241
Miriam Hess & Frank Lipowsky

53 Zeitungsartikel analysieren oder verfassen 245
Nico Thom

Good-Practice-Beispiel 1
Der „shift from teaching to learning". Kompetenzorientierung und
Studierendenzentriertheit als Herzstück der Hochschullehre
Ein Interview mit Julia Rózsa von der SRH-Hochschule Heidelberg 249
Germo Zimmermann

Good-Practice-Beispiel 2
Die Rolle des Zentrums für Lehren und Lernen an der TU Hamburg
im Kontext der Entwicklung kompetenzorientierter Prüfungen.
Ein Interview mit Katrin Billerbeck 257
Julia Gerick

Autorinnen und Autoren 264

Kompetenzorientierte Prüfungsformen – Eine praxisorientierte Hinführung

Julia Gerick, Angela Sommer & Germo Zimmermann

Warum wir dieses Buch vorlegen?

Prüfungen sind in vielerlei Hinsicht spannend und aufschlussreich – diese Erfahrung machen wir selbst in unserer Lehre und in den hochschuldidaktischen Diskursen mit Kolleginnen und Kollegen. In der Prüfung bzw. den vorbereitenden Gesprächen mit unseren Studierenden erhalten wir Rückmeldung darüber, was „angekommen", was gelernt und was verstanden wurde. Mündliche wie schriftliche Prüfungen, wenn sie gut gemacht sind, geben Studierenden und Lehrenden zumindest punktuell Auskunft darüber, wie intensiv und/oder überblicksorientiert der „Stoff" angeeignet wurde, gesteckte Lernziele erreicht und Kompetenzen erworben wurden. Auch der kollegiale Austausch über das Prüfen birgt vielfältige Chancen. Wir haben selbst häufig erlebt, dass nachbereitende Gespräche mit Mitprüfenden oder Beisitzenden wertvolle Anregungen zur Entwicklung der eigenen Lehre und/oder der eigenen Prüfungskompetenz hervorbringen. Prüfen ist für uns daher eine großartige Gelegenheit, mit den Studierenden, ihren Fragen, ihren Lernentwicklungen und leider manchmal auch mit ihrem Scheitern in Kontakt zu kommen. Wir hoffen, dass wir die Leserinnen und Leser mit dieser Prüfungsfreude anstecken können – dafür haben wir das Buch gemacht! Wir drei haben selbst die Erfahrung gemacht, dass der Diskurs über das Prüfen verbindend ist. Schließlich entstand die Idee für diesen Herausgeberband aus einer Lehrveranstaltung im hochschuldidaktischen Masterstudiengang (MoHE) der Universität Hamburg, wo wir als Lehrende und Lernende gemeinsam an diesem Thema gearbeitet haben. Wir freuen uns daher ganz besonders dass es uns gelungen ist, 57 Kolleginnen und Kollegen für 53 Beiträge aus ihrer Prüfungspraxis zu gewinnen.

Welche Prüfungsformen umfasst dieser Band?

Prüfungen stellen im Hochschulbereich seit jeher ein zentrales Thema dar. Seit der vor rund 20 Jahren angestoßenen Bologna-Reform sowie der Orientierung zum kompetenzorientierten Prüfen nimmt die Diskussion um Prüfungen und Prüfungsformen an Bedeutung zu. Mit dem vorliegenden praxisbezogenen Herausgeberband wird eine Sammlung unterschiedlicher Prüfungsformen im Kontext des kompetenzorientierten Prüfens vorgelegt, die dazu anregen soll, die eigenen Prüfungsformen kritisch zu hinterfragen und neue – teils innovative – Ansätze für die eigene Hochschulpraxis kennenzulernen.

Im Bereich der Hochschuldidaktik und ihrer Praxis gibt es zahlreiche Ansätze, Prüfungen zu gestalten. Hinsichtlich der Konzeption und Gestaltung von Prüfungen differenzieren Schaper und Kollegen (2012) in Anlehnung an Knight (2001) sowie Wildt & Wildt (2011) zwischen ergebnisorientierten und prozessorientierten Prüfungen bzw. summativen und formativen Prüfungen, die jeweils unterschiedliche Funktionen erfüllen. Ergebnisorientierte Prüfungsformen – die oftmals als summative Prüfungen durchgeführt werden – sind meist zum Ende einer Lerneinheit hin angesiedelt. Prozessorientierte Prüfungen dagegen beziehen sich nicht auf das Ende einer Lehrveranstaltung, eines Moduls oder eines Studiengangs, sondern auf verschiedene Phasen des Lernprozesses und können damit (formativ) eine wichtige Rückmeldefunktion für die Lernenden und die Lehrenden erfüllen. In diesem Kontext hat sich eine Vielzahl verschiedener Formen entwickelt, die sich in diesem Band in großer Breite wiederfinden. Darunter sind sowohl Methoden für Abschlussprüfungen als auch studienbegleitende Leistungen bzw. Studienleistungen, die oftmals unbenotet sind und je nach Hochschulprüfungsordnung unterschiedlich bezeichnet sein können (z. B. Leistungen für die aktive Teilnahme etc.).

Welches Kompetenzverständnis liegt diesem Band zu Grunde?

Im Blick auf das kompetenzorientierte Prüfen orientieren wir uns an den Ausführungen von Reis (2010, S. 157ff.), der zwischen einer Kompetenzorientierung *im engeren Sinne* und einer *im weiteren Sinne* unterscheidet. Grob gesagt bedeutet letztere, dass die Studierenden in ihrem Studienverlauf die höchste Kompetenzstufe erreichen sollen, nicht jedoch jede einzelne Prüfung für sich genommen auf die höchste Taxonomie-Ebene abzielt (Kompetenzorientierung im engeren Sinne). In diesem Band folgen wir der Perspektive der Kompetenzorientierung im weiteren Sinne, denn dadurch besteht die Möglichkeit, Prüfungsformen zusammenzubringen, die auf den unterschiedlichen Ebenen ansetzen und verschiedene Kompetenzen fokussieren. Um trotz der Vielfalt der Kompetenzziele sowohl zwischen den Fächern und Disziplinen als auch zwischen Hochschulstandorten und Studiengängen eine gewisse Systematisierung der unterschiedlichen Prüfungsformen vornehmen zu können, wurden in Anlehnung an die Arbeitsstelle für Hochschuldidaktik der Universität Zürich *vier Kompetenzbereiche* herangezogen (AfH 2007, S. 12):

- *Fachkompetenz* wird definiert als der „Erwerb verschiedener Arten von Wissen und kognitiven Fähigkeiten".
- Unter *Methodenkompetenz* werden „Kenntnisse, Fertigkeiten und Fähigkeiten" subsummiert, die es ermöglichen, „Aufgaben und Probleme zu bewältigen, indem sie die Auswahl, Planung und Umsetzung sinnvoller Lösungsstrategien ermöglichen".
- Die *Selbstkompetenz* meint in diesem Verständnis „Fähigkeiten und Einstellungen, in denen sich die individuelle Haltung zur Welt und insbesondere zur Arbeit ausdrückt".
- Und die *Sozialkompetenz* umfasst „Kenntnisse, Fertigkeiten und Fähigkeiten, die dazu befähigen, in den Beziehungen zu Mitmenschen situationsadäquat zu handeln".

Im Kontext der Frage nach Kompetenz- oder Lernzielen wird oftmals auf Lernzielstufen Bezug genommen, zu denen unterschiedliche Taxonomien vorliegen (z. B. Anderson & Krathwohl 2001). Dies soll an dieser Stelle nur erwähnt werden, da in einigen der Beiträge explizit auf Lernzielstufen Bezug genommen wird.

In welcher Beziehung stehen Prüfungen, Lernziele und Lernmethoden?

Wie oben bereits beschrieben können Prüfungen eine wichtige Steuerungsfunktion im Lernprozess einnehmen (z. B. Schaper et al. 2012). Voraussetzung dafür ist allerdings, dass die Gestaltung der Lehr- und Lernaktivitäten sowie der Prüfungen eng mit den angestrebten Kompetenzen der Studierenden, d. h. den sog. „Learning-Outcomes" (also den im Vorfeld definierten Lernzielen einer Lehrveranstaltung) verknüpft ist. Dies ist die Grundidee des sogenannten *Constructive-Alignment-Konzepts*, das von Biggs und Tang (2007) entwickelt wurde.

> „Constructive alignment is a principle used for devising teaching and learning activities and assessment tasks, that directly address the learning outcomes intended in a way not typically achieved in traditional lectures, tutorial classes and examinations. Constructive alignment is a principle used for devising teaching". (Ebd., S. 52)

Eine erfolgreiche Umsetzung der Idee des *Constructive Alignments* geht davon aus, dass Lehr- und Lernaktivitäten derart aufeinander abgestimmt sind, dass die Studierenden die angestrebten Lernziele auch erreichen können und zudem die Prüfung genau das Erreichen dieser Ziele überprüft (Baumert & May 2013).

Für die sinnvolle Auswahl einer kompetenzorientierten Prüfungsform ist es daher besonders wichtig, dass diese mit den Lern- bzw. Kompetenzzielen sowie den Aktivitäten im Rahmen der Lehrveranstaltung stimmig ist (vgl. Abbildung 1).

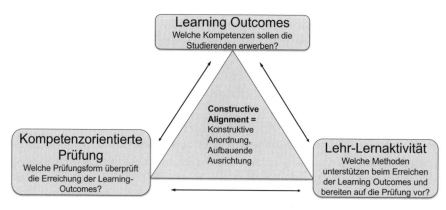

Abb. 1: Constructive Alignment nach Biggs & Tang (2007)

Anders ausgedrückt stellt sich im *Constructive Alignment* die Frage, wie die Lehrveranstaltung die Studierenden darauf vorbereitet hat, das zu leisten, was ihnen in der Prüfung abverlangt wird. Eine Lehrveranstaltung, in der der methodische Schwerpunkt auf Lehrgespräch und Diskussion, auf vertiefender Gruppenarbeit und Reflexionsfragen liegt, bereitet nicht auf eine Klausur oder einen Mehrfachantworten/Auswahltest (Multiple Choice) vor. Und eine Vorlesung, bei der die kompakte, vorwiegend monologische Wissensvermittlung im Vordergrund steht, sollte nicht mit einer Prüfungsleistung verbunden werden, bei der eigenständiges Experimentieren, Konstruieren oder das Entwickeln von Produkten als Prüfungsleistung verlangt wird. Denn: die Veranstaltung hat die Studierenden darauf nicht vorbereitet. Gleichzeitig können eine Vielzahl der in diesem Band versammelten Prüfungsformen in modifizierter Form bereits zur Prüfungsvorbereitung in die Lehrveranstaltung aufgenommen werden. Exemplarisch sei hier vorgeschlagen, Klausuren und Aufgabenstellungen aus vergangenen Semestern als Übungsklausuren zur Verfügung zu stellen, mündliche Prüfungsgespräche im Seminar zu üben oder die Studierenden zu bitten, einander Übungsaufgaben zu stellen, die in Kleingruppen, Tutorien oder auf Online-Plattformen zur Verfügung gestellt und deren Lösung besprochen werden können. Verwiesen sei hier auf die sogenannten CATs (Classroom Assessment Techniques), mit deren

Hilfe Prüfungsvorbereitung in Lehrveranstaltungen integriert werden kann (Angelo & Cross, 1993).

Warum ein solcher Band und an wen richtet er sich?

Im Unterschied zu gegenwärtigen Veröffentlichungen zum Thema Prüfungen, die sich oftmals vor allem auf einzelne Hochschulen beziehen oder für fachspezifische Kontexte – wie zum Beispiel technische Fächer (Billerbeck, Tscheulin & Salden 2014) – entwickelt wurden, bietet der vorliegende Band eine systematische fächerübergreifende Sammlung unterschiedlicher und innovativer Prüfungsformen. Dabei stellen Lehrende vor dem Hintergrund ihrer Praxiserfahrung ihre Expertise für die jeweilige Prüfungsform zur Verfügung und geben damit exemplarische Einblicke in ihre Prüfungspraxis. Praxisorientiert angelegt liefert dieser von uns vorgelegte Band 53 unterschiedliche, aktuell an Hochschulen eingesetzte und in der Hochschuldidaktik diskutierte Prüfungsformen, die systematisiert vorgestellt werden. Damit zielt der Band einerseits darauf ab, Einblicke in die Vielfalt verschiedener Prüfungsformen zu geben und so Anregungen für die Hochschulpraxis zu entwickeln. Andererseits soll der Blick „über den Tellerrand" klassischer Prüfungsformen helfen, das eigene Prüfungsportfolio zu erweitern. Um dies zu ermöglichen, werden entsprechende Prüfungsformen in ihrer Anlage und Funktion vorgestellt und ihre Verwendbarkeit in der Hochschullehre erörtert und reflektiert. Dabei wurde besonderer Wert darauf gelegt, die Methoden systematisch und übersichtlich darzustellen, um damit die Übertragbarkeit auf eigene Lehr- und Lernkontexte in der Praxis zu ermöglichen. Somit richtet sich der Herausgeberband an eine breite Zielgruppe. Diese sind zwar vor allem Lehrende an den Hochschulen, aber auch an Hochschuldidaktik und Hochschulentwicklung Interessierte aller Fachbereiche sowie Verantwortliche für Modul- und Studiengangentwicklung an Hochschulen („Third Space") oder im Bereich der Hochschuldidaktik Tätige.

Was kann dieser Band leisten – und was nicht?

Wie bereits deutlich wurde, besteht die Zielsetzung dieses Bandes darin, eine praxisorientierte Darstellung und Zusammenstellung unterschiedlicher, bewährter wie innovativer Prüfungsformen im Kontext des kompetenzorientierten Prüfens zu bieten und dabei fächer- und disziplinübergreifend Expertinnen und Experten vor dem Hintergrund ihrer Erfahrung und Expertise zu Wort kommen zu lassen. Damit stellt dieser Band vor allem eine fundierte Methodensammlung dar, die selbstverständlich keinen Anspruch auf Vollständigkeit hat.

Auch bedeutet die Aufnahme einer Prüfungsform in diesen Band nicht, dass diese unmittelbar 1:1 an anderen Hochschulen durchführbar ist. Die Leserinnen und Leser haben stets für sich und ihren Hochschulkontext zu prüfen, inwiefern die Prüfungsordnung die Realisierung der dargestellten Methoden ermöglicht. Generell spielen rechtliche Aspekte bei Prüfungen – vor allem bei solchen mit Rechtsfolgen – eine große Rolle, z. B. bei der Wahl der Prüfusngsform, der Plagiatsproblematik, Fristenregelungen, Anzahl der Wiederholungsversuche und Fragen nach der Rolle des Beisitzenden (mitprüfend, gemeinsame Klausurstellung, Beisitzende als ausschließlich Protokollierende) oder der Dauer von Prüfungen. Näheres regeln die jeweiligen Prüfungsordnungen bzw. fachspezifischen Bestimmungen eines Studiengangs, die für Lehrende und Studierende den Prüfungsrahmen darstellen, der gestaltet und eingehalten werden kann und muss. Durch die profunde Kenntnis der Rechtslage lassen sich eine Reihe von „Mythen" rund ums Prüfen ausräumen, wie sie leider immer wieder auf studentischer wie auch auf Lehrendenseite anzutreffen sind. Zu diesen Mythen gehören etwa Vorstellungen darüber, wie mit plötzlichen Erkrankungen in der Prüfung umzugehen ist, was Beisitzende dürfen oder müssen, wie verbindlich vereinbarte Uhrzeiten von mündlichen Prüfungen sind, unter welchen Voraussetzungen Zuhörende zuzulassen sind, wer wann das Prüfungsprotokoll erhält und was – mindestens – darin enthalten sein muss. Im Rahmen dieses Bandes kann lediglich darauf hingewiesen werden, wie wichtig es ist, sich als Prüfende über die rechtlichen Rahmenbedingungen zu informieren. Die Rechtsabteilungen der Hochschulen halten hier in der Regel zahlreiche Handreichungen, teilweise auch Workshops vor und stehen für die Beratung zum rechtssicheren Prüfen zur Verfügung. Vertiefend sei zu diesem Thema an dieser Stelle auch auf weiterführende Literatur hingewiesen (Birnbaum 2007; Niehues & Fischer 2014).

Darüber hinaus werden Disziplinunterschiede oder Differenzen in den Fach- und Prüfungskulturen in diesem Band nicht explizit thematisiert, wohl wissend, dass es sie gibt und dass sie in der Diskussion um Prüfen und die Weiterentwicklung von Prüfungsformen durchaus eine große Rolle spielen. Wer sich vertiefend mit prüfungsrechtlichen, -didaktischen und -praktischen Fragen befassen möchte, sei unbedingt an die hochschuldidaktischen Angebote der Hochschulen verwiesen. Derzeit hat praktisch jede bundesdeutsche Hochschule entweder ein eigenes Angebot wissenschaftlicher Personalentwicklung für Lehrende oder ist in einem Angebotsverbund mit anderen Hochschulen vernetzt. Viele dieser Einrichtungen halten darüber hinaus Beratungsangebote vor, bei denen Modulstrukturen, Prüfungs- und Bewertungskonstruktion sowie praktische Durchführungsfragen kompetent und vertraulich beraten werden können.

Die Fragen nach Sinn oder Unsinn von Prüfungen, wie sie immer wieder, nicht nur von studentischer Seite, gestellt werden, werden in diesem Band nicht diskutiert (vgl. dazu Reinmann 2012). Vielmehr möchten wir mit diesem Band dazu einladen, Prüfungen didaktisch sinnvoll, fair und in Übereinstimmung mit den jeweils geltenden Prüfungsordnungen angemessen zu gestalten und sie als integralen Bestandteil des studentischen Lernprozesses zu begreifen.

Wie ist dieser Band aufgebaut und wie kann er gelesen werden?
Der vorliegende Band gliedert sich wie folgt:

Im Schwerpunkt des Bandes werden 53 Prüfungsformen in alphabetischer Reihenfolge kurz vorstellt. Die Darstellung erfolgt dabei anhand eines einheitlichen Rasters, um eine gute Übersichtlichkeit und Vergleichbarkeit zu erreichen. Dabei wird einleitend zunächst für jede Prüfungsform eine tabellarische Kurzbeschreibung gegeben, in der auf einen Blick u. a. Informationen zu Einsatzmöglichkeiten (u. a. Gruppengröße, Durchführungsort), aber auch eine Einordnung in Kompetenzziele ersichtlich sind. So soll den Leserinnen und Lesern die Möglichkeit gegeben werden, gezielt nach für die eigene Lehrpraxis geeigneten Prüfungsformen zu suchen. Dies wird zudem durch eine Übersichtstabelle im Anschluss an diese Einleitung erleichtert. Anschließend wird in jedem Beitrag jeweils zunächst die Prüfungsform beschrieben, es werden Anwendungsmöglichkeiten skizziert und ein Praxisbeispiel gegeben. Jeder Kurzbeitrag schließt mit einer Empfehlung, Regel oder einem Tipp ab, die sich aus der Erfahrung der Autorinnen und Autoren in der Durchführung der Prüfungsform ergeben haben und mögliche Stolpersteine für die Umsetzung in der Praxis vor Augen führen soll.

Im anschließenden *Good-Practice-Teil* werden Umsetzungsmöglichkeiten kompetenzorientierten Prüfens an zwei verschiedenen Hochschulen betrachtet. Beispielhaft wurden dafür die SRH-Hochschule Heidelberg sowie die Technische Universität Hamburg Harburg ausgewählt. Diese hauptsächlich im Interviewformat gestalteten Kurzbeiträge zielen darauf ab, den Leserinnen und Lesern einen Überblick über die Herangehensweise und Umsetzung kompetenzorientierten Prüfens an den jeweiligen Hochschulen zu geben und darüber hinaus Einblicke in Potenziale und Grenzen zu ermöglichen.

Mit diesem Aufbau kann der vorliegende Band je nach Interesse und Fragestellung der Leserinnen und Leser als gezieltes Nachschlagewerk, als Ideengeber oder Orientierungshilfe im „Prüfungsdschungel" verstanden werden. Einige Beiträge werden dabei inhaltlich ähnliche Bereiche betrachten oder Überschneidungen aufweisen. Das ist uns bewusst. Doch war dies für uns zu keinem Zeitpunkt ein Ausschlusskriterium, sondern im Gegenteil Ausdruck der vielfältigen Ausgestaltungs- und Kombinationsmöglichkeiten von Prüfungsformen, die aus unserer Sicht den Leserinnen und Lesern in ihrer Gesamtheit wichtige und spannende Anregungen geben können. Auch werden einige Beiträge stärker fachnah sein als andere. In solchen Fällen laden wir Sie herzlich ein, sich auch von solchen Beiträgen inspirieren zu lassen, Übertragungs- und Adaptierungsmöglichkeiten zu finden und in der eigenen Praxis umzusetzen. Einen letzten Hinweis möchten wir an Leserinnen und Leser aus dem Kontext von Staatsexamensstudiengängen richten: Auch, wenn in den Beiträgen oftmals Beispiele aus BA-/MA-Studiengängen angeführt werden, laden wir auch Sie herzlich ein, sich angesprochen zu fühlen und nach Übertragungsmöglichkeiten in Ihre Arbeitsbereiche zu schauen.

Nun wünschen wir eine interessante Lektüre und anregende Ideen für die eigene Prüfungspraxis. Wir danken allen Beteiligten an diesem Sammelband, die ihr Wissen und ihre Expertise zur Verfügung gestellt und damit dieses Werk erst möglich gemacht haben. Ebenfalls sind wir Frau Kirsten Meth für die kompetente Organisation zum Dank verpflichtet. Gleiches gilt für den WAXMANN Verlag, namentlich Frau Beate Plugge, die uns in der gesamten Phase der Entstehung des Buches kompetent begleitet hat und es uns ermöglicht hat, das Buch einer breiten Leserschaft durch die Veröffentlichung bei utb bekannt zu machen.

Literatur
Anderson, L. W. & Krathwohl, D. R. (2001). *A taxonomy for learning, teaching, and assessing: A revision of Bloom's taxonomy of educational objectives.* New York: Longman.
Angelo, Thomas A. & Cross, K. Patricia (1993). *Classroom Assessment Techniques.* San Francisco: Jossey-Bass Publishers. Verfügbar unter: http://bit.ly/2lAy490 [02.10.2017].
AfH (2007) = Arbeitsstelle für Hochschuldidaktik Universität Zürich (2007). *Leistungsnachweise in modularisierten Studiengängen.*
Verfügbar unter: http://bit.ly/2cTLyUz [02.10.2017].
Baumert, B. & May, D. (2013). Constructive Alignment als didaktisches Konzept. Lehre planen in den Ingenieur- und Geisteswissenschaften. *journal hochschuldidaktik, 1–2,* 23–27.
BMBF (2007) = Bundesministerium für Bildung und Forschung (Hrsg.) (2007). *Zur Entwicklung nationaler Bildungsstandards. Expertise.* Verfügbar unter: http://bit.ly/2kYS1mS [02.10.2017].
Biggs, J. B. & Tang, C. (2007). *Teaching for quality learning at university.* Maidenhead: Open University Press/MCGraw-Hill Education.
Billerbeck, K., Tscheulin, A. & Salden, P. (Hrsg.) (2014). *Lernen bewerten in technischen Fächern. Auf dem Prüfstand: TUHH.*
Verfügbar unter: http://bit.ly/2lHh2mt [02.10.2017].
Birnbaum, C. (2007). *Mein Recht bei Prüfungen.* München: dtv.
Euler, P. (2012). *10 Thesen zur Debatte um kompetenzorientierte Bildungsstandards.* Verfügbar unter: http://bit.ly/1h4DO3O [02.10.2017].

Knight, P. (2001). *A Briefing on Key Concepts Formative and Summative, Criterion & Norm-Referenced Assessment.* LTSN Generic Centre.

Niehues, N. & Fischer, E. (2014). *Prüfungsrecht.* 6. Auflage. München: C.H.Beck.

Reinmann, G. (2012). Was wäre, wenn es keine Prüfungen mit Rechtsfolgen mehr gäbe? Ein Gedankenexperiment. In Csanyi, G.; Reichl, F.; Steiner, A. (Hrsg.), *Digitale Medien – Werkzeuge für exzellente Forschung und Lehre.* Verfügbar unter: http://bit.ly/2p0Hzz8 [02.10.2017].

Reis, O. (2010). Kompetenzorientierte Prüfungen – Wer sind sie und wenn ja wie viele? In G. Terbuyken (Hrsg.), *In Modulen lehren, lernen und prüfen. Herausforderungen an die Hochschuldidaktik* (S. 157–184). Loccum: Loccumer Protokoll 78/09.

Schaper, N., Reis, O., Wildt, J., Horvath, E. & Bender, E. (2012). *Fachgutachten zur Kompetenzorientierung in Studium und Lehre.* Bonn: Hochschulrektorenkonferenz & nexus. Verfügbar unter: http://bit.ly/2p0OqIQ [02.10.2017].

Wildt, J. & Wildt, B. (2011). Lernprozessorientiertes Prüfen im „Constructive Alignment". Ein Beitrag zur Förderung der Qualität von Hochschulbildung durch eine Weiterentwicklung des Prüfsystems. In B. Berendt, J. Wildt & B. Szczyrba (Hrsg.), *Neues Handbuch Hochschullehre. Lehren und Lernen effizient gestalten* (Artikel H.6.1). Berlin: Raabe.

Übersicht über die 53 Prüfungsformate

Prüfungsform	schriftlich	mündlich	praktisch	Fachkompetenz	Methodenkompetenz	Sozialkompetenz	Selbstkompetenz	Semesterbegleitend
1. 24-Stunden-Hausarbeit	X			X	X			
2. Beitrag in einer formalisierten Debatte bzw. im Debattierclub		X		X	X	X	X	
3. Best-case-Szenarien entwickeln		X		X		X		X
4. Bibliographie	X		X	X	X		X	X
5. Blogbeitrag	X			X	X	X	X	X
6. Coding-Challenge			X	X				X
7. E-Klausur	X			X	X			X
8. Entwicklung eines Interviewleitfadens	X		X	X	X	X		X
9. E-Portfolio-Prüfung	X	X		X	(X)		X	X
10. E-Prüfungen	X		X	X	X	X	X	X
11. Essay	X			X	X		X	X
12. Expertenboard (Wirtschaftsrecht)		X	X	X	X	X	X	(X)
13. Exzerpt	X			X	X			
14. Fachlich reflektierte Hospitation mit Bericht	X		X	X	X	X		
15. Fallbasierte Klausuren	X			X	X			
16. Formative Online-Gruppenprüfung	X	X		X	X	X	X	X
17. Führung als Prüfungsformat		X	X	X	X	X		X
18. Gemeinschaftlich gestellte Klausur	X			X	X			
19. Hausarbeit	X			X			X	X
20. Kartenproduktion			X	X	X			
21. Kombination von Einzel- und Gruppenprüfung im Zwei-Stufen-Verfahren	X			X		X	X	X
22. Kreatives Produkt entwickeln			X	X	X	X	X	X
23. Kunstführer	X		X	X	X	X		X
24. Laborprotokoll	X			X	X	X	X	X
25. Lerntagebuch	X			X	X		X	X
26. Lexikonbeitrag	X			X	X		X	X
27. Memos schreiben	X			X	X		X	X
28. Multiple-Choice-Prüfungen (Antwort-Wahl-Verfahren)	X			X	X			X

Prüfungsform	schriftlich	mündlich	praktisch	Fachkompetenz	Methodenkompetenz	Sozialkompetenz	Selbstkompetenz	Semesterbegleitend
29. Mündliche Einzelprüfung		X		X	X	X		
30. Mündliche Gruppenprüfung im interdisziplinären Problembasierten Lernen (iPBL)		X		X	X	X	X	
31. Mündliche Gruppenprüfung in problemorientierten Lernformaten		X		X	X	X	X	
32. Musterlösung	X			X	X	X		X
33. Objektive strukturierte praktische/klinische Prüfung			X	X	X	X		X
34. Paper Review	X			X	X		X	X
35. Pecha Kucha		X		X	X	X		X
36. Planspiel	X	X	X	X	X	X	X	X
37. Portfolioprüfung		X			X	(X)		X
38. Poster	X	X		X	X	X		X
39. Posterkonferenzen	X	X	X	X	X	X		X
40. Protokoll einer Seminareinheit	X			X	X			X
41. Prüfungsgespräch mit Poster-Präsentation		X		X	X			X
42. Reflexionsbericht	X			X	X	X	X	X
43. Rezension	X			X	X		X	X
44. Schriftliche Problemfalldiskussion	X			X	X	X	X	X
45. Schriftliche Reflexion	X			X		(X)	X	
46. Semesterbegleitende Aufgaben	X	X	X	X	X	X	X	X
47. Seminarsitzungen vorbereiten durchführen reflektieren	X	X	X	X	X	X	X	X
48. Software-Produkt			X	X	X	X	X	X
49. Studienskizze	X			X	X		X	X
50. Thesenpapier	X			X	X	X		X
51. Übersetzung	X			X	X	(X)		
52. Videos analysieren und Ergebnisse der eigenen Auswertungen präsentieren	X	X		X	X			X
53. Zeitungsartikel analysieren oder verfassen	X			X	X		X	X

1 24-Stunden-Hausarbeit

Gabi Reinmann

Kurzbeschreibung	Die 24-Stunden-Hausarbeit ist noch kein gängiger Begriff. Die Bezeichnung beschreibt zum einen die Art der Prüfung, nämlich eine schriftliche Arbeit, die man in einem selbst gewählten Umfeld anfertigen kann, und zum anderen die Bedingung, dass zwischen Aufgabenstellung und Abgabe nur 24 Stunden liegen (dürfen). Infolge des Zeitlimits ergibt sich eine Eingrenzung des Textumfangs.
Form	schriftlich
Kompetenzen	Fachkompetenz
	Methodenkompetenz
Gruppengröße	mittlere Gruppe 20–50 Studierende
Dauer der Durchführung	je nach Vorgabe z. B. 3–6 Stunden
Studentischer Workload	Der Arbeitsaufwand ist abhängig von den Anforderungen an den Umfang und die Kontinuität der Vorbereitung.
Semesterbegleitend durchführbar?	nein
Durchführungsort	ortsunabhängig

Beschreibung der Prüfungsform

Die Klassiker schriftlicher Prüfungsformen an Hochschulen sind Klausuren und Hausarbeiten. Klausuren sind dadurch gekennzeichnet, dass Studierende eine, mehrere oder viele offene oder geschlossene Aufgaben in einer festgelegten Zeitspanne von einer Stunde bis zu wenigen Stunden z. B. im Hörsaal ohne Nutzung von Ressourcen (Ausnahme sind „Open Book"-Prüfungen) bearbeiten. Hausarbeiten dagegen lassen Studierenden einen Spielraum bei der stets offenen Aufgaben- bzw. Themenstellung, geben ein Abgabedatum (aber keine Bearbeitungszeit), meist auch einen Umfang vor und können ortsunabhängig unter Nutzung anzugebender Ressourcen erarbeitet werden. Eine 24-Stunden-Hausarbeit kombiniert die Merkmale von Klausuren und Hausarbeiten: Die Aufgabenstellung (mit einer oder mehreren Aufgaben) wird, ähnlich einer Klausur, vorgegeben, ist allerdings offen formuliert und liefert in der Regel Kontextinformationen zur Wissensanwendung. Die zur Verfügung stehende Zeit zur Bearbeitung ist ähnlich einer Klausur (im Vergleich zur Hausarbeit) eher knapp bemessen. Allerdings kann die Aufgabenstellung ortsunabhängig und unter Nutzung von Ressourcen, ähnlich einer Hausarbeit, bearbeitet werden. Die 24-Stunden-Hausarbeit ist der Open-Book-Klausur insofern ähnlich (Williams & Wong 2009), als sich Studierende nicht auf ihr Gedächtnis verlassen müssen, sondern Veranstaltungsunterlagen, Literatur etc. nutzen dürfen. Da aber die Bearbeitung ohne Aufsicht erfolgt, wird (allein schon aus prüfungsrechtlichen Gründen) die Bezeichnung „Hausarbeit" gewählt.

Da die Aufgabenstellung einer 24-Stunden-Hausarbeit offen formuliert ist und die Produktion von mehreren Seiten Text erfordert, sind Korrektur und Bewertung auf der einen Seite so aufwändig, dass die Anzahl der zu korrigierenden Arbeiten 30 nicht überschreiten sollte. Auf der anderen Seite sind die resultierenden schriftlichen Prüfungsleistungen kürzer als klassische Hausarbeiten und aufgrund des getippten Textes besser lesbar als handschriftliche Klausurergebnisse, sodass Korrektur- und Bewertungsvorteile vorhanden sind. Zudem lassen sich 24-Stunden-Hausarbeiten so konzipieren, dass Studierende diese nicht nur allein, sondern auch zu zweit bearbeiten können.

Anwendungsmöglichkeiten

Das Prüfungsformat 24-Stunden-Hausarbeit eignet sich, um zu erfassen, ob Studierende Fachbegriffe und wissenschaftliche Konzepte oder fachwissenschaftliche Methoden flexibel und situativ angemessen anwenden können. Vor diesem Hintergrund können grundsätzlich alle Disziplinen von diesem Format profitieren. Voraussetzung für einen erfolgreichen Einsatz der 24-Stunden-Hausarbeit ist, dass sich Studierende kontinuierlich und vertieft mit den Inhalten einer Veranstaltung auseinandersetzen. Haben die Studierenden diese Art des Prüfens bereits zu Semesterbeginn verstanden und erkennen deren Vorteile, kann die 24-Stunden-Hausarbeit zum Tiefenlernen und verstehenden Lernen sowie zur aktiven Mitarbeit motivieren. Digitale Medien lassen sich bei der 24-Stunden-Hausarbeit an verschiedenen Stellen einsetzen: Man kann Aufgabenstellungen digital präsentieren, was dann von Vorteil ist, wenn man z. B. komplexe Fälle oder Kontexte als Anker verwenden will (z. B. Halbherr, Dittmann-Domenichini, Piendl & Schlienger 2016). Man kann die Abgabe der Hausarbeit elektronisch einfordern und die Rückmeldung des Lehrenden digital umsetzen. Dagegen sind Korrektur und Bewertung in der Regel nicht zu automatisieren.

Anwendungsbeispiel aus der Hochschulpraxis

Ich habe die 24-Stunden-Hausarbeit über mehrere Jahre hinweg im Rahmen einer bildungswissenschaftlichen Vorlesung zum Didaktischen Design eingesetzt. Begleitend zur Vorlesung gab es einen rund 120 Seiten umfassenden Studientext als Grundlagenlektüre. Die Aufgabenstellung zur 24-Stunden-Hausarbeit bestand aus einer kurzen Fallgeschichte und dazugehörigen Aufgaben, deren Bearbeitung mit einer Maximalvorgabe an Wörtern versehen war und Hinweise zur Nutzung des Studientextes enthielt. Die Hausarbeit wurde zu zweit geschrieben; die Aufgabenstellung wie auch die Abgabe der Arbeiten und das Feedback erfolgten elektronisch. Es gab jeweils fünf verschiedene Fallgeschichten, die den Zweierteams zufällig zugeordnet wurden. Im Folgenden stelle ich ein **Beispiel** aus der Fall- und Aufgabensammlung vor; die anderen Fälle und Aufgaben waren analog strukturiert und formuliert.

Stellen Sie sich vor, Sie sind hauptamtlicher Leiter eines Vereins, der sich für Jugendliche mit Migrationshintergrund engagiert und mit drei nebenberuflich sowie zehn freiwillig tätigen Mitarbeiter/innen arbeitet. Sie wollen den Mitarbeiter/innen im zeitlichen Rahmen von ca. drei Monaten einige grundlegende Kenntnisse und Fähigkeiten beibringen, damit diese mit den Jugendlichen Medienprojekte durchführen können. Sie können die Mitarbeiter/innen mit maximal 30 Stunden Fortbildungszeit beanspruchen. Sie sind in der glücklichen Lage, dass Sie Ihr Lehrvorhaben ausreichend planen können und dieses nicht sofort umsetzen und improvisieren müssen. Sie erstellen daher zunächst ein Lehrkonzept, mit dem Sie auch erfahrene Didaktiker überzeugen könnten.

Mit den folgenden Teilaufgaben werden Sie darin angeleitet, ein solches Lehrkonzept zu erstellen. Halten Sie sich dabei an die vorgegebene Reihenfolge und Wortbegrenzung.

Teilaufgabe A: Wie kommen Sie zu einer Gestaltungsstrategie? Formulieren Sie ausgehend von der geschilderten Situation ein geeignetes Lehrziel (oder Lehrziele), das (die) Sie selbst spezifizieren können und sollen. Diese Zielsetzung sollten Sie sinnvoll in den gegebenen Rahmen einpassen. Begründen und erläutern Sie Ihr Ziel mithilfe von Inhalten aus Kapitel 1 und leiten Sie aus Ihrem Ziel oder aus Ihren Zielen eine erste Gestaltungsstrategie ab. (*Wortbegrenzung: 300 Wörter*)

Teilaufgabe B: Wie gestalten Sie Ihre Inhalte und Aufgaben? Stellen Sie dar, welche Anteile in Ihrem Lehrvorhaben darbietenden und welche eher entdecken-lassenden Charakter haben sollen. Beschreiben und begründen Sie, wie Sie zum einen Ihre Inhalte auswählen und wie diese gestaltet sein sollen (Kapitel 2) und welche Aufgaben Ihnen zum anderen zielführend erscheinen und welcher Art diese Aufgaben sein sollten (Kapitel 3). Denken Sie daran, dass diese Entscheidungen alle zu Ihrer Gestaltungsstrategie passen müssen: Es kann sein, dass Inhalts- und Aufgabengestaltung gleichgewichtig sind. Ebenso aber ist es natürlich möglich, dass für Ihr spezielles Ziel der Fokus mehr auf den Inhalten oder mehr auf den Aufgaben liegt. Daher können diese beiden Aspekte auch nur gemeinsam behandelt werden. Stellen Sie in beiden Aspekten einen Medienbezug sicher, das heißt: Nehmen Sie in Ihr Lehrkonzept auch die digitalen Medien auf,

wobei es Ihnen überlassen bleibt, welchen quantitativen und qualitativen Stellenwert diese bei Ihrem Konzept haben sollen. (*Wortbegrenzung: 900 Wörter*)
Teilaufgabe C: Wie ordnen Sie Ihr Konzept in die „E-Learning-Landschaft" ein? Stellen Sie dar, wie sich Ihr Lehrkonzept paradigmatisch einordnen lässt (Kapitel 4.1). Beachten Sie dabei, dass Lehrangebote in der Regel mehrere verschiedene paradigmatische Bezüge aufweisen (können). Ordnen Sie Ihr Lehrkonzept zudem in ein selbst gewähltes Ordnungsmodell ein (Kapitel 4.3) und erläutern Sie, wie es sich mit Bezug auf dieses Ordnungsmodell charakterisieren lässt. (*Wortbegrenzung: 400 Wörter*)

Grenzen und mögliche Stolpersteine

Wichtig für den Erfolg einer 24-Stunden-Hausarbeit ist es, dass die Studierenden die Merkmale dieses Prüfungsformats vorab verstehen, die damit verbundenen Vorzüge erkennen und die Anforderungen antizipieren, denn: Diese Form des Prüfens erfordert von den Studierenden eine kontinuierliche Vorbereitung, da der Prüfungszeitraum zu kurz ist, um Wissenserwerb und Verstehen während der Bearbeitungszeit nachzuholen. Notwendig ist darüber hinaus eine Passung der Aufgabenstellung: Diese muss einerseits komplex sein, damit die Open-Book-Bedingung Sinn ergibt; andererseits muss sie klar eingegrenzt sein, damit der Bearbeitungszeitraum ausreicht. Wie bei anderen offene Prüfungsformen auch, ist die Bewertung von 24-Stunden-Hausarbeiten eine gewisse Herausforderung: Da Studierende alle Ressourcen für die Bearbeitung nutzen können, muss das geforderte Leistungsniveau einerseits ausreichend hoch sein. Andererseits gilt es, Augenmaß bei der Bewertung zu wahren, weil die Studierenden bei dieser Prüfungsform unter Zeitdruck arbeiten. Die Bewertungskriterien sollten vorab kommuniziert werden, damit die Studierenden die Anforderungen möglichst gut einschätzen und sich auf diese Prüfungsform einstellen können (Ulrich 2016, S. 162). Eine Peer-Besprechung der Prüfungskriterien wie auch gegenseitige Peer-Kontrolle bei der Bewertung von 24-Stunden-Hausarbeiten sind angezeigt.

⊃ Tipp

Seien Sie kreativ bei der Gestaltung der Aufgabenstellung zu einer 24-Stunden-Hausarbeit und fordern Sie mit dieser die Studierenden heraus, ihr Wissen reflektiert anzuwenden. Unterstützen Sie die Studierenden durch Teilaufgaben, die den Bearbeitungsprozess strukturieren, ohne ihn rigide anzuleiten. Machen Sie sich selbst klar, welche Anforderungen Sie setzen und kommunizieren Sie diese in Form von Bewertungskriterien frühzeitig an die Studierenden. Erklären Sie das Prüfungsformat ausführlich und machen Sie die Vorteile klar.

Literatur

Halbherr, T., Dittmann-Domenichini, N., Piendl, T. & Schlienger, C. (2016). Authentische, kompetenzorientierte Online-Prüfungen an der ETH Zürich. *Zeitschrift für Hochschulentwicklung, 11* (2), 247–269.

Ulrich, I. (2016). *Gute Lehre in der Hochschule: Praxistipps zur Planung und Gestaltung von Lehrveranstaltungen.* Wiesbaden: Springer.

Williams J. B. & Wong, A. (2009). The efficacy to final examinations: A comparative study of closed-book, invigilated exams and open-book, open-web exams. *British Journal of Educational Technology, 40* (2), 227–236.

2 Beitrag in einer formalisierten Debatte bzw. im Debattierclub

Doris Gutsmiedl-Schümann

Kurzbeschreibung	Es handelt sich hierbei um einen mündlichen Beitrag in einer nach verbindlichen Regeln durchgeführten, formalisierten Debatte. Die Debatte selbst kann dabei aus mehreren Prüfungsbeiträgen bestehen. Es ist jedoch auch möglich, nur einen Beitrag einer Debatte zu bewerten, es werden jedoch immer ausreichend Debattierende zur Durchführung der Debatte benötigt.
Form	mündlich
Kompetenzen	Fachkompetenz
	Methodenkompetenz
	Sozialkompetenz
	Selbstkompetenz
Gruppengröße	(Einzelperson) 1 Student/-in
	kleine Gruppe < 20 Studierende
Dauer der Durchführung	je nach festgelegter Dauer der einzelnen Debattenbeiträge und des gewählten Debattierstils 60–90 Minuten zuzüglich 15 Minuten Vorbereitungszeit für die Debattierenden sowie Zeit zur Bewertung und Notenfindung im Anschluss an die Debatte.
Studentischer Workload	Den für die Prüfungsvorbereitung veranschlagten Workload regelt in der Regel die jeweilige Prüfungsordnung.
Semesterbegleitend durchführbar?	nein
Durchführungsort	Hörsaal oder Seminarraum mit Rednerpult (zur Sitzordnung siehe Abb. 1). Zur Vorbereitung der Debattenbeiträge werden separate Vorbereitungsräume benötigt.

Beschreibung der Prüfungsform

Formalisierte Debatten werden v.a. in studentischen Debattierclubs durchgeführt, die im Wesentlichen nach zwei Formaten debattieren: Der *Offenen Parlamentarischen Debatte* (OPD) (Hoppmann, Herrmann, Leopold, Nesyba & Mattes 2010; Wecker & Hoppmann 2011) oder dem *British Parliamentary Style* (BPS) (Fischer 2004; Bartsch, Hoppmann & Rex 2005, S. 105–118). Weitere, weniger gebräuchliche Formate fassen Rauda, Proner & Proner (2013, S. 32–44) und Bartsch et al. (2005, S. 97–104; 119–164) zusammen.

Ziel der formalisierten Debatten ist der Austausch von Pro- und Contra-Argumenten. Dabei steht die inhaltliche Auseinandersetzung, nicht der Konsens im Mittelpunkt. Die Rednerinnen und Redner werden in der Regel der Pro- oder

der Contra-Seite zugelost, sodass sie ggf. auch eine Sicht auf ein Thema vertreten müssen, die nicht ihrer persönlichen Überzeugung entspricht. Beide Seiten kommen abwechselnd zu Wort. Das konkrete Thema wird mit dem Beginn einer 15-minütigen Vorbereitungszeit unmittelbar vor dem Beginn der Debatte bekannt gegeben.

Offene Parlamentarische Debatte (OPD)
Hier stehen einander zwei aus jeweils 3 Debattierenden bestehende Teams gegenüber. Zusätzlich nehmen 3 sog. freie Redner an der Debatte teil, die sich mit ihrem Beitrag entscheiden können, ob sie die Pro- oder die Contra-Seite unterstützen.

British Parliamentary Style (BPS)
Hier stehen einander vier aus jeweils 2 Rednerinnen und Rednern bestehende Teams gegenüber. Im Gegensatz zu OPD gibt es keine freien Redner.

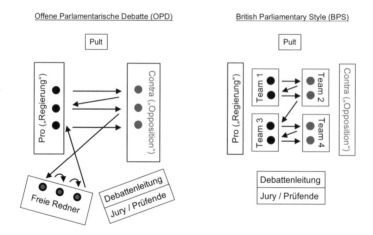

Abb. 1: Typische Sitzordnungen der *Offenen Parlamentarischen Debatte* (OPD) und des *British Parliamentary Style* (BPS). Die Abfolge der Redebeiträge wird mit Pfeilen angezeigt. Zusätzlich zu den üblichen Positionen müssen in einer Prüfungssituation noch die Prüfenden zur Sitzordnung hinzugefügt werden. Mögliche Positionen wäre bei der Debattenleitung, oder an einem neutralen, alles gut überblickenden Ort (Grafik nach Fischer 2004 und Hoppmann et al. 2010).

Der Debattenbeitrag

Eine Rede in einer Debatte folgt bestimmten Regeln. Die Redezeit ist fest vorgegeben, und wird von der Debattenleitung streng überwacht. Während der Rede ist es der Gegenseite nach dem Ablauf der ersten Minute und vor dem Beginn der letzten Minute der Redezeit gestattet, Zwischenfragen zu stellen; ob diese allerdings auch angenommen und beantworten werden, bleibt dem Redner bzw. der Rednerin überlassen. Zwischenrufe sind jederzeit erlaubt.

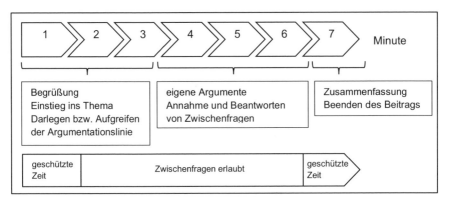

Abb. 2: Typischer Ablauf und Aufbau eines Debattenbeitrags (Grafik nach Rauda et al. 2013, Abb. 3 und 4).

Studentische Debattierclubs richten regelmäßig Turniere und Meisterschaften aus. Auf diesen Wettbewerben bewerten Jurys die Debattenbeiträge. Hierzu gibt es Bewertungsbögen und Ratgeber, die den Prüfenden bei der Bewertung eines Debattenbeitrags ebenfalls eine Hilfestellung sein können (vgl. Rauda et al. 2013, S. 27–33; Streitkultur e.V. 2012, S. 19–21) (Abb. 3).

Kriterium nach OPD	Bewertung	Kriterium nach BPS
Sprachkraft	Verständlichkeit, Klarheit, Plausibilität und Schlüssigkeit in Vortrag und Darstellung. „Akustisches" Auftreten des Redners/der Rednerin	Form
Auftreten	Stimmigkeit und Glaubwürdigkeit der inneren und äußeren Haltung. „Optischer" Eindruck von dem Redner/der Rednerin	Form
Kontaktfähigkeit	Fähigkeit, sich auf die jeweilige Situation in der Debatte einzustellen, Umgang mit Zwischenfragen und Zwischenrufen	Inhalt, Methode
Sachverstand	Zutreffende, gehaltvolle und stringente Darlegung von Sach- und Fachargumenten. Schlüssigkeit der Argumentation, auch Argumentationstiefe und Fachkenntnis. Bewertet werden sollte auch, inwieweit der Inhalt die Position der eigenen Seite untermauert und Argumente der Gegenseite entkräftet	Inhalt
Urteilskraft	Gewichtung der Sachargumente, Einordnung in größere Zusammenhänge, Auseinandersetzung mit dem gegnerischen Standpunkt	Inhalt, Methode

Abb. 3: Bewertungen der Einzelleistungen in einer Rede nach den Regeln der Offenen Parlamentarischen Debatte (Zusammenstellung nach Wecker & Hoppmann 2011, S. 23–25) und Übertragung auf das Bewertungsschema des British Parliamentary Style (nach BPS – Die Regeln §10–15).

Von diesen Bewertungsschemata kann in einer eigens zu Prüfungszwecken angesetzten Debatte abgewichen werden. Die angesetzten Bewertungskriterien sollten den Studierenden im Vorfeld transparent gemacht werden.

Zur Prüfungsvorbereitung sollte im Sinne des Constructive Alignment bereits im Rahmen der Lehrveranstaltung mit passenden Themen das Debattieren eingeübt werden.

Anwendungsmöglichkeiten

Da in der formalisierten Debatte sowohl eine Pro- als auch eine Contra-Position vertreten werden muss, eignet sich dieses Format besonders für kontroverse bzw. diskutierbare Inhalte, die auch fächerübergreifend und interdisziplinär beleuchtet werden können. Eine Sammlung von debattierbaren Themen findet sich beispielsweise bei Rauda et al. (2013).

Anwendungsbeispiel aus der Hochschulpraxis

Die formalisierte Debatte als Prüfungsform ist sinnvoll, wenn fachliche Inhalte und gesellschaftliche Diskurse zusammengebracht werden können. Ein mögliches Debattenthema aus meinem Fachgebiet könnte lauten: „Kann die prähistorische Archäologie einen Beitrag dazu leisten, die Folgen aktueller Migrationsbewegungen abzuschätzen?" In zu dieser Prüfung zugehörigen Lehrveranstaltungen sollten sich die Studierenden mit Theorien und Thesen zu Kulturkontakten, Mobilität und Migration beschäftigt und deren Anwendung auf archäologisches Fundmaterial nachvollzogen und diskutiert haben. Um in der Debatte ausreichend argumentieren und die Redebeiträge darauf aufbauen zu können, müssen diese Thesen und Theorien sowie Fallbeispiele bekannt und präsent sein.

Für die Vorbereitung der Debattenbeiträge können auch Unterlagen aus der Lehrveranstaltung oder Internetrecherchen herangezogen werden. Je nach Komplexität des gestellten Debattenthemas kann insbesondere für eine reine Prüfungsdebatte auch eine längere Vorbereitungszeit gewährt werden.

Grenzen und mögliche Stolpersteine

Prüfungsthemen, bei denen es keine zwei zu beleuchtenden Seiten gibt, oder Lehrveranstaltungen, bei denen es v. a. um den Erwerb von abrufbarem Faktenwissen, und weniger um das Argumentieren zu fachlichen Themen geht, sind für diese Prüfungsform nicht geeignet.

➲ Tipp
Für eine nur aus Prüfungsbeiträgen bestehende Debatte empfiehlt sich bereits während des Semesters die Anlage eines Fundus mit geeigneten Themen.

Literatur
Bartsch, T.-Chr., Hoppmann, M. & Rex, B. (2005). *Was ist Debatte? Ein internationaler Überblick.* Cuvillier Verlag Göttingen.

BPS – Die Regeln. Verfügbar unter: http://bit.ly/2z5Rjhz [02.10.2017].

Fischer, J. (2004). *BPS kurzgefasst: So wird debattiert.* Verfügbar unter: http://bit.ly/2ynxyPi [02.10.2017].

Hoppmann, M., Herrmann, M., Leopold, P., Nesyba, Th. & Mattes A. (2010). *Kurzregeln für die Offene Parlamentarische Debatte.* Verfügbar unter: http://bit.ly/2yMRtu2 [02.10.2017].

Rauda, Chr., Proner, H. & Proner, P. (2013). *Pro & Contra. Das Handbuch des Debattierens* (2. aktual. Aufl.). Heidenau: PD Verlag.

Streitkultur e.V. (2012). *Offene Parlamentarische Debatte: Jurieren und Präsidieren.* Verfügbar unter: http://bit.ly/2yQa1ZC [02.10.2017].

Wecker, Chr. & Hoppmann, M. (2011). *Regeln für die Offene Parlamentarische Debatte.* Verfügbar unter: http://bit.ly/2xImPgJ [02.10.2017].

3 Best-case-Szenarien entwickeln

Julia Gerick

Kurzbeschreibung	Bei diesem Prüfungsformat geht es darum, dass Studierende basierend auf theoretischen Konzepten und empirischen Befunden in einem thematischen Bereich Best-case-Szenarien entwickeln. Sie arbeiten dabei in Gruppen und stellen nach Ende der Bearbeitung ihre Ergebnisse vor.
Form	mündlich
Kompetenzen	Fachkompetenz
	Sozialkompetenz
Gruppengröße	kleine Gruppe < 20 Studierende
	mittlere Gruppe 20–50 Studierende
Dauer der Durchführung	10–20 Minuten
Studentischer Workload	ca. 20 Stunden
Semesterbegleitend durchführbar?	ja
Durchführungsort	Seminarraum

Beschreibung der Prüfungsform

Die Entwicklung von Best-case-Szenarien als Prüfungsform zielt darauf ab, vor dem Hintergrund des in einer Lehrveranstaltung erworbenen Wissens zu einem thematischen Bereich einen bestmöglichen anzunehmenden Fall zu entwickeln. Damit kann diese Methode beispielsweise als Bestandteil einer Zukunftswerkstatt (u. a. Albers & Broux 1999; Burow & Neumann-Schönwetter 1997; Kuhnt & Müllert 2004) betrachtet werden. Im Fokus steht dabei ein Idealzustand, nicht dagegen eine realistische Einschätzung. Als Prüfungsformat eignet sich die Entwicklung eines Best-case-Szenarios vor allem als (unbenotete) Studienleistung im Sinne einer formativen Prüfung, da so auf das erworbene Wissen aus der Veranstaltung zurückgegriffen werden kann. Angewendet als Gruppenaufgabe mit anschließender Präsentation bietet sich diese Prüfungsform vor allem bei kleineren bis mittleren Gruppen an. Bei Bekanntgabe der Aufgabenstellung in der ersten Hälfte des Semesters und der ebenfalls zeitnahen Gruppenfindung lässt sich eine recht lange Vorbereitungsphase realisieren, die zudem inhaltlich sinnvoll ist. Während des Semesters wird im Seminar thematisch gearbeitet, während die Studierenden parallel bzw. ergänzend zum Seminarverlauf in ihren Gruppen gemeinsam Ideen für ihr Best-case-Szenario sammeln und außerhalb des Seminars weiterentwickeln können. Die Studierenden erhalten in der Vorbereitungsphase auf Wunsch Rückmeldungen von Seiten der Lehrenden wie auch Peer-Feedback aus der Gruppe. Möglich erscheint es auch, im Sinne einer summativen Prüfung, die Entwicklung eines Best-case-Szenarios als Aufgabenstellung innerhalb einer mündlichen Einzel- oder Gruppenprüfung einzusetzen.

Anwendungsmöglichkeiten

Als formative Prüfungsmethode kann die Entwicklung eines Best-case-Szenarios prüfen, ob die Studierenden in der Lage sind, erworbenes Wissen aus einer Lehrveranstaltung miteinander zu verknüpfen und dieses zu transferieren und weiterzudenken. Anders als bei einer Bearbeitung von konkreten Beispielen oder Fallstudien besteht bei diesem Format die Möglichkeit, frei ein Best-case-Szenario oder einen Idealfall zu entwickeln, der den theoretischen Annahmen zu einem Themengebiet entspricht sowie die dazu vorliegenden empirischen Forschungsbefunde berücksichtigt und einbettet. Wichtig ist dabei die Balance zwischen möglichst freier Aufgabenstellung, um die Kreativität der Studierenden nicht einzuschränken und der Vorgabe einiger zentraler Kriterien, wie die Nutzung von Fachbegriffen oder der explizite Bezug auf Theorien und Forschungsbefunde. Die Entwicklung eines Best-case-Szenarios kann in unterschiedlichen Fächern zum Einsatz kommen, wobei sich sicherlich vor allem in den Geistes- und Sozialwissenschaften Anwendungsbereiche finden. Möglichkeiten des E-Assessments bieten sich höchstens dann an, wenn die Ergebnispräsentation per Video oder Audio aufgenommen wird oder per Videochat erfolgt.

Anwendungsbeispiel aus der Hochschulpraxis

Diese Prüfungsform habe ich in einem Masterseminar im Rahmen des erziehungswissenschaftlichen Anteils der Lehramtsausbildung eingesetzt. Thematisch ging es in dem Seminar um Lehrpersonengesundheit als ein Ziel von Schulentwicklung. Im Rahmen dieses Seminars wurden sowohl theoretische Modelle und empirische Befunde zu Gesundheit und Krankheit im Lehrerberuf dargestellt als auch Verknüpfungen zu Schulqualität und Schulentwicklung erarbeitet. Die Aufgabenstellung für die unbenotete Studienleistung an die Studierenden lautete ein Best-case-Szenario einer gesundheitsförderlichen Schule zu entwickeln und das Konzept anschließend zu präsentieren. Bei der Aufgabenbearbeitung hatten die Studierenden lediglich drei Vorgaben: Sie sollten (1) Fachbegriffe anwenden, (2) mindestens ein im Seminar behandeltes Konzept zur Erklärung von Gesundheit und Krankheit im Lehrerberuf einbeziehen sowie (3) empirische Befunde zur Lehrergesundheit berücksichtigen. Die Aufgabe wurde als Gruppenaufgabe gestellt und umfasste mehrere Wochen Bearbeitungszeit. Am Ende sollte eine

15-minütige Gruppenpräsentation im Seminar stehen, die in einem frei wählbaren Format gehalten werden konnte. Im Rahmen der Ergebnispräsentation kamen unterschiedliche Formate (PowerPoint- oder Prezi-Präsentation, Poster) zur Anwendung. Zudem unterschieden sich die Konzepte zwischen den Gruppen aufgrund der offenen Aufgabenstellung erheblich voneinander. So hatten einige Gruppen den Schwerpunkt auf einzelne Teilaspekte gelegt und in diesem Rahmen beispielsweise ein Best-case-Szenario zu Kooperationsentwicklung oder einer unter Gesundheitsaspekten optimalen schulischen Raumgestaltung entwickelt und diese detailliert ausgearbeitet. Andere Gruppen dagegen gingen thematisch eher in die Breite und konzipierten ein Best-case-Szenario, in das mehrere schulische Arbeitsbedingungen eingingen und miteinander verknüpft wurden. Neben dem unterschiedlichen Tiefgrad der Herangehensweise unterschieden sich die Konzepte zudem in der Art der Einbindung der geforderten Theorie und Empirie. Während einige Gruppen von einem theoretischen Konzept (z. B. dem Belastungs-Beanspruchungskonzept) ausgingen und daran ihr Best-case-Szenario anknüpften und weiterentwickelten, entfalteten andere Gruppen zunächst ihr Szenario und zogen anschließend die theoretischen und empirischen Aspekte als Begründung heran. Die Studienleistung wurde dann als bestanden bewertet, wenn die drei oben genannten Aspekte sachlich richtig in der Bearbeitung der Aufgabe sinnvoll eingearbeitet wurden und eine schlüssige und nachvollziehbare Präsentation des Szenarios erfolgte.

Grenzen und mögliche Stolpersteine

Die Lehrpraxis zeigt, dass es den Studierenden nicht leichtfällt, sich auf die Entwicklung eines Best-case-Szenarios einzulassen, die in der Form nicht unmittelbar auf die Realität übertragbar ist. Dieses Spannungsfeld zwischen Utopie und Umsetzbarkeit sollte thematisiert werden, da die Bestrebung der Studierenden groß ist, ein aus ihrer Sicht realistisches Konzept zu erstellen. Daher ist bei der Aufgabenstellung darauf zu achten, explizit Best-case-Szenarien entwickeln zu lassen und eine Realitätsprüfung in dieser Aufgabe außen vor zu lassen. Die Aufgabenstellung sollte so offen formuliert sein, dass sich die Studierenden kreativ mit dem Transfer erworbener Kenntnisse auseinandersetzen können, aber gleichzeitig einige zentrale Vorgaben enthalten, um in dieser offen gestellten Aufgabe Orientierung zu bekommen. Zudem ermöglicht dies anschließend die Bewertbarkeit des entwickelten Best-case-Szenarios.

○ **Tipp**
Lassen Sie den Studierenden möglichst viel Freiraum in der Ausgestaltung ihres Best-case-Szenarios. Ermutigen Sie sie, sich von der handlungsleitenden Idee einer Umsetzbarkeit zu lösen und tatsächlich einen bestmöglich anzunehmenden Fall zu entwickeln.

Literatur
Albers, O. & Broux, A. (1999). *Zukunftswerkstatt und Szenario-Technik*. Weinheim: Beltz.
Burow, O.-A. & Neumann-Schönwetter, M. (Hrsg.) (1997). *Zukunftswerkstatt in Schule und Unterricht*. Hamburg: Bergmann & Helbig.
Kuhnt, B. & Müllert, N.R. (2004). *Moderationsfibel – Zukunftswerkstätten verstehen, anleiten, einsetzen*. Neu-Ulm: AG SPAK Bücher.

4 Bibliographie

Peter Kauder & Andreas Kempka

Kurzbeschreibung	Eine Bibliographie kann eine Studienleistung im Rahmen von Seminaren zum wissenschaftlichen Arbeiten sein. Ziel ist im Sinne von wissenschaftlicher Transparenz das eindeutige und systematische Belegen von recherchierter Literatur.	
Form	schriftlich	
	praktisch	
Kompetenzen	Fachkompetenz	
	Methodenkompetenz	
	Selbstkompetenz	
Gruppengröße	Einzelperson	1 Student/-in
	kleine Gruppe	< 20 Studierende
Dauer der Durchführung	ca. 30 Stunden	
Studentischer Workload	max. 30 Stunden, 1CP	
Semesterbegleitend durchführbar?	ja	
Durchführungsort	ortsunabhängig	

Beschreibung der Prüfungsform

„Bibliographie" – altgriechisch von *biblios* und *graphein* = Bücherbeschreibung – ist seit der Moderne (s. Nestler & Schneider 2005, S. 3f.) der Oberbegriff zur Bezeichnung der Wissenschaft von Büchern. Daraus ist das Verständnis eines nach Kriterien geordneten Verzeichnisses gedruckter Texte (Monographien, Sammelbände, Aufsätze etc.) entstanden. Grundsätzlich werden Allgemeinbibliographien (Bibliothekskataloge, Nationalbibliographien etc.) von thematisch ausdifferenzierten Spezial- oder Fachbibliographien unterschieden (Personal-, fachdisziplinäre, sachgebietsorientierte Bibliographien). – Eine Bibliographie (als im obigen Sinn monographisches Fachbuch) ist streng genommen nicht identisch mit einem (i. d. R. kürzeren, am Ende von wissenschaftlichen Texten aller Art dem Nachweis der jeweils verwendeten Literatur dienenden) Literaturverzeichnis. Dieser wenig bekannte Unterschied wird im Folgenden vernachlässigt.

Bibliographien haben eine doppelte Funktion: Wenn Wissenschaft „die Gesamtheit der überlieferten und nachvollziehbaren Erkenntnisse" und deren „Mehrung, Darstellung und Begründung" ist und wenn sie über die „Sammlung, Beschreibung und Einteilung von Tatsachen" (Turner 1994, S. 207) hinaus auch die Aufgabe hat, Tatsachen nachvollziehbar und methodisch mit bestimmten Erkenntnisverfahren zu erforschen (s. ebd.), dann garantieren Bibliographien zum einen den Begründungs- und Nachvollziehbarkeitsanspruch von Erkenntnisquellen. Bibliographien listen zum anderen Literaturangaben transparent auf, damit Nutzer sich bestimmte Texte aneignen können, um sich einen Überblick über ein Gebiet zu verschaffen und Behauptungen auf ihren Wahrheitsgehalt zu überprüfen.

Zu jeder wissenschaftlichen Arbeit (z. B. Seminararbeiten, BA- und MA-Arbeiten, Dissertationen, Habilitationen) gehört – jenseits von allen qualitativen und quantitativen Unterschieden zwischen Fächern und Fachkulturen – notwendig der bibliographische Nachweis verwendeter Quellen. Als Prüfungsform ist die Bibliographie deshalb wichtig, damit Studierende sowohl deren Funktionen der wissenschaftlichen Erkenntnissicherung (s.o.) als auch die Minimalstandards des Bibliographierens kennen (auch weil sie im Internet viele oft falsche oder verwirrende Hinweise dazu finden, von der Anstiftung zu „copy & paste" ganz abgesehen), um sicherzustellen, dass Arbeiten nicht nur formal zwar wissenschaftlich aussehen, sondern diesen Anspruch auch tatsächlich erfüllen.

Anwendungsmöglichkeiten

Studierende sind verpflichtet, in schriftlichen Arbeiten jede benutzte Quelle bibliographisch exakt anzugeben, um Transparenz und Nachprüfbarkeit der Aussagen zu gewährleisten. Dabei sind die Standards, welche Angaben in welcher Umfänglichkeit und in welcher graphischen sowie orthographischen Form zu machen sind (etwa die angelsächsische gegenüber der auf die preußischen Instruktionen zurückgehenden Zitierweise), je nach Fach und Kontext unterschiedlich.

Die Erstellung einer Bibliographie (zu einem Thema oder einer Person) kann als Prüfungsformat eingesetzt werden in Form einer schriftlichen Studien- oder Prüfungsleistung zu Seminaren jeder Art in jedem Studienfach (im Rahmen von Seminararbeiten sollte sie auch bei der Bewertung/Benotung extra ausgewiesen werden).

Anwendungsbeispiel aus der Hochschulpraxis

Obwohl es (trotz DIN 1505 oder ISO 690) keinen einschlägigen Konsens zur Bibliographierung gibt, lassen sich dreizehn Minimalkriterien für eine Bibliographie formulieren. Diese sind, weil Studierende sie oft nicht kennen oder nicht beachten, aus unserer Hochschulpraxis im Rahmen von Einführungsveranstaltungen zum wissenschaftlichen Arbeiten in der Erziehungswissenschaft entstanden und lassen sich wie folgt vermitteln: Die Kriterien werden zunächst in Form eines

Style-Sheets abstrakt vorgestellt und dann mit konkreten Themen verknüpft, zu denen Studierende eine Bibliographie erstellen sollen. Die Bewertung hängt davon ab, wie präzise die folgenden Vorgaben eingehalten werden.

In der Bibliographie soll (1.) erkennbar sein, ob jeweils ein Buch oder ein Aufsatz (dann mit Jahrgang und mit Seitenangaben von ... bis) vorliegt, (2.) die Angaben nennen mindestens den Nachnamen sowie den abgekürzten Vornamen von Autoren, (3.) ggf. die Herausgeberschaft, (4.) mindestens den Haupttitel eines Textes, (5.) die Auflagennennung ab der zweiten Auflage, den (6.) Erscheinungsort und das (7.) Erscheinungsjahr, bei (8.) Internetquellen das Zugriffsdatum. Dass (9.) die jeweiligen bibliographischen Items formal einheitlich gestaltet sind, ist ebenso zu beachten, wie der Umstand (10.), dass es je nach Fach noch weitere Angaben geringerer Verbindlichkeit gibt, die verhandelbar sind, etwa: Angaben von Vornamen, von Unter- und Reihentiteln, von Verlagsnamen; strikte oder gemäßigte Kommasetzung mit Komma, Doppelpunkt und Schrägstrichen, auf- oder absteigende Sortierung von Namen usw. Für die Erziehungswissenschaft sind z. B. die bibliographischen Vorgaben in acht wichtigen Fachzeitschriften jeweils (teilweise oder weitgehend) unterschiedlich (s. Kauder 2017). Schließlich wird den Studierenden auch nahegebracht, (11.) nicht aus zweiter Hand („zitiert nach") zu bibliographieren (weil die gefundene Angabe falsch oder gefälscht sein kann), (12.) nicht mehr und nicht weniger als alle zitierten Texten anzugeben und dass es (13.) ein grober Irrtum ist anzunehmen, man fände jeden Text im Internet, sondern ist gut beraten, die Universitätsbibliothek v.a. „live" aufsuchen.

Grenzen und mögliche Stolpersteine

Oft fertigen Studierende unzureichende bibliographische Verzeichnisse an (mit falschen Erscheinungsorten; fehlenden Seitenzahlen bei Aufsätzen; ohne alphabetische Ordnung; Interpunktion ist bei einem bibliographischen Item anders als bei einem anderen ...), weil sie den Sinn solcher Angaben nicht kennen und/ oder sie sie unter dem Zeitdruck der baldigen Abgabe übereilt anfertigen. Auch ist Studierenden oft nicht bewusst oder nicht bekannt, dass eine Hausarbeit mit fehlerhaften oder fehlenden Angaben den Tatbestand des Plagiats erfüllt, damit die Grenze zum unredlichen wissenschaftlichen Arbeiten (soz. contra lege artis) erreicht wird und gegen das Transparenz- und Nachprüfbarkeitsgebot verstoßen kann (und ggf. Geldbußen oder Exmatrikulation zur Folge hat).

◯ **Tipp**
Lehrenden ist zu empfehlen, sowohl den bibliographischen Angaben von Studierenden als auch dem eigenen bibliographischen Fürwahrhalten eher zu misstrauen denn zu vertrauen (bei den einen wie dem anderen beruht es mitunter mehr auf undurchschauten und ansozialisierten Üblichkeiten als auf stabilem Wissen).

Literatur
Kauder, P. (2017). *„Fortschritt" durch Regulierung? Befunde und Überlegungen am Beispiel von Vorgaben zur Manuskriptgestaltung in erziehungswissenschaftlichen Zeitschriften.* (Aufsatz, im Druck, Bad Heilbrunn: Klinkhardt)
Nestler, F. & Schneider, G. (2005). *Einführung in die Bibliographie.* Stuttgart: Hirsemann.
Turner, G. (1994). *Das Fischer Hochschullexikon.* Frankfurt am Main: Fischer.

5 Blogbeitrag

Miriam Kahrs & Sandra Kohl

Kurzbeschreibung	Bei Blogbeiträgen als Prüfungsleistung handelt es sich um die Erstellung und Gestaltung von digitalen Beiträgen unterschiedlicher Art mittels Blogsystem. Die Beiträge können fachliche, lernreflexive und sonstige Inhalte zum Gegenstand haben.
Form	schriftlich
Kompetenzen	Fachkompetenz Methodenkompetenz Sozialkompetenz Selbstkompetenz
Gruppengröße	Einzelperson 1 Student/-in kleine Gruppe < 20 Studierende mittlere Gruppe 20–50 Studierende
Dauer der Durchführung	je nach Prüfungsszenario
Studentischer Workload	je nach Lehr-Lern-Szenario, Näheres regeln die Prüfungsordnungen und Modulbeschreibungen
Semesterbegleitend durchführbar?	ja
Durchführungsort	online

Beschreibung der Prüfungsform

Der Begriff *Weblog* (kurz *Blog*) setzt sich aus den Wörtern *Web* (= Netz) und *Log* (= Logbuch) zusammen. Blogs (= *Social-Software-Anwendungen*) können ein kooperatives Zusammentragen von Inhalten im Internet unterstützen (Panke & Oestermeier 2006; S. 2). Mit *Blogsystemen* lassen sich Webseiten (hier = *Blogseiten*) gestalten. Nutzerinnen und Nutzer von Blogs (= *Blogger*) können Blogeinträge (= *Blogposts*) lesen, erstellen, kommentieren, verlinken und weiterleiten (Buchem, Ebner, Schön, Appelt & Kaiser 2013, S. 2). Beim Erstellen von Blogeinträgen können verschiedene Medien genutzt werden (z. B. reiner Text, Downloads, Links, Bilder, Graphiken, Videos u. a.).

Zunehmend werden Blogs in formalen Bildungskontexten eingesetzt – so auch in der Hochschullehre (Arnold, Kilian, Thillosen & Zimmer 2015, S. 229). Es können diverse Blogsysteme genutzt werden. Vielfach werden sie in Lernmanagementsysteme eingebunden. Dies bietet den Vorteil, dass Blogs entweder im Internet vollumfänglich veröffentlicht oder nur im internen Bereich eines Lernmanagementsystems sichtbar geschaltet werden können.

Mit Blick auf klassische Prüfungsformen lässt sich der Blogbeitrag der schriftlichen Prüfung zuordnen. Eine Definition des Blogbeitrags als Prüfungsformat ist in der derzeit einschlägigen Literatur zum Thema Blogs in der Hochschullehre jedoch nicht zu finden. Auch in Prüfungsordnungen sind Blogbeiträge als Prüfungsformat bislang i. d. R. nicht explizit erwähnt.

Anwendungsmöglichkeiten
Vielfach werden Blogs in der Hochschullehre zur Erstellung von E-Portfolios (siehe dazu Kapitel 9 zur E-Portfolio-Prüfung) und Lerntagebüchern (z. B. Auslandstagebücher, Praktikumstagebücher) eingesetzt (Buchem, Ebner, Schön, Appelt & Kaiser 2013; S. 2). Die Prüfungsleistung setzt sich dabei i. d. R. aus regelmäßigen Beiträgen zusammen, die primär der Dokumentation und Reflexion von Lernprozessen dienen. Häufig werden dabei individuelle Studierendenblogs eingesetzt, d. h. jede/r Studierende führt einen eigenen Blog, in dem regelmäßig Beiträge gepostet werden. Eine Interaktion zwischen den Studierenden kann dann durch gegenseitiges Kommentieren von Beiträgen erfolgen.

Blogbeiträge können ebenfalls dazu eingesetzt werden, (Fach-)Wissen bzw. fachliche Fragestellungen von Studierenden erarbeiten bzw. bearbeiten zu lassen (z. B. Beiträge zur Vor- oder Nachbereitung von Veranstaltungsterminen). Die Aufgabenstellungen können dabei sehr kleinteilig und vorstrukturiert sein (z. B. das Posten von Beiträgen zu spezifischen Fragestellungen). Sie können aber auch einen weniger festen Inhaltsrahmen vorgeben und umfangreicher sein (z. B. die Erarbeitung ganzer Blogseiten, um Ergebnisse von Projektarbeiten zu präsentieren und diskutieren).

Unabhängig vom jeweiligen Szenario sollten Prüfungsanforderungen und Beurteilungskriterien immer verständlich ausgearbeitet und kommuniziert werden.

Anwendungsbeispiel aus der Hochschulpraxis
In unserer Prüfungspraxis nutzen wir u. a. von uns so genannte „interaktive Lerntagebücher". Diese kommen über einen Zeitraum von vier Semestern als Teil eines Moduls im Rahmen des berufsbegleitenden Masterstudiengangs „Entscheidungsmanagement (Professional Public Decision Making)" zum Einsatz (http://bit.ly/2h0xiOC). Das Ziel dieser Lerntagebücher ist es, einen reflektierten Wissenschafts-Praxis-Transfer sowie den interprofessionellen Austausch der Studierenden zu fördern. Jede/r Studierende bekommt dazu einen eigenen Blog zur Verfügung gestellt. Dieser besteht aus zwei Elementen: einem *Steckbrief* und einem *Tagebuch*.

Mithilfe des Steckbriefs (= statische Seite) stellen sich alle Studierenden zu Beginn des Moduls bzw. des Studiums vor. Mit diesem sollen sie ihren beruflichen Hintergrund, ihre Studienmotivation und ihre beruflichen/persönlichen Zielsetzungen darlegen. Der Steckbrief kann von den Studierenden individuell und auf kreative Art und Weise gestaltet werden (z. B. in Form eines Selbstinterviews).

Das Tagebuch (= dynamische Seite) dient dazu, im Studium Gelerntes auf kontinuierlicher Basis mit besonderem Blick auf die berufliche Praxis, den persönlichen Entwicklungsfortschritt oder individuell aufkommende Fragestellungen zu reflektieren. Dazu sind regelmäßig leitfragengestützte Tagebucheinträge zu erstellen (Beispiel-Leitfrage: *Wie beurteilen Sie die Relevanz der Lehr-Lern-Inhalte im Hinblick auf Ihre berufliche Praxis (unmittelbarer Bezug, indirekte Relevanz, prospektive Nützlichkeit)?*). Die Studierenden können ihre Einträge gegenseitig kommentieren und so in einen direkten Austausch treten. Zudem sind die Tagebücher über ein Gruppenforum („Pinnwand") miteinander verbunden, über das neueste Einträge angezeigt werden und ein chatartiger Austausch möglich ist.

Zum Bestehen dieses Modulteils ist einerseits der Steckbrief anzulegen. Andererseits sind zu festgelegten Fristen Einträge mit Bezug zu den Inhalten der (laufenden) Module vorzunehmen – d. h. nach jedem Präsenzblock (ca. fünf pro Semester) sowie resümierend nach jedem Semester und am Ende des Moduls. Für das Erstellen der Blogeinträge werden Kriterien vorgegeben (u. a. Relevanz, Nachvollziehbarkeit, Verständlichkeit, Begründetheit, Anschlussfähigkeit, Etikette). Die Leistung ist unbenotet. Die Studierenden erhalten regelmäßig ein individuelles Feedback zu ihren Einträgen.

Grenzen und mögliche Stolpersteine

Die Nutzung von Blogsystemen erfordert eine strukturierte technische Einführung der Studierenden. Die Studierenden sollten nicht mit technischen Details überfrachtet werden, sondern ihnen sollte ein komprimierter Werkzeugkasten an die Hand gegeben werden.

Bei der Festlegung der Reichweite der studentischen Beiträge sollte darauf geachtet werden, eine für die Studierenden annehmbare Öffentlichkeit zu schaffen. Ansonsten kann es zu Berührungsängsten mit dem Medium Blogs kommen, die die Durchführung von Lehr-Lern-Szenarien hemmen können. Das hat vor allem damit zu tun, dass es für Studierende häufig (trotz der immensen Ausbreitung sozialer Netzwerke in den letzten Jahren) ungewohnt ist, aufbereitete Studieninhalte und persönliche Überlegungen oder Meinungen im Netz mit anderen zu teilen bzw. zu diskutieren (Arnold et al. 2015, S. 230).

Die Qualität der Beiträge hängt sehr von der Motivation der Studierenden ab. Dazu sollte bedacht werden, dass diese zumeist nicht konstant gleich hoch ist und in der Gruppe variieren kann. Um die Kontinuität der Arbeit mit Blogs zu fördern können daher Schreibanreize, klare Aufgabenstellungen und Fristen hilfreich sein. Allerdings sollte beachtet werden, dass eine zu stark vorstrukturierte und regulierte Lernumgebung die Akzeptanz der Arbeit mit Blogs wiederum hemmen kann, wenn den Studierenden kein ausreichendes Maß an Autonomie zugestanden wird (Reinmann & Bianco 2008) (Arnold et al. 2015, S. 230).

➲ **Tipp**
Wagen Sie sich Schritt für Schritt an die Entwicklung und Umsetzung von Lehr-Lern-Szenarien mit Blogsystemen heran. Gehen Sie iterativ vor – beginnen Sie mit der Durchführung kleiner Szenarien, die Sie erfahrungsbasiert anpassen und erweitern.

Literatur
Arnold, P., Kilian, L., Thillosen, A. & Zimmer, G. M. (Hrsg.). (2015). *Handbuch E-Learning: Lehren und Lernen mit digitalen Medien* (4. Aufl.). Bielefeld: W. Bertelsmann.
Buchem, I., Ebner, M., Schön, S., Appelt, R. & Kaiser, S. (2013). Blogging und Microblogging – Anwendungsmöglichkeiten im Bildungskontext. In M. Ebner & S. Schön (Hrsg.), *Lehrbuch für Lernen und Lehren mit Technologien* (2. Aufl). Berlin: epubli.
Panke, S. & Oestermeier, U. (2006, Juli 19). *Webblogs in der Lehre – Drei Fallbeispiele*. Verfügbar unter: http://bit.ly/2wYztZn [Zugriff 02.10.2017].
Reinmann, G. & Bianco, T. (2008). *Knowledge Blogs zwischen Kompetenz, Autonomie und sozialer Eingebundenheit*. Augsburg: Universität Augsburg, Medienpädagogik, Arbeitsbericht Nr. 17 (Konzeptpapier).
Verfügbar unter: http://bit.ly/2zbWc4S [Zugriff 02.10.2017].

6 Coding Challenge
Malte Schilling

Kurzbeschreibung	Coding Challenges sind ein effizientes Werkzeug, um gezielt die Fähigkeit von Studierenden in der strukturierten Lösung von Problemen in einem kompletten Aufgabenkontext zu überprüfen. Vorgegeben wird eine breite Aufgabenstellung, für die ein Programm als Lösung erarbeitet werden soll. Die Möglichkeit, nicht nur kleinschrittig die Programmierfähigkeit abzuprüfen, sondern bewusst den kompletten Prozess von der Problemstellung zur Lösung in einem Programm zu beleuchten, macht die Coding Challenge zu einem vielversprechenden Werkzeug.
Form	praktisch
Kompetenzen	Methodenkompetenz
Gruppengröße	Einzelperson 1 Student/-in
Dauer der Durchführung	variabel: Semesterbegleitend als Übung von je 2 Stunden, als Abschlussprüfung angesetzt auf 8 Stunden oder länger möglich
Studentischer Workload	5–20 Stunden
Semesterbegleitend durchführbar?	ja
Durchführungsort	ortsunabhängig

Beschreibung der Prüfungsform

Coding Challenges sind ein Werkzeug aus der Informatik, das originär in Bewerbungsverfahren zur Anwendung kommt. Für eine gegebene Aufgabenstellung (z. B. Sortieren oder Auswahl von bestimmten Daten) soll in einer Coding Challenge ein Programm entworfen und realisiert werden.

Coding Challenges eignen sich, um direkt die Methodenkompetenz von Studierenden in der Analyse, Strukturierung und Realisierung eines Lösungsansatzes in einem (meist reduzierten und abgesteckten) Umfeld zu überprüfen. Sie lassen sich so direkt als Übungsform, um programmierpraktische Einführungen zu begleiten, anwenden. Häufig will eine Coding Challenge nicht nur das isolierte Teilproblem betrachten und hierfür eine algorithmische Lösung abfragen, sondern im Fokus steht die Entwicklung des Lösungsansatzes jeweils eingebettet in die konkrete Aufgabenstellung. Dieser Prozess des lösungsorientierten Entwickelns soll in seiner Gesamtheit simuliert und überprüft werden. Damit eignen sich Coding Challenges insbesondere bei fortgeschrittenen Studierenden im Masterstudium, um einen Anwendungsbezug in vorlesungsbegleitenden Übungen herzustellen.

Als Prüfungsform erlauben Coding Challenges die Anwendung von Methoden für eine relativ vollständige Aufgabe zu betrachten. Diese holistische Sicht auf Problemstellung und strukturierte Vorgehensweise in der Lösungserarbeitung erfordert eine lange Zeit zur Bearbeitung einer Coding Challenge (mehrere Stunden bis ein oder mehrere Tage). Ähnlich einem Take-Home-Exam oder Open-Book-Test (Stalnaker & Stalnaker 1934) kann sie aber problemlos von zu Hause absolviert werden und es ist gerade erwünscht, dass vorliegende und zusätzliche Materialien sinnvoll genutzt werden bzw. hinzugezogen werden können, ohne, dass dies einen negativen Einfluss auf den Lernerfolg hat (Weber, McBee & Krebs 1983) besonders im Zusammenhang des problembasierten Lernens (Heijne-Penninga, Kuks, Hofman, Muijtjens 2013).

Coding Challenges eignen sich nur begrenzt zur Abfrage von vermitteltem Wissen. Auch wenn die Aufgaben häufig auf Variationen von klassischen Problemen bestehen (Sortierung unter speziellen Randbedingungen als Beispiel), so sind für die Lösung eher allgemeine Lösungsprinzipien als komplette Ansätze aus der Literatur relevant und der Fokus liegt viel mehr auf der Weiterentwicklung bekannter oder recherchierter Ansätze. In einer Anwendung soll die Kenntnis von Entwicklungsmodellen und vor allem die Fähigkeit, sie anwenden zu können, demonstriert werden.

Dies setzt in den Lehrformen voraus, dass neben den Grundlagen der Programmierung auch Entwicklungsmodelle und Strukturierungshilfen vorgestellt und eingeübt werden.

Anwendungsmöglichkeiten

In der Informatik können einführende Kurse zur Programmierung komplett an der Idee einer Coding Challenge ausgerichtet werden. Voraussetzung für eine Übertragung auf andere Disziplinen ist immer der Fokus auf der Methode und einer dazugehörenden Formalisierung. Dort, wo eine solche Formalisierung zur Verfügung steht, kann dann die Idee einer Coding (oder entsprechenden Methodik) Challenge angepasst werden, zum Beispiel in den Ingenieurwissenschaften, Physik oder auch Biologie. Als ein Beispiel aus der Biologie seien Simulationen von Lernverfahren genannt, für die es Formalisierungen in entsprechenden Simulationsprogrammen gibt, z. B. das Erlernen von der Assoziation eines Stimulus mit einem Verhalten. Hierin lassen sich direkt angewandte Aufgaben zumindest in begrenztem Rahmen – als Coding Challenge umsetzen.

Während für den Prüfenden der Hauptaufwand auf der Erstellung und Einführung einer geeigneten Coding Challenge liegt, kann die spätere Überprüfung zum Teil automatisiert durchgeführt werden. Dadurch eignen sich einfache Formen auch für die Anwendung in Massive Open Online Courses (MOOC). Im größeren Rahmen und unter dem Anspruch, den ganzen Prozess abzubilden, sollte die Aufgabe zusätzlich auch die Dokumentation der Programmierleistung einfordern, die verschiedene Entwicklungsschritte widerspiegelt und Entscheidungen begründet. In die Beurteilung geht dann zum einen die erfolgreiche Umsetzung in einem funktionierenden Programm ein, zum anderen die erklärende Beschreibung.

Anwendungsbeispiel aus der Hochschulpraxis

Für einen Einführungskurs in die Programmierung in Python wird zum Semesterende eine Coding Challenge gestellt. Die Aufgabe ist eine Abwandlung des Traveling-Salesman-Problems (Lawler, Lenstra, Rinooy Khan & Shmoys 1985): Ziel ist das Optimieren einer Route für einen Handlungsreisenden, der eine vorgegebene Liste von Städten besucht. Dies ist ein klassisches Problem in der Informatik und gerade dadurch gekennzeichnet, dass bei steigender Anzahl von Städten nicht mehr schnell alle Lösungsmöglichkeiten abgewägt werden können. Damit nicht bestehende Lösungen direkt übernommen werden können, ist eine Abänderung eines solchen Standardproblems notwendig, was durch Variationen in den Rahmenbedingungen einfach möglich ist: z. B. die gleichzeitige Optimierung von Reisekosten und Reisezeit über der Route bei unterschiedlichen Verkehrsmitteln oder aber die Aufweichung, dass eine bestimmte Anzahl von Städten ausgelassen werden darf. Ein solches Problem ist dann für eine Coding Challenge ideal geeignet, da es ausreichend Quellen mit Lösungsansätzen für den allgemeinen Ansatz gibt, aber noch die Übertragung, Anwendung und Umsetzung einfordert.

Neben der Aufgabenstellung erhalten die Studierenden Beispieldaten: Zum einen die Entfernungstabelle, die Abstände zwischen den einzelnen Orten angibt. Zum anderen werden Beispielfälle angegeben. Dies sind Beispieleingaben (Liste der zu besuchenden Städte), die das Programm verarbeiten soll, mit den gewünschten Rückgaben (ideale Route).

Grenzen und mögliche Stolpersteine

Während Coding Challenges einen guten Eindruck über erlernte strukturierte Problemlösefähigkeiten und deren Umsetzung in einem Algorithmus geben, eignen sie sich weniger, um Leistungen zu benoten. Das Ergebnis einer Coding Challenge ist ein Programm, das vorgegebenen Anforderungen entsprechen soll, aber hierüber hinaus schwer als Grundlage für eine abgestufte Benotung genutzt werden kann. Im Einsatz im Bewerbungskontext werden Coding Challenges häufig so angelegt, dass bewusst zu hohe Anforderungen gestellt werden und der Umgang mit Problemen bzw. in der Abwägung von Randbedingungen deutlich wird.

Zu beachten ist bei Coding Challenges der hohe Aufwand in der Vorbereitung: eine Aufgabenstellung muss präzise formuliert werden und eine eigene Lösung entwickelt werden. Dies schließt die Bereitstellung von Beispieldaten und Beispielergebnissen ein, die von den Studierenden genutzt werden sollen, um das eigene Programm zu testen, sowie von Prüfdaten, die später genutzt werden, um das Programm zu verifizieren. Häufig bekommen die Studierenden hierüber hinaus zumindest Teile des Programms zur Verfügung gestellt (vorgegebene Datenstrukturen, Einlesefunktionen, ...). Zur Vorbereitung gehört auch die Recherche von verfügbaren ähnlichen Aufgaben und Lösungen. Damit ist eine Coding Challenge nur für Seminare mit einer hohen Studierendenzahl oder für MOOCs ein sinnvolles Prüfungsformat.

⊃ Tipp
Geben Sie bei den ersten Coding Challenges noch einen Programmrahmen (Eingabe- und Darstellungsfunktionen) vor und sie erweitern dies erst nach und nach zu einer kompletten Aufgabenstellung.

Literatur
Heijne-Penninga, M., Kuks, J.B.M., Hofman, W.H.A. & Muijtjens, M.M. (2013). Influence of PBL with open-book tests on knowledge retention measured with progress tests. *Advances in Health Science Education, 18,* 485–495.

Lawler, E. L., Lenstra, J. K., Rinooy Khan, A. H. G. & Shmoys, D. B. (Hrsg.) (1985). *The Traveling Salesman Problem.* New York: Wiley.

Stalnaker, J. M. & Stalnaker, R. C. (1934). Open-book examinations. The *Journal of Higher Education, 5,* 117–120.

Weber, L.J., McBee, J.K. & Krebs, J.E. (1983). Take home tests: An experimental study. *Research in Higher Education, 18,* 473–483. doi:10.1007/BF00974810.

7 E-Klausur

Andreas Hoffmann & Marc Sauer

Kurzbeschreibung	Eine E-Klausur ist das computergestützte Pendant zur papierbasierten schriftlichen Klausur. Sie ermöglicht die elektronische Durchführung und teilweise auch Auswertung von Klausuren. In vielen Bereichen kann die E-Klausur kompetenzorientierter prüfen als schriftliche oder mündliche Prüfungen. Die E-Klausur muss aber als eigenständige Prüfungsform in die jeweiligen Prüfungsordnungen aufgenommen werden.
Form	schriftlich
Kompetenzen	Fachkompetenz
	Methodenkompetenz
Gruppengröße	kleine Gruppe < 20 Studierende
	mittlere Gruppe 20–50 Studierende
	große Gruppe > 50 Studierende
Dauer der Durchführung	Je nach Vorgabe aus der jeweiligen Prüfungsordnung – in der Regel 60–120 Minuten.
Studentischer Workload	Dies regeln die Prüfungsordnungen bzw. Modulhandbücher.
Semesterbegleitend durchführbar?	ja
Durchführungsort	Alle Räume, in denen die entsprechende Infrastruktur (Laptops, PCs, Netzanbindung) vorhanden ist bzw. geschaffen werden kann. Das können Hörsäle, PC-Labore aber auch Turnhallen sein.

Beschreibung der Prüfungsform

Eine E-Klausur ist das computergestützte Pendant zur papierbasierten schriftlichen Klausur. Sie findet daher unter den gleichen prüfungsrechtlichen Bedingungen statt, unterscheidet sich jedoch, wie in Abbildung 1 verdeutlicht, im Gesamtprozess von der Prüfungsvorbereitung, über die konkrete (technische) Durchführung bis hin zur teils automatischen Auswertung und einem computergestützten Einsicht- und Einspruchsverfahren von der klassischen schriftlichen Klausur (vgl. Vogt & Schneider 2009, S. 2).

In der Praxis haben sich vor allem drei räumliche Szenarien für die Durchführung von E-Klausuren etabliert (vgl. E-Assessment NRW 2017):
- Kleine Prüfungsgruppen in fest installierten Poolräumen,
- mittlere und größere Gruppen in Hörsälen mit mobilen Endgeräten (Laptops oder Tablets der Hochschule oder externer Dienstleister) und
- mittlere und größere Gruppen in großen Testcentern.

Im Sinne des Constructive Alignments sollten die Studierenden schon zu Beginn des Semesters darüber informiert werden, dass die Prüfung als E-Klausur erfolgt und durch entsprechende Einweisungen und Probeklausuren frühzeitig mit dem Umgang der Software und den erwarteten Aufgabentypen zur Kompetenzmessung vertraut werden. Durch semesterbegleitendes diagnostisches oder formatives E-Assessment, dessen Einsatzmöglichkeiten die gängigen Lernplattformen bieten, kann gezielt auf die E-Klausur hingearbeitet werden (vgl. E-Assessment NRW 2017). Die Prüfungsplattformen unterstützen den Prozess der Erstellung kompetenzorientierter, valider Fragenpools durch Verortungsstrukturen und Review-Prozesse (vgl. vor dem Esche, Möbs, Just & Haller 2011) und tragen so zur Qualitätssicherung sowie Qualitätssteigerung bei. Eine Verortung sollte insbesondere die Learning Outcomes beinhalten, um den Studierenden im nachgelagerten Prozess ein möglichst effektives Feedback, idealerweise mit einem Stärken-Schwächen-Profil zu ihrem Kompetenzerwerb zu geben.

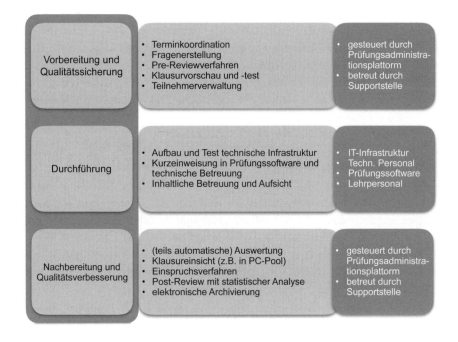

Abb. 1: Allgemeiner Prüfungsprozess E-Klausur (Quelle: Eigene Darstellung)

Anwendungsmöglichkeiten

Die Anwendungsmöglichkeiten bei den E-Klausuren sind weitaus vielfältiger als bei papierbasierten Prüfungen. So können durch Einsatz von Werkzeugen aus der späteren Arbeitswelt Kompetenzen weitaus besser abgeprüft werden als auf Papier. Das Aufgabenspektrum ist dadurch vielfältiger. So sind neben den offenen Fragetypen auch zahlreiche geschlossene Fragetypen möglich, die alle mit Bild-, Film- und Tonmedien angereichert sein können. Somit können E-Klausuren durch gezielte Nutzung des Spektrums an Aufgabetypen in nahezu allen Bereichen eingesetzt werden. Nachfolgend einige Beispiele, die ebenso auf weitere Fächer abstrahiert werden können:

- Medienwissenschaftler analysieren Videos,
- Informatiker programmieren nicht mehr auf Papier,
- Juristen schreiben Fallgutachten strukturiert und lesbar.

Des Weiteren sind gerade Prüfungen mit großen Studierendenzahlen als E-Klausur prädestiniert. Die Aufteilung auf mehrere Kohorten mit vergleichbaren Klausurinhalten wird durch das Prüfungssystem automatisiert. Durch das Anlegen von Fragenpools, die wiederum kategorisiert sind, können so genannte Blueprints erzeugt werden. Aus diesen Blueprints können dann zu einem Thema vergleichbare Varianten einer Klausur erzeugt werden. Die Qualitätssicherung einer Prüfung wird auch durch umfangreiche statistische Auswertungen gewährleistet.

Anwendungsbeispiel aus der Hochschulpraxis

An der Universität Siegen führen wir E-Klausuren in großen Prüfungsgruppen mit dem externen Dienstleister IQUL GmbH durch, E-Klausuren in kleinen Prüfungsgruppen finden im hochschuleigenen PC-Pool statt. An den vereinbarten Prüfungstagen baut der Dienstleister im Audimax die Infrastruktur bestehend aus einer eigenständigen WLAN-Infrastruktur und derzeit 225 baugleichen Prüfungslaptops auf. Die Prüfungssoftware läuft auf Servern der Universität Siegen, was ermöglicht, dass trotz der beiden Varianten ein einheitliches System existiert. Das Team der IQUL GmbH kümmert sich während der Durchführung um die technische Betreuung, welche auch eine kurze Einführung in das Prüfungssystem vor Beginn der Klausur beinhaltet. Die inhaltliche Betreuung muss aber von verantwortlichen Personen der Hochschule durchgeführt werden.

Für Aufgabenstellungen mit Audiomaterial bekommen die Studierenden baugleiche Kopfhörer zur Verfügung gestellt. Eingesetzt wird dies bspw. bei Prüfungen der Medienwissenschaften, die seit dem Einsatz von E-Klausuren kompetenzorientiertere Aufgaben zu Audio- und Videoanalysen stellen können.

Grenzen und mögliche Stolpersteine

E-Klausuren müssen aus mehrerer Hinsichten gut vorbereitet sein. Dies bedeutet bei der elektronischen Durchführung neben der Vorbereitung der Prüfungsaufgaben eben auch, dass die technische Infrastruktur permanent gewartet und für jeden Prüfungsdurchlauf bzw. Prüfungstag erneut getestet wird. Es sollte darauf geachtet werden, dass die Studierenden vor der ersten Durchführung eine Einweisung in die Bedienung der Prüfungssoftware erhalten. Dies trifft auch auf externe Werkzeuge zu, die während der Prüfung eingesetzt werden, wie z. B. Programmierumgebungen.

Die rechtlichen Aspekte von E-Klausuren sind bereits sehr gut erforscht und mit zahlreichen Handlungsempfehlungen versehen (vgl. Forgó, Graupe & Pfeiffenbring 2016). Grenzen ergeben sich oft bei den verwendeten Ressourcen. Dazu gehören die Prüfungsgeräte, die Räumlichkeiten und verantwortliche Personen, die das Prüfungsmanagement an der Hochschule zentral steuern. Ohne eine zentrale Support-Stelle ist ein hochschulweiter Einsatz von E-Klausuren nur sehr schwer realisierbar. Die Prüfungsgeräte sind entweder von der Hochschule oder durch einen externen Dienstleister zu stellen. Ein Bring-your-own-Device-Szenario ist vor allem aus Sicht der Vergleichbarkeit nicht zu verwenden (ebd., S. 35).

Sollten Sie keine PC-Pools haben, um große Kohorten von E-Klausuren durchführen zu können, so ist die Lösungen mittels externer Dienstleister eine gute Option. Dadurch können Sie die E-Klausuren auch in größeren Hörsälen, Turnhallen etc. durchführen. Ideal ist in diesem Fall eine hybride Variante, in der kleinere E-Klausuren in hochschuleigenen Laboren durchgeführt werden und für die großen E-Klausuren ein externer Dienstleister engagiert wird (vgl. Sauer & Hoffmann 2016, S. 43).

⇨ Tipp

E-Klausuren sind mehr als nur Multiple-Choice! Durch die vielen Möglichkeiten neuer Fragetypen und dem gezielten Einsatz digitaler Medien können Sie kompetenzorientierter, praxisnaher und besser Prüfen. Nutzen Sie formale und fachliche Review-Prozesse, um valide wiederverwendbare Fragenpools aufzubauen.

Literatur

E-Assessment NRW (2017). *E-Assessment*. Verfügbar unter: http://bit.ly/2zcp0do [02.10.2017].

Forgó, N., Graupe, S. & Pfeiffenbring, J. (2016). *Rechtliche Aspekte von E-Assessment an Hochschulen*. Verfügbar unter: http://bit.ly/2yoJf8x [02.10.2017].

Sauer, M. & Hoffmann, A. (2016). E-Assessment in einer virtualisierten Umgebung als Ergänzung zur Durchführung mit einem externen Dienstleister an der Universität Siegen. In *Abstractband Teaching is Touching the Future & ePS 2016*. Verfügbar unter: http://bit.ly/2yMVUoR [02.10.2017].

Vogt, M. & Schneider, S. (2009). *E-Klausuren an Hochschulen*. Gießen: Koordinationsstelle Multimedia, JLU.

Vor dem Esche, J., Möbs, D., Just, I.& Haller, H. (2011). Elektronisches Prüfen und Evaluieren mit der Q[kju:]-Systemplattform. In U. Dittler (Hrsg.), *E-Learning: Einsatzkonzepte und Erfolgsfaktoren des Lernens mit interaktiven Medien* (3. Aufl., S. 139–154). München: Oldenbourg Verlag.

8 Entwicklung eines Interviewleitfadens
Claudia Equit

Kurzbeschreibung	Die Entwicklung von qualitativen Leitfadeninterviews eignet sich als Prüfungsleistung mit Bezug auf Seminare oder Workshops. Ziel eines solchen Prüfungsformats ist die Vermittlung von Forschungs-, Fach- und Methodenkompetenzen.
Form	schriftlich
	praktisch
Kompetenzen	Fachkompetenz
	Methodenkompetenz
	Sozialkompetenz
Gruppengröße	kleine Gruppe < 20 Studierende
Dauer der Durchführung	entspricht dem studentischen Workload, etwa 30 Arbeitsstunden
Studentischer Workload	etwa 30 Arbeitsstunden
Semesterbegleitend durchführbar?	ja
Durchführungsort	Seminarraum

Beschreibung der Prüfungsform

Die Prüfungsform besteht aus der Entwicklung, Erprobung und Fertigstellung eines Leitfadens für qualitative Interviewformen, wie Experteninterviews oder problemzentrierte Interviews.

Es wird empfohlen, die Prüfung in Kombination mit einem Seminar oder Workshop durchzuführen, um eine grundlegende Wissensbasis für die Leistungserbringung voraussetzen zu können. Leistungsumfang, Bewertungskriterien und Einreichungsfristen sollten vor der Leistungserbringung den Lernenden kommuniziert werden.

Die Leistungsbeurteilung sollte sich aus der Bewertung der Frageformen und Strukturierung des Leitfadens nach fachlichen Vorgaben und dem Anwendungsbezug im Hinblick auf das Forschungsthema zusammensetzen. Für eine unbenotete Leistung erscheint die schriftliche Einreichung des entwickelten Interviewleitfadens als sinnvoll. Für eine benotete Leistungsbewertung wird empfohlen, zusätzlich eine schriftliche Erörterung des Leitfadens zu vereinbaren, etwa im Hinblick auf Aufbau, Veränderungen nach der Erprobung des Leitfadens usf. Somit stehen für die Leistungsbeurteilung zusätzliche reflexive, diskursive Wissensformen zur Verfügung und es wird den Lernenden die Möglichkeit gegeben, fachliche Begründungszusammenhänge zu entwickeln. Die grundsätzliche Schwierigkeit der Leistungsbeurteilung besteht darin, dass es keinen idealen Interviewleitfaden gibt. Die fachliche Angemessenheit des Leitfadens bemisst sich immer auch an der Passung zum Forschungsfeld und den Zielgruppen, die nicht ausschließlich über fachliche Standards der Leitfadenerstellung einholbar ist.

Anwendungsmöglichkeiten

Das Prüfungsformat eignet sich für Veranstaltungen mit Bezug zur qualitativen Sozialforschung, wie etwa Sozialwissenschaften, Politikwissenschaften, Erziehungs- und Bildungswissenschaften usf. Veranstaltungsformen sind etwa: Lehr-Lernforschungsprojekte, Seminare, Workshops mit forschungspraktischem Bezug. Didaktisch eignen sich Orientierungen an der Projektmethode (Frey 2010) oder dem forschenden Lernen (Huber 2009). Die Prüfungsform eignet sich auch für Online-Seminare (z. B. virtueller Klassenraum). Im E-Learning-Format können insbesondere kollaborative Lernprozesse unter den Teilnehmenden didaktisch initiiert werden (de Witt/Czerwionka 2013).

Anwendungsbeispiel aus der Hochschulpraxis

Im Seminar Partizipation in elementarpädagogischen Einrichtungen kam diese Prüfungsform im Master-Studiengang Lehramt mit dem Fach Sozialpädagogik zum Einsatz.

Zu Beginn der Veranstaltung wurden Prüfungsumfang und Bewertungskriterien erörtert. Anschließend wurden ausgewählte Aspekte zum Forschungsstand erarbeitet (Grundlage waren Fachliteratur und Dokumentationsfilme). Im Anschluss führte ich die Studierenden in die Grundlagen der qualitativen Interviewforschung ein (Vermittlung von Fachwissen und Übungen zur Interviewsituation). Die Lernenden bildeten Arbeitsgruppen von etwa fünf Personen, in denen sie Forschungsfragestellungen entwickelten und von mir beraten wurden, u. a. zu Fragen des konkreten Feldzugangs, Datenschutz, usf. Anschließend leitete ich die Gruppen zur systematischen Leitfadenentwicklung mithilfe der SPSS-Methode von Helfferich (2005) an. SPSS steht für die Arbeitsschritte:

S= Sammeln (spontanes Sammeln von Ideen)
P= Prüfen (Prüfung der Geeignetheit der Fragen)
S= Sortieren (inhaltliche Sortierung der Fragen)
S= Subsumieren (Ein- und Unterordnung der Fragen in den Leitfaden).

Die Gruppen führten selbstständig das Experteninterview durch und stellten ausgewählte Ergebnisse zur Erhebungssituation sowie Auszüge aus dem Interview vor. Im Plenum wurden die Ergebnisse reflektiert. Die Leitfäden wurden ggfs. überarbeitet und schriftlich als unbenotete Prüfungsleistung eingereicht.

Grenzen und mögliche Stolpersteine

Fehlende Transparenz hinsichtlich des Prüfungsformats kann von Teilnehmenden als unübersichtlich bewertet werden. Daher wird empfohlen, den Leistungsumfang zu Beginn der Leistungserbringung schriftlich und mündlich zu kommunizieren.

⊃ Tipp

Für eine transparente Gestaltung der Prüfungsform hat es sich als hilfreich erwiesen, die Kriterien der Leistungsbewertung und des Leistungsumfangs am konkreten Anwendungsbeispiel zu erörtern.

Literatur

De Witt, C. & Czerwionka, T. (2013). *Mediendidaktik: Studientexte für Erwachsenenbildung.* Bielefeld: Bertelsmann Verlag.

Frey, K. (2010). *Die Projektmethode: Der Weg zum bildenden Tun.* Weinheim u. a.: Beltz.

Hellferich, K. (2005). *Qualität qualitativer Daten: Manual für die Durchführung qualitativer Interviews.* Wiesbaden: VS Verlag für Sozialwissenschaften.

Huber, L. (Hrsg.) (2009). *Forschendes Lernen im Studium: Aktuelle Konzepte und Erfahrungen.* Bielefeld: Webler.

9 E-Portfolio-Prüfung

Ivo van den Berk & Wey-Han Tan

Kurzbeschreibung	E-Portfolio-Prüfungen sind formativ-summative Prüfungen, d. h. sie bestehen aus einer Reihe von (kumulativen) Vorleistungen (Artefakte) und einer abschließenden mündlichen oder (seltener) schriftlichen E-Portfolio-Prüfung, in der auf ausgewählte Artefakte Bezug genommen wird.
Form	schriftlich
	mündlich
Kompetenzen	Fachkompetenz
	(Methodenkompetenz)
	Selbstkompetenz
Gruppengröße	Einzelperson 1 Student/-in
Dauer der Durchführung	in der Regel 30–45 Minuten
Studentischer Workload	ca. 30–60 Arbeitsstunden
Semesterbegleitend durchführbar?	ja
Durchführungsort	als mündliche Prüfungsleistung: neutraler und ruhiger Seminarraum mit unterschiedlichen Präsentationsmöglichkeiten. als schriftliche Prüfungsleistung: Die Online-Bereitstellung eines Präsentationsportfolios erfordert eine Portfolio-Software. Alternativ wird ein digitales Portfolio in die Lernplattform eingestellt oder per Mail eingereicht. Ebenso kann eine Übertragung des E-Portfolios in ein Textdokument erfolgen.

Beschreibung der Prüfungsform

E-Portfolio-Prüfungen, die sich von Portfolioprüfungen durch die Nutzung einer (Portfolio-)Software sowie digitaler Medien unterscheiden, bestehen aus einer ausgedehnten Vorbereitungs- und einer kürzeren Prüfungsphase. Denn in einer E-Portfolio-Prüfung werden ausgewählte Aspekte von vorangegangenen Vor- und Studienleistungen (Artefakte) von den Studierenden selbstständig zueinander in Beziehung gesetzt. Die gewählte Zusammenstellung wird in der Prüfungsleistung begründet und dient der exemplarischen Darstellung der eigenen Kompetenz oder der eigenen Kompetenz- und Persönlichkeitsentwicklung, die das eigentliche Ziel darstellt (vgl. Tan & van den Berk 2014, S. 117). Durch die Auseinandersetzung mit den eigenen Produkten soll eine forschend-entdeckende Verdichtung angeregt werden. Denn in den individuellen Prüfungen sollen ausgehend von den ausgewählten Artefakten musterhafte Strukturen und Prozesse abstrahierend herausgearbeitet werden. Das kann in Form der Online-Bereitstellung eines Präsentationsportfolios, ersatzweise durch eine schriftliche Prüfungsleistung oder durch eine mündliche Prüfung erfolgen. Mögliche Kriterien sind: a) die Passung und Begründung der Auswahl der Artefakte, b) die inhaltliche und methodische Richtigkeit und Konsistenz der Darstellung, c) das erreichte Abstraktionsniveau (z. B. beschreibend bis kritisch reflektierend nach Hatton & Smith 1995) häufig in Bezug auf das Spannungsverhältnis individueller und kontextuell-gesellschaftlicher Bedingtheiten sowie d) der Rückbezug auf Modelle und Theorien (s. Trautwein, Merkt & Heyer 2012).

Anwendungsmöglichkeiten
Zum Einsatz kommen E-Portfolioprüfungen in der Regel bei Lehrveranstaltung (häufig bei Praktika oder (Forschungs-)Projekten), Modulen, zum Abschluss einer Studienphase oder eines Studienprogramms.

Die **Vorbereitungsphase** ist produktorientiert anzulegen (vgl. Bräuer 2016, S. 218): Im Spannungsfeld zwischen Selbstorganisation und Fremdsteuerung (vgl. Häcker 2007) ist es das Ziel, dass die Studierenden in einem geschützten E-Portfolio sukzessive eine Reihe von Artefakten herstellen, die sich grob drei funktionalen Kategorien zuordnen lassen.
a) Wie ich mich in der Welt verorte: Dokumentation von u. a. Strukturen, Prozessen, Erlebnissen, Einschätzungen, Haltungen und Emotionen (z. B. Berichte, Erkenntnisse, Aktivitätenblog).
b) Wie ich auf die Welt einwirke: Produktion von eigenständigen informativen oder argumentativen medialen Produkten (z. B. Paper, Rezension), die für Dritte interessant sind, bzw. von dazu dienlichen Hilfstexten (z. B. Exzerpte).
c) Wie ich die unter a und b genannten Artefakte betrachte (Metareflexion). Die unter a und b genannten Artefakte werden zu Daten, die es auf Regelmäßigkeiten zu untersuchen gilt. Die hierbei angefertigten Produkte werden selbst wieder zu Daten, sodass ein dem Portfolio eigener kontinuierlicher Prozess entstehen kann. In vielen E-Portfolioumgebungen (z. B. Olat) wird die/der Lernende bereits beim Einstellen eines Produkts (a oder b) durch das System aufgefordert, eine darauf bezogene Reflexion zu erstellen.

Damit die Studierenden überhaupt in der Lage sind, die für die E-Portfolioprüfung notwendigen Produkte (c) zu erzeugen, ist es unabdingbar, dass sie genügend und ertragreiche Daten (a und b) generieren. Dies wird in der Regel durch eine stark vorstrukturierte Sequenz bzw. definierte Anzahl von Artefakten realisiert; im Idealfall ergeben sie sich aus dem natürlichen Verlauf des Projekts. Durch eine Portfoliosoftware können Zeitfenster definiert werden, die die Einreichung der Portfolioaufgaben strukturieren. Sowohl zur Datengenerierung als auch zur Vorbereitung der Prüfungsleistung haben sich eine Reihe von flankierenden Maßnahmen als hilfreich erwiesen. 1. Begleitung des Prozesses z. B. durch Impulse für die Erstellung von Produkten (a), 2. Kooperation bei der Erstellung von Produkten (b), (Peer-)Feedback insbesondere auf Produkte (c), 3. Beispiel-E-Portfolio als Modell und anpassbare Portfolio-Vorlage, 4. Schreibdidaktische Unterstützung und gemeinsames Schreiben in der Präsenz, 5. Diskussion von E-Portfolio-Produkten. 6. Ansprechperson für inhaltliche und technische Aspekte (z. B. Login und Anleitung).

Die Gestaltung der **Prüfungsphase** beruht ganz wesentlich auf den unterschiedlichen Interaktionsmöglichkeiten der schriftlichen und mündlichen Prüfungsform. So wird die summative schriftliche Prüfungsform i. d. R. dann gewählt, wenn auch der Nachweis der vertieften wissenschaftlichen Bearbeitung (abschließend) bescheinigt werden soll. Im mündlichen Prüfungsgespräch soll zumeist auch der Kompetenzentwicklungsprozess weiter vorangetrieben werden, indem beispielsweise die Konsistenz der Begründungen geprüft wird oder kontroverse Perspektiven eingenommen werden. Dadurch fordern die Prüfenden die Prüflinge auf, ihre vorgenommenen Einschätzungen besser zu begründen bzw. ad hoc zu modifizieren. Beiden Prüfungen gemeinsam ist die Erbringung eines Kompetenznachweises, durch den ein intendierter Entwicklungsprozesses als (vorläufig) abgeschlossen markiert werden kann.

Anwendungsbeispiel aus der Hochschulpraxis

In einer ersten Prüfungsordnung im Master of Higher Education an der Universität Hamburg haben wir bei der Abschlussprüfung auf das schriftliche und mündliche Portfolioformat zurückgegriffen. Der formativ-summative Doppelcharakter des (e)Portfolios wurde in der Beschreibung der Masterarbeit ersichtlich: „Die Masterarbeit ist in Form eines Lehrportfolios zu erstellen, das die Dokumentation und Reflexion ausgewählter Werkstücke der eigenen, im Kontext ihrer Lehrtätigkeit durchgeführten Lehre der Studierenden enthält und einen eigenständigen wissenschaftlichen Beitrag zu hochschuldidaktischen Themen der Lehre aufweist." (Ordnung für den Masterstudiengang MoHE 2011) Das Abschlussmodul beinhaltet neben dieser schriftlichen Prüfungsleistung eine mündliche, „… in der ausgewählte Aspekte des Lehrportfolios und die damit zusammenhängenden Wissensbereiche dargestellt und theoretisch fundiert argumentativ vertreten werden" (ebd.). In beiden Prüfungen tragen unserer Erfahrung nach die unter Kategorie c fallenden Artefakte im Wesentlichen den Argumentationsgang, während die anderen Artefakte eine exemplarisch stützende Funktion übernehmen.

Grenzen und mögliche Stolpersteine

E-Portfolio-Plattformen haben folgende Schwierigkeiten: Die Bedienung der Software muss gelernt und trainiert werden. Die Software-Struktur reduziert die individuellen Gestaltungsmöglichkeiten. Die Nutzung eines Rechners ist zwingend. Da die E-Portfolio-Arbeit zudem für viele ungewohnt ist, entstehen Widerstände. Erfahrungen zeigen, dass die selbstständige und freiwillige Erbringung der für die Prüfung notwendigen Vorleistungen nur von einem Teil der Studierenden ausgeführt wird. Das Anlegen von „Daten" erfolgt z.T. erst bei der Erstellung der Prüfungsleistung.

➲ Tipp

- Strukturieren Sie die Portfolioarbeit durch verbindliche E-Portfolio-Aufgaben entlang der Progression der Lehrveranstaltung.
- Verlegen Sie den Schreibprozess anfangs in die Veranstaltung.

Literatur

Bräuer, G. (2016). Lernen durch Schreiben – Ausgewählte Gelingensbedingungen für Portfolioarbeit aus hochschuldidaktischer und schreibdidaktischer Perspektive. In S. Ziegelbauer & M. Gläser-Zikuda (Hrsg.), *Portfolio als Innovation in Schule, Hochschule und LehrerInnenbildung. Perspektiven aus Praxis, Forschung und Lehre.* (S. 213–223). Bad Heilbronn: Klinkhardt.

Häcker, T. (2007). Portfolio – ein Medium im Spannungsfeld zwischen Optimierung und Humanisierung des Lernens. In M. Gläser-Zikuda & T. Hascher (Hrsg.), *Lernprozesse dokumentieren, reflektieren und beurteilen. Lerntagebuch und Portfolio in Bildungsforschung und Bildungspraxis.* (S. 63–85). Bad Heilbrunn: Klinkhardt.

Hatton, N. & Smith, D. (1995). Reflection in teacher education: Towards definition and implementation. *Teaching and teacher education, 11* (1), 33–49.

Ordnung für den Masterstudiengang „Master of Higher Education" vom 19. Januar 2011. In Der Präsident der Universität Hamburg, Referat 31 – Qualität und Recht (Hrsg.), *Amtliche Bekanntmachungen Nr. 15 vom 5. April 2011*.

Tan, W.-H. & van den Berk, I. (2014). RIO – das portfoliounterstützte Tutorium in der Studieneingangsphase. In D. Lenzen & H. Fischer (Hrsg.), Universitätskolleg-Schriften, Bd. 5: *Tutoring und Mentoring unter besonderer Berücksichtigung der Orientierungseinheit* (S. 117–126). Hamburg. Universität Hamburg.

Trautwein, C., Merkt, M. & Heyer, J. (2012). Leitfragen zur Einschätzungen der Qualität von Lehrportfolios. *ZHW-Almanach, 2012-2.* Verfügbar unter: http://bit.ly/2ze3W6h [02.10.2017].

10 E-Prüfungen

Joachim K. Rennstich

Kurzbeschreibung	E-Prüfungen sind methodisch breit gefächert und finden sowohl in der onlinebasierten Lehre, als Teil von Blended-Learning-Formaten oder auch rein campusbasierten Lehrangeboten Anwendung. Lernplattformen bieten vielfältige und komplexe Gestaltungsmöglichkeiten und die Möglichkeit der Verbindung von formativen und summativen Prüfungen. Vorteile bestehen in der weitgehend automatisierten Bewertung, sowie der Möglichkeit der Einbindung von multimedialen Elementen in die Fragestellung.
Form	schriftlich
	praktisch
Kompetenzen	Fachkompetenz
	Methodenkompetenz
	Sozialkompetenz
	Selbstkompetenz
Gruppengröße	Einzelperson — 1 Student/-in
	kleine Gruppe — < 20 Studierende
	mittlere Gruppe — 20–50 Studierende
	große Gruppe — > 50 Studierende
Dauer der Durchführung	Je Einsatzgebiet und Prüfungsform – 10–90 Minuten
Studentischer Workload	15–60 Arbeitsstunden, abhängig von Art/Umfang der Prüfungsform
Semesterbegleitend durchführbar?	ja
Durchführungsort	online (Lernplattformen), Hörsaal (PC)

Beschreibung der Prüfungsform

Häufig werden E-Prüfungen (auch: „E-Assessment") als Prüfungen mit Medieneinsatz verstanden. E-Prüfungen sind methodisch breit gefächert und in vielfältiger Form – bspw. Individuelle oder gruppenerstellte Mindmaps, E-Portfolios, Simulationen, Diskussionsforen, multimediale Dokumentation von Lernerfolgen u.v.m. – seit Jahren im Einsatz. In der Hochschullehre unterscheiden sich lern- und prüfungsrelevante Typen von mediengestützten Bewertungsformen in (1) diagnostische (vor dem Lernen), (2) formative (lernprozessbegleitend) und (3) summative (leistungsbewertende) Assessments (vgl. Schmees & Horn 2014). Leistungsbewertende E-Prüfungen entsprechen inhaltlich weitgehend „klassischen" schriftlichen Prüfungsformen, werden aber mediengestützt durchgeführt

(Handke & Schäfer 2012). Am häufigsten kommen derzeit Multiple-Choice-Formen der Wissensabfrage als E-Prüfung zum Einsatz. In Verbindung mit sanktionsfreien Selbsttests, die im Aufbau weitgehend den notenrelevanten Prüfungen entsprechen, ermöglichen solche E-Prüfungen Lernenden den eigenen Lernfortschritt während des Semesters eigenständig zu überprüfen. Hierdurch erfolgt eine intensivere Beschäftigung mit dem Lehrmaterial über das gesamte Semester hinweg, im Gegensatz zu einer höheren Selbstlernintensivität zum Semesterende.

Anwendungsmöglichkeiten

Die gängigen Online-Lernplattformen bieten vielfältige und komplexe Gestaltungsmöglichkeiten einer E-Prüfung, die über die reine fragenbasierte Multiple-Choice-E-Prüfung hinausgeht (Schmees & Horn 2014). So ist es beispielsweise möglich, die Selektion von nachfolgenden Fragen abhängig von der richtigen oder falschen Beantwortung vorheriger Fragen vorzunehmen und Studierende entsprechend ihres Kompetenzniveaus zu befragen, um möglichen Frustrationen zu begegnen. Manche Systeme ermöglichen auch eine maschinengesteuerte inhaltliche Textevaluation (Roy, Narahari & Deshmukh 2015). Der Vorteil der mediengestützten Prüfung besteht in der weitgehend automatisierten Bewertung und des zeitnahen ergebnisbasierten Feedbacks, sowie der Möglichkeit der Einbindung von Multimedia (Filme, Grafiken), Simulationen etc. in die Fragestellung, der Anwendungsmöglichkeit unabhängig von der Zahl der Teilnehmenden mit relativ geringem administrativen Aufwand und gleichzeitigen Förderung sowie Fremd- und/oder Selbstkontrolle des individuellen Lernfortschritts von Studierenden. Der Lernprozess kann auch in der campusbasierten Lehre während einer Vorlesung über individuelle Feedback-Hilfsmittel („Klicker" oder Smartphone-Apps) ständig evaluiert und somit trotz einer großen Anzahl von Studierenden der individuelle Lernerfolg ermittelt werden. Lehrende und Studierende erhalten so regelmäßig wichtiges Feedback über bestehende Lücken oder Problembereiche. Für eine summative Leistungsüberprüfung finden vielfach auch Prozess-Portfolios Verwendung, etwa in Form von blogbasierten Lerntagebüchern oder E-Portfolios, die als Bewertungsgrundlage von Lehrenden genutzt werden können. Darüber hinaus gibt es noch eine Vielzahl weiterer Formen der E-Prüfung, die verschiedene Kompetenzen sach- und fachgerecht überprüfen (vgl. Handke & Schäfer 2012; Forgó, Graupe & Pfeiffenbring 2016).

Anwendungsbeispiel aus der Hochschulpraxis

In meinen Kursen setze ich Multiple-Choice-Tests (oder „Quizzes") als formative und summative Prüfungsformen ein. Für jede Lerneinheit gestalte ich Wissens- und Transferfragen, die im „Fragenpool" der Lernplattform eingepflegt werden.

Dabei gestalte ich die Fragen unterschiedlich: hinsichtlich des Schwierigkeitsgrades, der Lehrinhalte und der Abfrageform. Die Lernplattform (in meinem Fall Moodle) ermöglicht es mir, zufällig Fragen aus verschiedenen Kategorien auszuwählen. Durch die Zuordnung von Fragen im Fragenpool zu bestimmten Lehrinhalten sowie Schwierigkeitsgraden ist es mir so möglich, beim summativen Einsatz sicherzustellen, dass den Studierenden trotz Einsatzes der zufälligen Fragenauswahl ein gleicher Anteil von „leichten" und „schweren" Fragen, sowie Fragen aus bestimmten Lehreinheiten präsentiert wird. Somit gewährleiste ich (nachweisbar) als Prüfender die Vergleichbarkeit der Prüfungen trotz ihrer unterschiedlichen und individuellen Ausgestaltung. Die unterschiedliche Gestaltung der Abfrageform erlaubt mir eine weitere Ausdifferenzierung des Schwierigkeitsgrads der Fragen und erhöht beim Einsatz der Fragen in der Nutzung von formativen Prüfungen die Motivation der Studierenden, sich mehrfach mit dem gleichen Prüfungsmaterial auseinanderzusetzen. Folgende Variationsmöglichkeiten verwende ich regelmäßig:

- Wortgleiche Frage, unterschiedliche Antwortangebote (die jeweils unterschiedliche Teilaspekte abdecken);
- Umkehrung der Abfrage → Die „Antwort" wird als Frage in Kombination mit verschiedenen möglichen Fragestellungen präsentiert, die dann richtig zugeordnet werden muss;
- Variation in der Frage-Antwort-Stellung → Variation der möglichen Antwortmenge (zwischen 2–5), im Einsatz von Medien (Bilder, Schaugrafiken mit unterschiedlichen Bezeichnungen) oder Antwortgestaltung (bspw. Lückentext oder freier Antworttext).

Bei summativem Einsatz dieser Prüfungsform verwende ich immer auch „Mini-Essays", also Fragen mit längeren, offenen Antworten. Somit ist gewährleistet, dass zwar ein Großteil der Wissensabfrage maschinenunterstützt erfolgen kann, aber nicht vollständig nur maschinell erfolgt. Da die Abfrage mediengestützt erfolgt, verwende ich hierbei häufig auch kurze, textbasierte oder multimediale Fallstudien, anhand derer Studierende dann ihr Wissen anwenden und ihre Transferkompetenz dokumentieren können.

Grenzen und mögliche Stolpersteine

Die für die erfolgreiche Durchführung notwendige technische Kompetenz von Studierenden im Umgang mit mediengestützten E-Prüfungen sollte auf keinen Fall zu hoch angesiedelt sein. Der erforderliche Zeitaufwand in der Vorbereitung der Medien sowie deren Einführung in den Unterricht kann u.U. erheblich sein und lohnt sich vor allem bei einer Anzahl von mehr als 50 Teilnehmenden in einer Veranstaltung. Häufig gibt es gerade anfangs für Studierende einen höheren technischen Betreuungsbedarf. Hier ist es ratsam, die notwendigen Voraussetzungen für eine gute Betreuung von Seiten der IT im Vorfeld zu planen und in einen frühzeitigen Austausch in der Planung und während der Implementierung der E-Prüfungen mit IT-Verantwortlichen zu treten. Der Einsatz von E-Prüfungen erfordert vielfach von Lehrenden ein nicht unerhebliches Maß an technischer Kompetenz zusätzlich zu den prüfungsformabhängigen didaktischen Kompetenzen (etwa beim Einsatz von Multiple-Choice-Abfragen) und bedingt ggf. Schulungen im Vorfeld.

⊃ Tipp
Aus datenschutzrechtlicher Sicht sollte bei der Bewertung der E-Prüfungen – zumindest zum Teil – immer ein Mensch beteiligt sein, um zu verhindern, dass es sich bei der Prüfungsentscheidung um eine verbotene automatisierte Einzelentscheidung handelt, etwa in der Form der Beurteilung von Essay-Fragen oder der individuellen Freigabe von Bewertungen durch Lehrpersonen!

Literatur
Csanyi, G., Reichl, F. & Steiner, A. (Hrsg.). (2012). *Digitale Medien – Werkzeuge für exzellente Forschung und Lehre*. Münster: Waxmann.

Forgó, N., Graupe, S. & Pfeiffenbring, J. (2016). Rechtliche Aspekte von E-Assessments an Hochschulen, Gutachten im Auftrag des Verbundprojektes E-Assessment NRW.

Handke, J. & Schäfer, A. M. (2012). *E-Learning, E-Teaching und E-Assessment in der Hochschullehre: eine Anleitung*. München: Oldenbourg.

Roy, S., Narahari, Y. & Deshmukh, O. D. (2015). A perspective on computer assisted assessment techniques for short free-text answers. In E. Ras & D. Joosten-ten Brinke (Hrsg.), *Computer assisted assessment. Research into e-assessment* (S. 96–109). Cham: Springer.

Schmees, M. & Horn, J. (2014). *E-Assessments an Hochschulen: Ein Überblick: Szenarien. Praxis. E-Klausur-Recht*. Münster: Waxmann.

11 Essay

Karsten Jung

Kurzbeschreibung	Ziel eines Essays ist es, auf eine pointiert gestellte Frage eine Antwort zu geben, die verschiedene (kontroverse) Aspekte berührt, aber gleichzeitig eine klare Struktur aufweist. Dabei wird eine eingangs zu benennende These unter Verwendung von anderen Positionen/Daten in Frage gestellt und kritisch hinterfragt und eine eigene Meinung begründet.	
Form	schriftlich	
Kompetenzen	Fachkompetenz	
	Methodenkompetenz	
	Selbstkompetenz	
Gruppengröße	Einzelperson	1 Student/-in
	kleine Gruppe	< 20 Studierende
	mittlere Gruppe	20–50 Studierende
	große Gruppe	> 50 Studierende
Dauer der Durchführung	semesterbegleitend	
Studentischer Workload	ca. 30 Arbeitsstunden, Umfang etwa 7 Seiten	
Semesterbegleitend durchführbar?	ja	
Durchführungsort	ortsunabhängig (falls Hausarbeit) geeignet großer Raum (falls Klausur)	

Beschreibung der Prüfungsform

Ein Essay ist eine Sonderform einer Hausarbeit. Ziel ist es, auf eine pointiert gestellte Frage eine Antwort zu geben, die verschiedene (kontroverse) Aspekte berührt, aber gleichzeitig eine klare Struktur aufweist. Dabei wird eine eingangs zu benennende Fragestellung oder These unter Verwendung von differierenden Positionen oder Daten diskutiert bzw. kritisch hinterfragt. Die Pointe liegt dabei darin, auf sprachlich hohem Niveau eine Gratwanderung von rhapsodischen und zielführenden Gedanken zu vollführen, die gerade durch ihren unterschiedlichen Charakter einen roten Faden zur eigenen Meinung hin begründen. Im Unterschied zu einer klassischen Hausarbeit geht es im Essay nicht darum, ein Thema in allen Details zu behandeln, sondern zu einer nachvollziehbar begründeten eigenen Meinung zu einer Frage zu kommen.

Essay heißt „Versuch" – es handelt sich um einen Versuch, sich einem Thema anzunähern. Der Schreibstil soll daher eher feuilletonistisch sein, leichter und eleganter als bei einer Hausarbeit. Ein Essay bedarf nicht einer starren Gliederung wie eine Hausarbeit und auch mit Zitaten sollte eher sparsam umgegangen werden (vgl. Wie schreibe ich einen Essay, Uni Wien 2017). Ein guter Essay lässt erkennen, dass sein/e Autor/in die zum Thema gehörende Literatur und Fachdiskussionen kennt, ohne diese im Einzelnen ständig belegen zu müssen: Es geht darum, Argumente eigenständig abzuwägen und nicht Meinungen Dritter zu referieren (vgl. Essays schreiben im Studium 2017). Auch gilt: „In der Kürze liegt die Würze" – ein Essay sollte den Umfang von 5 bis 7 Textseiten nicht überschreiten.

Ein Essay lässt sich prinzipiell auch als Klausur durchführen; im Grundsatz gilt hier das Gleiche wie für den „Hausarbeits-Essay".

Hinsichtlich des Aufbaus folgt ein Essay grundsätzlich dem klassischen Schema Einleitung – Hauptteil – Schluss. In der Einleitung wird die zu diskutierende These vorgestellt und die Relevanz der folgenden Diskussion plausibilisiert. Der Hauptteil entfaltet die Argumente zur These: unterschiedliche Argumente werden vorgetragen und abgewogen. Trotz leichter Sprache und in der Regel nur implizitem Bezug zur Fachliteratur ist ein Essay keine Aneinanderreihung von wütenden Stammtischargumenten: In der Qualität und Nachweisbarkeit der vorgetragenen Argumente liegt ein wesentliches Beurteilungskriterium. Der Essay schließt ab mit dem aus dem vorgetragenen Folgenden, insbesondere der eigenständigen Beurteilung der dem Essay zugrunde liegenden Fragestellung bzw. These.

Essays als Prüfungsform sind für Studierende häufig ungewohnt, daher müssen sie in Lehrveranstaltungen oder durch Tutorien darauf vorbereitet werden. Die beste Vorbereitung ist das „learning by doing" – das Schreiben von Essays gelingt mit zunehmender Übung besser.

Anwendungsmöglichkeiten

Essays sind prinzipiell mit jeder Gruppengröße durchführbar, sofern genügend Korrekturkapazitäten zur Verfügung stehen. Der Korrekturaufwand ist nicht zu unterschätzen: Da der Verweis auf Fachliteratur und Fachdiskussionen nur implizit ist, ist es ungleich aufwändiger, die Argumentation nachzuvollziehen sowie Stärken und Schwächen angemessen zu gewichten. Die Korrekturzeit eines 7-seitigen Essays ist nicht geringer als die einer 15seitigen Seminararbeit.

Essays lassen sich hervorragend in E-Learning-Settings einsetzen, da der überwiegende Teil der Arbeit im Homeoffice von den Studierenden erledigt werden kann, ebenso sind fächerübergreifende Einsatzmöglichkeiten denkbar, wenn es geeignete Fragestellungen gibt, die interdisziplinäre Argumentationsweisen voraussetzen.

Essays können prinzipiell auch als Klausuraufgabe gestellt werden. Hier ist zu beachten, dass die Studierenden in einer Klausur keinen Zugang zur Sekundärliteratur haben, die Aufgabe der pointierten Argumentation des Essays folglich niveauvoller ist, als „klassische" Klausuraufgaben; selbst wenn man in der Klausur die Internet-Nutzung erlaubt oder die Klausur als „open-book-Variante" schreibt, bleibt der Essay niveauvoll.

Essays eignen sich vor allem als Prüfungsform in den Geistes- und Sozialwissenschaften.

Anwendungsbeispiel aus der Hochschulpraxis

Ich verwende als Aufgabenstellung für einen Essay in der Regel Streitfragen der Fachdiskussion, die kontrovers diskutiert werden, gleichzeitig aber keine einfache Lösung nahelegen, weil die jeweils andere Position gültige Argumente vorträgt.

Mögliche Fragestellungen aus meinem Fach, der Religionspädagogik: „Kann man Religion lehren bzw. lernen?"; „Sollte sich die Kirche angesichts der jüngeren Mitgliederbefragungen auf die Kerngemeinde konzentrieren oder auf die Werbung neuer Mitglieder?"; „Soll die Bibel im Mittelpunkt des Religionsunterrichts stehen?" usw.

Grenzen und mögliche Stolpersteine

Essays unterliegen drei Hauptschwierigkeiten: Auf der Seite der Prüfenden ist erstens die schwierigste Aufgabe, geeignete Fragestellungen zu finden. Diese müssen mehrere Anforderungen erfüllen: Sie müssen pointiert sein, verschiedene Sichtweisen zulassen (Multiperspektivität) und gleichzeitig im Rahmen des zur Verfügung stehenden Umfangs zu bearbeiten sein. Es bewährt sich nicht, Studierende die Fragestellung formulieren zu lassen, da diesen in der Regel (noch) der notwendige Überblick über das Thema vor Erstellung des Essays fehlt.

Zweitens ist die Benotung eine besondere Herausforderung: Formales und Inhalt sind kaum zu trennen, sondern greifen im Essay bewusst ineinander. Da die Bezüge zur Fachliteratur implizit sind, erfolgt die Benotung nicht arithmetisch nach einem Anforderungskatalog, sondern eher nach globalen Kriterien: Begründetheit der Argumente, Schlüssigkeit der eigenen Meinung, sprachliche Eleganz, allgemeines Argumentationsniveau.

Drittens ist auf der Seite der Studierenden die größte Hürde das zuweilen fehlende Sprachvermögen. Um einen guten Essay zu schreiben, muss man die Sprache, in der er zu verfassen ist, sehr gut beherrschen, was nicht bei allen Studierenden der Fall ist. Dies markiert eine Grenze der Prüfungsform Essay: Ein schlechter Essay kann sowohl zu geringes Fachwissen, wie aber auch zu geringes Sprachvermögen zur Ursache haben. Das heißt, es kann vorkommen, dass die Benotung nicht sicher das tatsächliche Fachwissen, sondern „nur" die mangelnde Darstellungsfähigkeit trifft. Aus diesem Grund ist vorher gründlich zu überlegen, ob sich der Essay in dem jeweiligen Setting tatsächlich eignet.

➲ Tipp
Wenn Sie die genannten Schwierigkeiten ausräumen können und Studierende mit Sprachvermögen Ihre Lehrveranstaltungen besuchen, gehört der Essay zu einer der schönsten Prüfungsformen: Die Lektüre eines guten Essays macht Spaß, was selbst bei guten Hausarbeiten oder Klausuren nicht immer der Fall ist.

Literatur
Auf vielen Homepages von Hochschulen finden sich Hinweise zum Schreiben von Essays. Besonders instruktiv sind folgende:
Uniturm (2017). *Essays schreiben im Studium.*
   Verfügbar unter: http://bit.ly/2z5jeyg [02.10.2017].
Studieren.at (2017). *Wie schreibe ich einen Essay.*
   Verfügbar unter: http://bit.ly/2yrls9N [02.10.2017].

12 Expertenboard (Wirtschaftsrecht)

Carolin Sutter

Kurzbeschreibung	Das *Expertenboard* bindet die Zuhörer/-innen einer Präsentationsprüfung aktiv in die Prüfungssituation ein und greift die Perspektive des Publikums auf. Als Mitglieder des Expertenboards schlüpfen die Studierenden in die Rolle als Fachleute. In dieser Funktion bereiten sie Fragen und Diskussionsbeiträge zu den Präsentationen vor und führen anschließend anhand der vorbereiteten Fragen durch die Diskussion. Das Expertenboard kann als eigenständige Prüfung oder als Teil einer Präsentationsprüfung ausgewiesen werden.
Form	mündlich
	praktisch
Kompetenzen	Fachkompetenz
	Methodenkompetenz
	Sozialkompetenz
	Selbstkompetenz
Gruppengröße	kleine Gruppe < 20 Studierende
Dauer der Durchführung	im Anschluss an eine Präsentation ca. 10 Minuten
Studentischer Workload	nach Studien- und Prüfungsordnung/Modulbeschreibung, ca. 10 Stunden pro Themenkomplex
Semesterbegleitend durchführbar?	ja (veranstaltungsintegrierend möglich)
Durchführungsort	Hörsaal oder Seminarraum entsprechend der Gruppengröße/zum Prüfungssetting siehe Abbildung 3

Beschreibung der Prüfungsform

Das *Expertenboard* bindet die Studierenden aktiv in die Prüfungssituation einer Präsentationsprüfung ein. Um diese aus ihrer passiven Haltung als bloße Zuhörer/-innen in eine mitwirkende Rolle zu bringen, nehmen die Studierenden die Aufgabe als Diskutanten wahr. Hierzu werden die Studierenden in Teams eingeteilt; ihnen wird die Funktion als Expert/inn/en für ein bestimmtes Themenfeld zugewiesen. Als solche beschäftigen sie sich mit einer im Vorfeld zugewiesenen Thematik, bereiten Fragen und Diskussionsbeiträge zu einer Präsentationsprüfung vor und führen anschließend auf dieser Grundlage durch die Diskussion. Das Expertenboard spiegelt somit die Präsentation aus Sicht der Adressaten und greift die Perspektive des Publikums auf. So wird zugleich die berufliche Praxis simuliert, in der eine Präsentation ziel- und zweckgerichtet vor einem Gremium erfolgt, um mit einem Anliegen oder Produkt zu überzeugen. Mit der Kombination von Präsentation und Expertenboard werden die Perspektiven aller beteiligten Akteure entsprechend den Anforderungen der beruflichen Praxis zusammengeführt. Die Studierenden lernen in ihrer Rolle als Präsentierende überzeugend aufzutreten, Argumente der Gegenseite aufzugreifen und für die eigene Position nutzbar zu machen. In der Rolle als Experten lernen sie, kritisch zu reflektieren, zu fragen und zu diskutieren. Beide Seiten trainieren den wertschätzenden Umgang und die konstruktive Auseinandersetzung mit den Argumenten der jeweils anderen Partei.

Das Expertenboard kann als eigenständige Prüfung oder als Teil einer Präsentationsprüfung ausgewiesen werden. Als Mitglieder eines Expertenboards sollen die Studierenden zeigen, dass sie sich mit komprimiert dargebotenen Fachinhalten inhaltlich und methodisch auseinandersetzen können. Sie sollen ihre Kommunikations-, Toleranz- und Kritikfähigkeit sowie die Fähigkeit zur Zusammenarbeit im Team mit unterschiedlichen Aufgaben- und Verantwortungsbereichen nachweisen. Diese Prüfungsziele müssen sich in den Bewertungskriterien wiederfinden.

Die Prüfungsform des Expertenboards ist für kleine Gruppengrößen mit ca. 20 Studierenden geeignet. Ein Expertenboard besteht jeweils aus bis zu fünf Studierenden. Die Themen sind so zu verteilen, dass für die Studierenden ein fachlicher Mehrwert entsteht und sie an verschiedenen Lerninhalten des Moduls aktiv teilhaben. Trotz kleiner Gruppengröße mit bis zu 20 Studierenden ist die Vor-

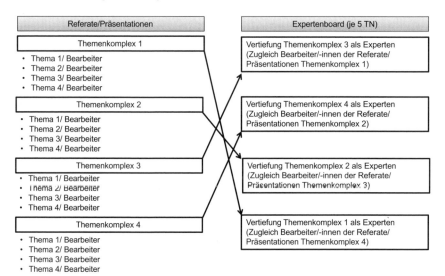

Sutter, Eigene Abbildung

bereitung des Expertenboards mit Organisationsaufwand verbunden. Um diesen möglichst gering zu halten, bietet sich eine Systematisierung der Themenzuordnung in einem zweistufigen Verfahren an. So sollten zunächst die Präsentations- bzw. Referatsthemen nach Themenkomplexen geclustert und an die Studierenden vergeben werden. Die so gebündelten Themenkomplexe werden anschließend einer anderen Studierendengruppe in ihrer Eigenschaft als Experten zugeordnet.

An die Studierenden muss eine genaue Arbeitsanweisung unter Zugrundelegung transparenter Bewertungskriterien ergehen. Idealerweise ist die Prüfung so gestaltet, dass die Experten/-innen im Vorfeld der Präsentation die schriftlichen Ausarbeitungen ihrer Kommilitonen/-innen zur Vorbereitung erhalten, um sich auf dieser Grundlage in die Thematik einzuarbeiten sowie Fragen und Diskussionsbeiträge vorzubereiten.

Modell zur Einbindung des Expertenboards in eine Präsentationsprüfung/ in ein Referat

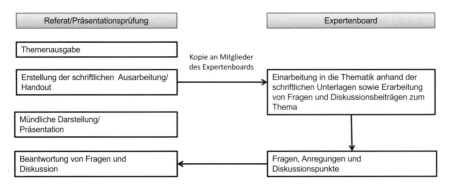

Sutter, Eigene Abbildung

Eine Kombinationsnote mit der jeweils eigenen Präsentation ist möglich, wenn dies in der Studien- und Prüfungsordnung vorgesehen ist und unter genauer Festlegung des Anteils, mit welchem das Engagement und der fachliche Beitrag als Experte/-in in die Benotung einfließen.

Um der Prüfungssituation gerecht zu werden, muss das passende räumliche Prüfungssetting im Vorfeld der Prüfung vorbereitet und gestellt werden. Folgender Aufbau bietet sich an:

Mögliches Prüfungssetting (räumlich)

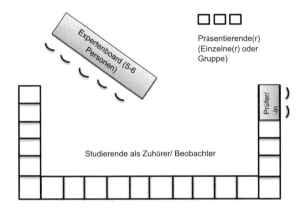

Sutter, Eigene Abbildung

Anwendungsmöglichkeiten

Beim Expertenboard handelt es sich um ein komplexes Prüfungsformat, das bereits ein vertieftes Verständnis des Fachs voraussetzt und eine tiefgehende Reflexion der Lerninhalte fördert. Die Prüfung eignet sich somit für einen Einsatz im fortgeschrittenen Studienverlauf und bietet sich in höheren Fachsemestern oder in weiterqualifizierenden Master-Studiengängen an.

Das Expertenboard ist für komplizierte und interdisziplinäre Fragestellungen geeignet, bei denen es sowohl um die Anwendung und Übertragung von Fachwissen als auch um den Einsatz der fachspezifischen Methodik zu Erschließung unbekannter Fallkonstellationen geht. Gleichzeitig fördert das Expertenboard Sozial- und Selbstkompetenzen, indem die Studierenden sowohl ihre Kommunikations-, Toleranz- und Kritikfähigkeit als auch die Fähigkeit zur Zusammenarbeit im Team mit unterschiedlichen Aufgaben- und Verantwortungsbereichen schulen. Sie lernen, sich Anforderungen und Erwartungen zu stellen, an ihnen zu wachsen und flexibel und positiv auf neue Situationen und Herausforderungen zu reagieren.

Die Studierenden empfinden das Expertenboard als bereichernd und bereiten in der Regel äußerst anspruchsvolle Fragen und Diskussionsbeiträge vor. In der fachlichen Aussprache gehen die Studierenden kritisch, aber mit großer Fairness miteinander um und zeigen ein hohes Maß an Differenzierungsvermögen bezüglich der Leistungen ihrer Kommiliton/inn/en. Besonders positiv wird von den Studierenden der Rollen- und Perspektivwechsel wahrgenommen der mit dem Expertenboard verbunden ist.

Das Expertenboard bietet sich für (wirtschafts-)rechtliche, wirtschaftliche und wirtschaftsnahe Studiengänge an. Mit dem Prüfungsformat werden Anforderungen der beruflichen Praxis simuliert und Kompetenzen gefördert, wie sie von den Absolventinnen und Absolventen der genannten Studiengänge regelmäßig erwartet werden.

Anwendungsbeispiel aus der Hochschulpraxis
In meiner Lehr- und Prüfungspraxis setze ich das Expertenboard zum Beispiel im Master-Studiengang „Internationales Wirtschafts- und Unternehmensrecht, LL.M." im interdisziplinären Themenfeld Krise, Insolvenz, Sanierung als Ergänzung zum mündlichen Teil eines Referates ein. Die Kombination von Referat und Expertenboard bildet die fachliche und methodische Komplexität des Moduls ab. Die Studierenden können in der Prüfung zeigen, dass sie in der Lage sind, unter Einsatz der entsprechenden Methoden Fachwissen aufzubereiten, für Entscheidungsprozesse auszuwerten, auf neue Fallkonstellationen zu übertragen, ziel- und kontextkonforme Entscheidungen zu treffen und kritisch zu diskutieren. Gleichzeitig zeigen sie, dass sie befähigt sind, einen Rollenwechsel vorzunehmen und Argumente aus Sicht der Gegenseite zu reflektieren. Gerade letzteres wird durch das Prüfungsformat des Expertenboards in realitätsnaher Anlehnung an die berufliche Praxis unterstützt.

Grenzen und mögliche Stolpersteine
Sowohl der Vorbereitungsaufwand für ein Expertenboard als auch die Nachbereitung sind nicht zu unterschätzen. Bei der Aufgabenstellung ist zu beachten, dass das Expertenboard in der Regel mit einer Präsentationsprüfung oder mit einem Referat verzahnt ist. Die Aufgabe muss also sowohl für die Präsentationsprüfung als auch für das anschließende Expertenboard ausgelegt sein. Grundlegend sind genaue Instruktionen und klare Bewertungskriterien – hinterlegt mit der jeweils zu erreichenden Punktzahl, die den Studierenden im Vorfeld transparent zu machen sind. Im Nachgang muss sich ein ausführliches Reflexionsgespräch anhand der Bewertungskriterien anschließen, um den Studierenden die jeweiligen Stärken und Schwächen aufzuzeigen und den mit der Prüfung intendierten Lernerfolg zu vertiefen.

Während der Prüfung müssen die Prüfenden sowohl die Präsentierenden als auch die Expert/inn/en im Blick haben. Deshalb bietet sich die Erstellung eines standardisierten Bewertungsbogens mit Bewertungskategorien an, anhand derer die Prüfenden z. B. den Grad und die inhaltliche Tiefe der fachlichen Vorbereitung, die Beteiligung, die methodische Vorgehensweise sowie das allgemeine Auftreten und den Umgang mit den Kommiliton/inn/en während der Diskussion vermerken und kategorisieren können.

➲ **Tipp**
Binden Sie einen zweiten Prüfenden oder einen Beisitzenden in die Prüfung ein und sprechen Sie sich ab, welcher der Prüfenden welchen Prüfling während der Prüfung vorwiegend beobachtet. Planen Sie zwischen den Prüfungen Zeit ein für eine kurze Abstimmung Ihrer gewonnenen Eindrücke.

Literatur
Hochschulrektorenkonferenz & Nexus (2016). *Tagungsdokumentation Kompetenzorientiertes Prüfen*. Bonn. Verfügbar unter: http://bit.ly/2yrBQHI [02.10.2017].

13 Exzerpt

Katharina Hombach

Kurzbeschreibung	In einem Exzerpt werden zentrale Aussagen eines Fachtextes zusammenfassend dargestellt. Die schriftliche Prüfungsform Exzerpt prüft Fach- und Methodenkompetenzen und eignet sich insbesondere für formative aber auch für summative Prüfungen.
Form	schriftlich
Kompetenzen	Fachkompetenz Methodenkompetenz
Gruppengröße	Einzelperson 1 Student/-in
Dauer der Durchführung	siehe studentischer Workload
Studentischer Workload	3–10 Stunden (je nach Komplexität und Länge des Fachtextes)
Semesterbegleitend durchführbar?	ja
Durchführungsort	ortsunabhängig

Beschreibung der Prüfungsform

In einem Exzerpt werden zentrale Aussagen und Argumente eines wissenschaftlichen Fachtextes in eigenen Worten wiedergegeben und abschließend in den eigenen Wissens- und Erfahrungskontext eingeordnet. Aus didaktischer Sicht findet durch das Exzerpieren eine sehr intensive und nachhaltige Auseinandersetzung mit einem Text statt. Als formative Prüfungsform eingesetzt erfüllt das Exzerpt die Funktionen der Vorbereitung auf eine Seminarsitzung, das Üben des Umgangs mit wissenschaftlichen Texten und die Förderung von Schreibkompetenzen. Darüber hinaus kann das Exzerpt bereits eine inhaltliche Vorbereitung auf ein zukünftiges Essay oder eine Hausarbeit sein. Durch die Prüfungsform Exzerpt werden insbesondere die Kompetenzdimensionen Fachkompetenzen, durch die Fachinhalte des Textes, sowie Methodenkompetenzen, hinsichtlich des Umgangs mit wissenschaftlichen Fachtexten und Zitation, adressiert. Bezüglich der Taxonomiestufen des kognitiven Bereichs (Bloom et al. 1956) bewegt sich das Lernen vorrangig auf der Niveaustufe des Verstehens.

Das Exzerpt wird als eine Einzelleistung der Studierenden in der Selbststudienzeit, d. h. außerhalb der Seminarpräsenzzeit und ortsunabhängig, erstellt. Zu vereinbarten Zeitpunkten werden die Exzerpte im Seminar aufgegriffen und als Diskussionsgrundlage genutzt. Die Prüfungsform eignet sich daher in Seminarkontexten mit kleinen oder mittleren Gruppengrößen.

Zur Vorbereitung auf diese Prüfung ist es erforderlich, zu Beginn des Seminars Transparenz über die Anforderungen sowie die Beurteilungskriterien zu schaffen, z. B. Erwartungen an den Aufbau und die formale Gestaltung, den Umfang sowie entsprechende Abgabezeitpunkte der Exzerpte zu klären. Als Beurteilungskriterien können beispielsweise das Textverständnis, eine nachvollziehbare Argumentationslinie, Zitation und Reflexivität der eigenen Interpretation herangezogen werden. Für die Studierenden ist es hilfreich, vorab Beispiele von gelungenen Exzerpten zu bekommen. Studierende, die bislang noch wenig oder keine Erfahrung im Umgang mit wissenschaftlichen Texten haben, können unterstützt werden, indem Techniken zum Lesen und zur Textarbeit im Seminar eingeübt werden. Hierzu eignet sich z. B. die PQ4R-Methode von Thomas & Robinson (1972), die sechs Arbeitsschritte zum sinnerfassenden Lesen und Erarbeiten eines Textes vorsieht (P=Preview/Vorausschau bzw. Überfliegen des Textes, Q=Questions/Fragen formulieren, R=Read/Lesen des Textes, R=Reflect/Nachdenken über das Gelesene, R=Recite/Wiedergeben des Textes in eigenen Worten, R=Review/Rückblick). Eine andere Unterstützungsmöglichkeit ist es, den Studierenden konkrete Fragen an den jeweiligen Fachtext an die Hand zu geben.

Bibliographische Angabe	
Exzerpt	Kommentierungen, Seitenangaben
Gesamteinschätzung und Relevanz für die eigene (zukünftige) Arbeit bzw. für das Studium	

Abb. 1: Strukturvorlage für ein Exzerpt (modifiziert nach Bohl 2008, S. 33)

Anwendungsmöglichkeiten

Exzerpte als Prüfungsform eignen sich für alle Fächer und Seminare, die textbasiert organisiert sind und in denen eine schriftliche Prüfung vorgesehen ist. Im Sinne von Constructive Alignment ist es zentral, dass das Lehr-Lernsetting und die Prüfung aufeinander bezogen werden. Die Studierenden brauchen daher die Gelegenheit, während des Seminars die Textarbeit zu üben, und gleichzeitig sollen die Inhalte aus den Exzerpten wieder in das Seminar einfließen. Daher eignen sich Exzerpte insbesondere als formative Prüfung zur Vorbereitung von Texten für eine anschließende Diskussion im Seminarkontext. Eine Variationsmöglichkeit besteht dahingehend, dass nicht alle Studierenden zu demselben Text ein Exzerpt anfertigen, sondern zu mehreren verschiedenen Texten, die beispielsweise kontroverse Positionen vertreten, um so zu einer kritischen Auseinandersetzung im Seminarkontext hin zu führen. In der Nachbereitung des Seminars ergänzen die Studierenden ihr Exzerpt um neugewonnene Erkenntnisse und erstellen somit eine erweiterte Version des Exzerpts.

Werden mehrere Texte im Laufe des Semesters exzerpiert, entsteht bei den Studierenden eine Routine in der Textarbeit. Ein Nebeneffekt ist, dass durch die angeleitete regelmäßige Vor- und Nachbereitung der Seminarsitzung der Zeitaufwand für die Lernaktivität der Studierenden gleichmäßig über das Semester verteilt wird. Zur eigenen Weiterentwicklung ist für die Studierenden eine Rückmeldung zu den Exzerpten von hoher Wichtigkeit. Diese muss nicht zwangsläufig von der Dozentin oder dem Dozenten erfolgen, sondern kann auch im Rahmen eines Peer-Feedbacks der Studierenden untereinander organisiert sein.

Das Exzerpt kann auch als summative Prüfung eingesetzt werden. Dann dienen die im Laufe des Semesters erstellten Exzerpte als Prüfungsvorbereitung bzw. Lerngelegenheit. Ein zum Abschluss des Semesters erstelltes Exzerpt oder auch die durch eine Studierende bzw. einen Studierenden getroffene Auswahl seines bestgelungenen Exzerpts wird dann als Prüfungsleistung herangezogen und nach zuvor festgelegten Kriterien bewertet. Hierbei ist darauf zu achten, dass unter Prüfungsbedingungen die unterschiedlichen exzerpierten Texte der Studierenden von Schwierigkeitsgrad und Umfang gleichwertig sind.

Anwendungsbeispiel aus der Hochschulpraxis

In meiner Lehr- und Prüfungspraxis setze ich Exzerpte in Einführungsveranstaltungen als formative Prüfungen ein, so u. a. in einem bildungswissenschaftlichen Seminar mit 30 Lehramtsstudierenden, die aus verschiedenen Fachkulturen kommen und unterschiedlich erfahren im Umgang mit Fachtexten sind. Im Modulhandbuch ist für diese Veranstaltung eine nicht benotete schriftliche Studienleistung vorgesehen. Die Studierenden erstellen im Laufe des Semesters zu sechs zentralen Seminartexten ein Exzerpt von je ein bis eineinhalb Seiten, d. h., etwa jede zweite Seminarwoche wird ein gelesener Text zur Vorbereitung auf die jeweilige Seminarsitzung exzerpiert.

In der ersten Seminarsitzung werden die Anforderungen für die Studienleistung ausführlich besprochen und schriftlich ausgegeben. Da es sich in diesem Kurs um Erstsemester-Studierende handelt, wird eine weitere Seminarsitzung für eine Einführung zum Lesen und Exzerpieren von Fachtexten genutzt. Die Lektüretexte sind Basistexte, deren Inhalte im weiteren Studium immer wieder aufgegriffen werden, sodass die erstellten Exzerpte zum späteren Nachschlagen dienen. Zur Unterstützung bei langen oder komplexen Texten erhalten die Studierenden als Hilfestellung vorab Leitfragen zum Text. Wichtig ist neben der inhaltlichen Zusammenfassung des Textes, dass die Studierenden über die Bedeutung der Inhalte für ihre zukünftige Arbeit oder das Studium nachdenken, wenngleich diese auch aktuell für einzelne Studierende nicht unmittelbar ersichtlich ist.

Zur Verzahnung von Lehren und Prüfen werden die Inhalte der Exzerpte in der Seminarsitzung aufgegriffen. Dazu muss das Exzerpt in der jeweiligen Sitzung (ausgedruckt) vorliegen. Die Studierenden erhalten auf jedes Exzerpt bis zur nächsten Seminarsitzung ein knappes schriftliches Feedback von mir. Am Ende des Semesters werden alle überarbeiteten Exzerpte in einem Portfolio als Studienleistung zusammengestellt, erneut eingereicht und bewertet. Die Bewertung erfolgt sowohl hinsichtlich inhaltlicher Kriterien, wie der Darstellung zentraler Aussagen des Textes und dem Grad der Reflexivität, als auch hinsichtlich der Form und Zitation.

Die Rückmeldungen der Studierenden über mehrere Semester hinweg zeigen, dass sie das regelmäßige Anfertigen der Exzerpte zwar als sehr zeitaufwendig erleben, andererseits aber betonen, hierdurch nachhaltig viel gelernt zu haben.

Grenzen und mögliche Stolpersteine

Um einen Lernerfolg zu erreichen, müssen sich die Studierenden eigenständig mit dem Lektüretext auseinandersetzen und das Exzerpt anfertigen. Wenn alle Studierende eines Seminars oder auch in den Seminaren der folgenden Semester zu denselben Texten Exzerpte anfertigen, besteht die Versuchung zu plagiieren, da die Exzerpte mitunter recht ähnlich erscheinen. Zur Vorbeugung ist neben einem Variieren der Lektüretexte vielmehr auch Motivationsarbeit seitens der Dozierenden notwendig, um die Zielsetzung und den Mehrwert des Exzerpierens für die Studierenden klar heraus zu stellen.

⊃ Tipp

Das Exzerpieren ist für die Studierenden ebenso wie auch die regelmäßigen Rückmeldungen für die Dozierenden sehr zeitintensiv. Der Aufwand lohnt sich jedoch, weil ein nachhaltiges Lernen gefördert wird.

Literatur

Bloom, B. S., Engelhart, M. D., Furst, E. J., Hill, W. H. & Krathwohl, D. R. (1956). *Taxonomy of educational objectives, Book I: The Cognitive domain.* New York: David McKay.

Bohl, T. (2008). *Wissenschaftliches Arbeiten im Studium der Pädagogik.* Weinheim/Basel: Beltz.

Thomas, E. L. & Robinson, H. A. (1972). *Improving reading in every class: A sourcebook for teachers,* Boston: Houghton Mifflin.

14 Fachlich reflektierte Hospitation mit Bericht

Florian Karcher

Kurzbeschreibung	Bei der Hospitation mit anschließendem Bericht geht es vor allem darum, das in der Lehrveranstaltung oder im Modul erworbene Fachwissen und/oder erlernte Methoden vor dem Hintergrund einer konkreten Praxissituation zu reflektieren. Die Aufgabenstellung ist es, die relevanten Inhalte zu identifizieren und sich damit in Bezug zur Praxis auseinanderzusetzen. Diese Auseinandersetzung erfolgt in Form eines Berichts, zu dem Leitfragen ausgegeben werden.
Form	schriftlich
	praktisch
Kompetenzen	Fachkompetenz
	Methodenkompetenz
	Sozialkompetenz
	Selbstkompetenz
Gruppengröße	Einzelperson 1 Student/-in
Dauer der Durchführung	–
Studentischer Workload	ca. 8 Std. pro Hospitationstag, 80–120 Std. für den Bericht
Semesterbegleitend durchführbar?	nein
Durchführungsort	Hospitation im zukünftigen Berufsfeld, Bericht ortsunabhängig

Beschreibung der Prüfungsform

Im Zentrum dieser Prüfungsform steht eine Hospitation in einem potenziellen zukünftigen Berufsfeld, das in einem engen Zusammenhang mit der Lehrveranstaltung bzw. dem Modul, in dem diese Prüfung durchgeführt wird, steht. Dazu ist es notwendig, das Praxisfeld durch die/den Lehrende/-n möglichst genau einzugrenzen. Es bietet sich auch an, eine Liste möglicher Einrichtungen und Betriebe zu erstellen und langfristig mit diesen zusammenzuarbeiten, um den Prozess zu vereinfachen und gleichzeitig Qualität zu sichern. Die Dauer der Hospitation ist individuell dem Lerngegenstand und dem gewünschten Umfang anzupassen. Grundsätzlich ergeben auch schon eintägige Hospitationen Sinn. Hospitationen die länger als eine Woche andauern, werden von Studierenden hingegen als eintönig empfunden, da eine aktive Mitarbeit im Praxisfeld nicht vorgesehen ist, was die Hospitation vom Praktikum unterscheidet (vgl. Flechsig 1996, S. 40f.). Aber „auch wenn Sie nicht selbst agieren […], so begleiten Sie [die

Hospitanten] alle entsprechenden Aktivitäten mit dem Blick auf das Tragen einer Verantwortung und erleben die Ereignisse gemeinsam mit den AkteurInnen" (Baumgartner 2014, S. 256, Ergänzung d. V.). Mit diesem professionellen Blick werden die Studierenden bei dem Prüfungsformat aufgefordert, die erlebte Praxis hinsichtlich ihrer fachwissenschaftlich-theoretischen Hintergründe und der Methoden zu reflektieren und sich damit auseinanderzusetzen. Dazu erhalten sie im Vorfeld zusammen mit den Rahmenbedingungen des Berichts (Umfang, Formatierung, Zitation etc.) einige Leitfragen. Dabei ist es wichtig, von Anfang an deutlich zu machen, dass es nicht (Kern-)Aufgabe ist, einen Bericht über das Erlebte zu verfassen, sondern eine fachliche Reflexion dessen, was erlebt wurde, vorzunehmen. Trotzdem sollte im Bericht zunächst eine Beschreibung der Hospitation erfolgen, in dem die Einrichtung bzw. der Betrieb vorgestellt und eine grobe Skizze des Erlebten (z. B. in Form eines Tagesablaufes) wiedergegeben wird. Durch entsprechende Angaben zum Umfang, die sich für alle Teile des Berichtes empfehlen, kann dafür gesorgt werden, dass die Beschreibung nicht zu umfangreich wird. Nun können sich Fragen mit Bezug auf die Hospitation anschließen. Solche Fragen können sowohl theoretische als auch methodische Aspekte fokussieren.

Ziel solcher Leitfragen ist es, die Studierenden aufzufordern, die fachlichen oder methodischen Bezüge in der Praxis zu identifizieren und so auch deren Relevanz zu erkennen. Dazu ist es notwendig, die Fragen einerseits so nah wie möglich am Inhalt der Lehrveranstaltungen bzw. des Moduls zu orientieren und andererseits hinsichtlich der Praxis so allgemein wie möglich zu formulieren, da die individuellen Erlebnisse nicht vorhersehbar sind. Es ist aber auch möglich, konkrete Konzepte und Modelle als Referenzrahmen der Fachreflexion zu benennen (siehe Anwendungsbeispiel).

Der letzte Teil des Berichts umfasst eine intensive Auseinandersetzung mit einem selbst gewählten Aspekt. Die Studierenden sollen sich dabei eigenständig für ein Thema entscheiden, das ihnen als besonders relevant erscheint und dies entsprechend begründen. Dies kann eine konkrete Methode, eine Theorie, ein Konzept o.ä. sein, das in der Lehrveranstaltung bzw. dem Modul thematisiert wurde. Für das gewählte Thema kann dann der aktuelle fachwissenschaftliche Sach- und Diskussionsstand erarbeitet werden. Um dies im Rahmen des Berichtes leisten zu können, bedarf es einer genauen Ein- und Abgrenzung. Zusammenfassend gliedert sich der Bericht in drei Teile:

- Beschreibung der Einrichtung/des Betriebs und der Situation → etwa 20 %
- Fachliche Reflexion der Hospitation vor dem Hintergrund des Lerngegenstandes → etwa 40 %
- Auseinandersetzung mit einem selbstgewählten Fachthema → etwa 40 %

Zur Vorbereitung dieser Prüfungsform empfiehlt es sich, in den Lehrveranstaltungen mit komplexen Fallbeispielen oder Situationsbeschreibungen zu arbeiten, anhand derer die fachliche Reflexion von Praxissituationen demonstriert und geübt werden kann. Darüber hinaus kann, mit entsprechenden Einverständnis der Studierenden, auf gut gelungene Berichte früherer Veranstaltungen verwiesen werden.

Anwendungsmöglichkeiten

Die fachlich reflektierte Hospitation kann in allen Fachgebieten zum Einsatz kommen, die einen möglichst direkten Anwendungsbezug zur jeweiligen Praxis zulassen. Das heißt, Inhalte und Methoden müssen in einer konkreten Praxis Anwendung finden. Dabei ist es jedoch nicht notwendig, dass die Unterrichtsveranstaltungen selbst eine fachpraktische Ausrichtung haben, denn gerade diesen Transfer kann das Prüfungsformat leisten und somit einen wichtigen Beitrag zur Kompetenzentwicklung darstellen. Da es hohe Ansprüche an Studierende stellt, empfiehlt sich der Einsatz erst in höheren Fachsemestern. Die Prüfungsform eignet sich auch für den fächerübergreifenden Ansatz, wenn die entsprechenden Praxisorte der Hospitationen einen multiperspektiven Zugang ermöglichen.

Anwendungsbeispiel aus der Hochschulpraxis

Ich bevorzuge dieses Prüfungsformat in Zusammenhang mit einem konkreten Modell, das dann anhand der Praxis der Hospitation reflektiert wird. In einer Lehrveranstaltung zu religionsdidaktischen Modellen beschäftige ich mich mit der Elementarisierung nach Nipkow und Schweitzer (Nipkow & Schweitzer 2007). Dieses grundlegende und vielfach in der Religionspädagogik rezipierte Konzept benennt fünf Bereiche einer religionspädagogischen Didaktik (Wahrheiten, Strukturen, Zugänge, Erfahrungen, Methoden). Anhand dieser fünf Dimensionen lasse ich die Studierenden dann die erlebte Praxis reflektieren. Dazu besuchen die Studierende verschiedene religionspädagogische Arbeitsfelder, wie Religionsunterricht, Konfirmandenarbeit oder Kindertagesstätten und sollen im Bericht diese fünf Dimensionen identifizieren bzw. analysieren, wo diese vorkamen oder eben auch nicht. Abschließend vertiefen die Studierenden eine dieser Dimensionen und entwickeln religionsdidaktische Perspektiven über das besuchte Arbeitsfeld hinaus.

Grenzen und mögliche Stolpersteine

Elementar für das Gelingen dieses Prüfungsformats ist eine präzise Aufgabenstellung und Benennung der Rahmenbedingungen. Dazu empfiehlt sich eine gute und ausführliche Handreichung. Eine Herausforderung stellt auch die Bewertung der Berichte dar, da diese erfahrungsgemäß, allein durch verschiedene Hospitationsstellen, sehr unterschiedlich ausfallen. Auch hier hilft es den Studierenden, wenn hinsichtlich der Bewertungskriterien Transparenz herrscht. Wenn diese Bedingungen gegeben sind, erleben die Studierenden das Prüfungsformat oft als gewinnbringend und entwickeln eine hohe Motivation.

⟳ Tipp
Die Unterschiedlichkeit der Hospitationen wird zu sehr unterschiedlichen Prüfungsinhalten führen. Grenzen Sie die Themengebiete der Lehrveranstaltungen, die in der Reflexion aufgenommen werden sollen bzw. können, ein, um die Vergleichbarkeit zu erhöhen.

Literatur
Baumgartner, P. (2014). *Taxonomie von Unterrichtsmethoden: Ein Plädoyer für didaktische Vielfalt* (2. akt. und korr. Aufl.). Münster: Waxmann.

Flechsig, K. (1996). *Kleines Handbuch didaktischer Modelle*. Eichenzell: Neuland. Verlag für Lebendiges Lernen.

Nipkow, K. E. & Schweitzer, F. (2007). *Elementarisierung im Religionsunterricht: Erfahrungen, Perspektiven, Beispiele*. Neukirchen-Vluyn: Neukirchener Verlagsgesellschaft.

15 Fallbasierte Klausuren

Christian Decker

Kurzbeschreibung	Formelle Gründe können zwingend eine schriftliche Prüfungsleistung in Form einer Klausur erfordern. Kognitive Lehr-/Lernziele, die auf höheren taxonomischen Stufen angesiedelt sind, bedingen Prüfungsformate, die über das primäre Reproduzieren und Anwenden von Faktenwissen hinausgehen. In diesem Kontext ermöglichen fallbasierte Klausuren, das Erreichen höherwertiger Lernergebnisse zu überprüfen.
Form	schriftlich
Kompetenzen	Fachkompetenz
	Methodenkompetenz
Gruppengröße	kleine Gruppe < 20 Studierende
	mittlere Gruppe 20–50 Studierende
	große Gruppe > 50 Studierende
Dauer der Durchführung	in der Regel 90–120 Minuten – je nach Vorgaben aus der Prüfungsordnung
Studentischer Workload	30–60 Arbeitsstunden (reine Prüfungsvorbereitung)
Semesterbegleitend durchführbar?	nein
Durchführungsort	Hörsaal, Seminarraum

Beschreibung der Prüfungsform

Fallbasierte Inhaltsvermittlung und fallbasierte Klausuren haben eine lange Tradition in den Rechtswissenschaften. In den Wirtschaftswissenschaften werden Fälle, die auf der Grundlage von realen Lebenssachverhalten modelliert wurden, primär zur Vermittlung von Inhalten und zur Aktivierung von Studierenden in Lehrveranstaltungen eingesetzt (Case Studies).

Eine fallbasierte Klausur stellt eine fiktive oder reale Sachverhaltsgestaltung in den Mittelpunkt der Klausur. Wesentlich ist dabei, dass sich der Sachverhalt zwar auf die Inhalte der Lehrveranstaltung bezieht, aber der konkrete Fall den Studierenden noch nicht bekannt ist. Den Studierenden steht somit das erforderliche Wissen zur Lösung des Falles implizit (Closed Book) oder explizit (Open Book) zur Verfügung. Das ausschließliche Reproduzieren des Faktenwissens soll jedoch nicht ausreichen, um die Klausur bestehen zu können.

Den Studierenden werden eine oder mehrere Fragen gestellt, die sich auf den konkreten Fall beziehen. Die Fragen erfordern aus einer kognitiven Perspektive zumeist eine Analyse-, Synthese- und/oder Beurteilungsleistung unter Berücksichtigung des Wissens aus der Lehrveranstaltung. Bei der Benotung sind keine Einzelpunkte zu vergeben, die im Wege eines analytischen Kriterienrasters zu einer Gesamtnote verdichtet werden. Vielmehr wird die Falllösung in ihrer Gesamtheit als gezeigtes Lernergebnis einer Niveaustufe zugeordnet. Hierfür ist es erforderlich, ein Niveaustufenmodell zu entwickeln, das sich auf das intendierte Lernergebnis (Learning Outcome) der Lehrveranstaltung bezieht. Die Prüfenden legen hierbei für jede einzelne Notenstufe das Sollniveau der Falllösung vorab fest.

Fallbasierte Klausuren können zu einem hohen Vorbereitungs- und Korrekturaufwand führen. Der Aufwand bei der Fallerstellung lässt sich potenziell durch Rückgriff auf reale Sachverhaltsgestaltungen reduzieren. Regelmäßig muss jedoch ein ausreichendes Zeitbudget für das Entwickeln und schriftliche Dokumentieren eines korrespondierenden Niveaustufenmodells eingeplant werden. Der Korrekturaufwand reduziert sich dann, wenn den Studierenden nur eine begrenzte Anzahl von Seiten für die schriftliche Beantwortung der Fragen zur Verfügung steht. Bei einem sorgfältig ausformulierten Niveaustufenmodell können zudem Korrekturassistenten eingesetzt werden, sodass fallbasierte Klausuren auch bei großen Gruppen eingesetzt werden können.

Anwendungsmöglichkeiten

Fallbezogene Lehre und fallbasiertes Prüfen sind grundsätzlich in allen Disziplinen einsetzbar, soweit das intendierte Lernergebnis auf einer höherwertigen taxonomischen Stufe kognitiver Lernziele festgelegt wurde.

Die Bearbeitung von fallbasierten Klausuren kann auch in computergestützter Form erfolgen, sofern die Hochschule über ein E-Assessment-Center oder eine vergleichbare Einheit verfügt, in der rechtssicher und datenschutzrechtlich sicher geprüft werden kann. Hierbei kann die Länge der Antworten hinsichtlich der Anzahl der Zeichen oder Wörter begrenzt werden.

Ein weiterer Vorteil von fallbasierten Klausuren liegt darin, dass die zugrundeliegenden Fälle bei wiederkehrend angebotenen Lehrveranstaltungen als Übungsfälle/-beispiele nachfolgender Semester eingesetzt werden können. Durch das Erarbeiten von fallbasierten Klausuren schaffen sich Lehrende somit einen Pool von Lehrmaterialien, durch den eine hohe Aktualität und Variabilität der Lehre gewährleistet werden kann. Zugleich entspricht der Einsatz von Fällen im Unterricht bei einer zeitlich nachgelagerten Prüfungsleistung in Form von fallbasierten Klausuren dem Konzept des Constructive Alignment (Biggs & Tang 2011).

Anwendungsbeispiel aus der Hochschulpraxis

Ich setze fallbasierte Klausuren u. a. im vierten Fachsemester eines partiell englischsprachigen Bachelorstudiengangs in einer Lehrveranstaltung zum Thema internationale Kapitalmärkte ein (Decker 2016). Das intendierte Lernergebnis (Learning Outcome) wurde in Anlehnung an Reis wie folgt formuliert (Reis 2010):

Who	Students are able to …
What	… analyse financial instruments traded on the financial markets …
Whereby	… based upon the techniques, models and theories of international capital markets …
What for	… in order to evaluate and/or create financial solutions.

Die Verben beurteilen ("to evaluate") und erschaffen ("to create") verdeutlichen das kognitive Niveau des intendierten Lernergebnisses (Bloom 1956; Anderson & Krathwohl 2001).

Die Prüfungsleistung erfolgt im Wege einer fallbasierten Klausur, in der ein komplexes neuartiges Kapitalmarktprodukt auf drei bis vier Seiten in ausformulierter, tabellarischer und graphischer Form redundant vorgestellt wird. Die Studierenden haben somit die Möglichkeit, sich den zugrundeliegenden Sachverhalt über verschiedene Zugänge zu erschließen. Die zu beantwortende Frage könnte wie folgt formuliert sein:

- Beispiel 1: What are remaining risks for investors [Analyse] and how can they be reduced [Synthese]?
- Beispiel 2: What are potential reasons for separating the assets in a separate company [Analyse] and how do you qualify the structure from the perspective of investors [Beurteilung]?

Beide Fragen setzen das Kennen und Verstehen von einzelnen strukturellen Bausteinen voraus, die in der Lehrveranstaltung des laufenden Semesters erarbeitet wurden. Diese Elemente werden im vorgestellten und bisher unbekannten Sachverhalt nunmehr derart miteinander kombiniert, dass ein neues Kapitalmarktprodukt mit spezifischen Eigenschaften entsteht. Die im ersten Teil des Fragesatzes geforderte Analyse bedingt somit eine höherwertige Transferleistung. Der zweite Teil des Fragesatzes erfordert zudem daran anknüpfende anspruchsvolle Synthese- bzw. Beurteilungsleistungen.

Grenzen und mögliche Stolpersteine

Eine Gefahr kann darin bestehen, dass die Antwort mehr oder weniger in der Sachverhaltsbeschreibung enthalten ist. In derartigen fallbasierten Klausuren wird ausschließlich Lesekompetenz, aber keine veranstaltungsbezogene Fach- und Methodenkompetenz überprüft.

Für die Beurteilung des Niveaus der gezeigten Leistungen kommt es nicht darauf an, dass die Studierenden die tatsächlich richtige Lösung nennen. Vielmehr sind die Qualität der Argumentation bzw. die Schlüssigkeit der verwendeten Kausalketten zu bewerten. So kann auch eine „real falsche" Antwort mit dem Prädikat „sehr gut" beurteilt werden, wenn die Begründung mittels der in der Veranstaltung behandelten Inhalte in einer sachlogisch konsistenten Form erfolgt.

⊃ Tipp

Es empfiehlt sich, eine hinreichende Transparenz über die Struktur und das Wesen einer fallbasierten Klausur herzustellen. Das Lösen einer Probeklausur sollte unter simulierten Klausurbedingungen geübt werden. Anschließend sind die Ergebnisse zu diskutieren und insbesondere die Bewertungskriterien zu erläutern. Zeigen Sie den Studierenden mithilfe des Niveaustufenmodells genau auf, wie eine gezeigte Prüfungsleistung bewertet wird.

Literatur

Anderson, L. W. & Krathwohl, D. R. (2001). *A taxonomy for learning, teaching, and assessing: A revision of Bloom's taxonomy of educational objectives.* New York: Allyn and Bacon.

Biggs, J. & Tang, C. (2011). *Teaching for Quality at University* (4. Aufl.). Maidenhead/England: McGrawHill.

Bloom, B. S. (1956). *Taxonomy of Educational Objectives. Handbook 1: Cognitive Domain.* New York: David McKay Co.

Decker, C. (2016). Die fallstudienbasierte Klausur als schriftliche Prüfungsleistung: Ein Beispiel für die kompetenzorientierte Restrukturierung einer Modulprüfung. In J. Haag, J. Weißenböck, W. Gruber & C. F. Freisleben-Teutscher (Hrsg.), *Kompetenzorientiert Lehren und Prüfen. Basics – Modelle – Best Practices: Tagungsband zum 5. Tag der Lehre an der FH St. Pölten am 20.10.2016* (S. 77–86). St. Pölten: Fachhochschule St. Pölten.

Reis, O. (2010). Kompetenzorientierte Prüfungen – Wer sind sie und wenn ja wie viele? In G. Terbuyken (Hrsg.), *In Modulen lehren, lernen und prüfen. Herausforderung an die Hochschuldidaktik* (S. 157–183). Rehburg-Loccum: Evangelische Akademie Loccum.

16 Formative Online-Gruppenprüfung

Katja Königstein-Lüdersdorff & Andrea Warnke

Kurzbeschreibung	Die formative Gruppenprüfung bezieht alle am Lernprozess Beteiligte in die Bewertung ein. Studierende bearbeiten kooperativ und in Selbststeuerung eine komplexe Aufgabe und bewerten Teilleistungen. Lehrende nehmen quantitative Bewertungen vor und haben eine vorwiegend moderierende Rolle.
Form	schriftlich
	mündlich
Kompetenzen	Fachkompetenz
	Methodenkompetenz
	Sozialkompetenz
	Selbstkompetenz
Gruppengröße	kleine Gruppe < 20 Studierende
Dauer der Durchführung	ca. 18 Stunden (abhängig von der Anzahl der Teilprüfungen, konzipiert als semesterbegleitende Modulprüfung)
Studentischer Workload	60–90 Arbeitsstunden, Näheres regelt die Prüfungsordnung bzw. die Modulbeschreibung
Semesterbegleitend durchführbar?	ja
Durchführungsort	digitales Lernsetting (Onlinekurs) mit Tools eines Lernmanagementsystems und eines virtuellen Klassenzimmers

Beschreibung der Prüfungsform

Die formative Prüfungsform ist Bestandteil eines Lehr-Lern-Konzepts. Eine komplexe Aufgabe wird aufgesplittet in offene schriftliche und mündliche Teilaufgaben, orientiert an den angestrebten Lernergebnissen. Gut eignet sich eine Projektaufgabe, z. B. mit einem prüfungsrelevanten Projektstrukturplan (PSP), dessen Meilensteine die jeweiligen Teilaufgaben darstellen. Die Bewertung erfolgt quantitativ, d. h., Lehrende kontrollieren ob, in welchem Umfang und wann eine Teilaufgabe erbracht wurde. Die Prüfung ist bestanden, wenn alle Aufgaben erfolgreich absolviert wurden. Darüber hinaus erfolgt eine qualitative, gruppeninterne Bewertung, die sich auf die Lern- und Interaktivität bezieht. Unter Moderation der Lehrenden verhandeln bspw. die Gruppenmitglieder miteinander wie eine Leistung Einzelner für die Gruppe wahrnehmbar ist. Orientiert an Feedbackgrundsätzen tauschen sie sich dazu aus, inwieweit die erbrachten Leistungen bedeutsam für die Gruppenarbeit sind.

Beispiele für Aufgaben:
1) **Projektleitung mit Selbstreflexion**
Die Leitung und Koordination des Projekts obliegt jedem Gruppenmitglied für eine 2-Wochen-Phase (Interim Management), die mit einer Selbstreflexion zum Selbst- und Konfliktmanagement abschließt. Die Gruppe bewertet das Handeln und reflektiert auf welche Weise die Gruppe und das Projekt vom Management profitiert haben. Lehrende bieten Leitfragen für ein Feedback an.
2) **Peer-Review**
Vor dem Abschluss der Projektarbeit stellt eine Gruppe ihre Ergebnisse einer anderen Gruppe für ein Peer-Review zur Verfügung. Die Begutachtung erfolgt anhand vorgegebener Diskussionsthemen. Lehrende bewerten, ob im angegebenen Zeitfenster und zu den vorgegebenen Themen eine kritisch-konstruktive Begutachtung vorgenommen wurde.
3) **Teilnahme an synchronen Onlineveranstaltungen (inkl. Abschlussveranstaltung)**
Lehrende begleiten die Gruppe über synchrone Onlinelehrveranstaltungen, mit dem Ziel der Reflexion der Gruppendynamik und der Erarbeitung weiterer Arbeitsschritte. Bewertet wird die Teilnahme an einer Mindestanzahl von Veranstaltungen.

Zum Projektabschluss werden die Studierenden aufgefordert eine Lernbilanz zu ziehen. Bewertungsmaßstab ist die aktive Teilnahme an der Abschlussveranstaltung. Inhaltliche Aspekte der Lernbilanz sind der Rückbezug auf den Arbeitsprozess und das Ergebnis (Lerngegenstand), der Umgang mit sich selbst und das Handeln als Arbeitsgruppe (Lernhandlung), eine Reflexion über die eigene Lernbilanz (Lernvermögen) (Hilzensauer 2008; Wildt 2009) und die Identifizierung hemmender und fördernder Faktoren der asynchronen und synchronen Onlinekommunikation (Medienhandeln).

Anwendungsmöglichkeiten

Ein handlungsorientiertes Lehr-Lern-Konzept mit einer komplexen Aufgabenstellung (Bönsch 1994) bietet eine gute Grundlage für eine formative Prüfung. Ausgerichtet am Komplexitätsgrad der Teilaufgaben und an den Voraussetzungen der Studierenden sind Materialien zur Verfügung zu stellen, die ihnen eine Konzentration auf den definierten Kompetenzerwerb möglich machen.

Eine formative Gruppenprüfung ist unabhängig vom Lernsetting (virtuell oder nicht-virtuell). Für ein Onlinesetting ist Voraussetzung, dass die Studien- und Prüfungsordnung E-Learning für die Bearbeitungs- und Lernerfolgskontrolle beinhaltet, die Dauer der Archivierung eines Onlinekurses geregelt ist und dass die Lernumgebung den Datenschutzbestimmungen entspricht.

Anwendungsbeispiel aus der Hochschulpraxis

Wir haben in einem Studiengang der Therapie- und Pflegewissenschaften ein reines Onlinemodul zur Zusammenarbeit im Gesundheitswesen mit der formativen Gruppenprüfung konzipiert. Pro Semester[1] nehmen seit dem Jahr 2012 ca. 160 Studierende teil, aufgeteilt in Projektgruppen und begleitet von bis zu 14 kooperierenden Lehrenden (s. Königstein-Lüdersdorff & Jeschke 2015).

Jede Gruppe hat den Auftrag, einen interprofessionellen Behandlungsalgorithmus zu entwickeln (Königstein-Lüdersdorff & Warnke 2013). Ihnen wird ein PSP bereitgestellt und es werden Medien sowohl vorgegeben als auch eigenständig ausgewählt (Tab. 1).

Tab. 1: Beispiel für die Planung von Aufgaben und Medien/Onlinetools

Aufgaben (Auswahl)	Zeitpunkt im Semester	Onlinetool	Dauer
Beteiligten-Umfeld-Analyse	Semesterstart	Dateiordner	4 Wochen
Projektleitung mit Selbstreflexion	Projektleitung: Im Laufe des Semesters Selbstreflexion: Abschluss der Projektleitungsphase	Projektleitung: Onlinetools der Gruppe (z. B. Wiki, Forum, Virtuelles Klassenzimmer) Selbstreflexion: Textdatei per E-Mail an Lehrende	Projektleitung: 2 Wochen Selbstreflexion: 45 Minuten
Peer-Review	Letztes Semesterdrittel	Diskussionsforum	4 Wochen
Synchrone Online-Abschlussveranstaltung	Semesterende	Onlinetools des virtuellen Klassenzimmers (z. B. Whiteboard, Chat, Audio, Abstimmung)	135 Minuten

Jede Leistungserbringung wird von uns Lehrenden anhand von Mindestvorgaben abgenommen. Dabei haben wir immer den inhaltlich und sozialen Kontext zu berücksichtigen, der über die Selbststeuerung und die partizipative Beurteilung durch die Studierenden beeinflusst wird. Dies ist für alle Beteiligten eine hohe Anforderung und wir Lehrenden haben die Aufgabe, angemessene Voraussetzungen für das situierte Lernen mittels passgenauer Lehrmethoden zu schaffen.

Grenzen und mögliche Stolpersteine

Eine besondere Herausforderung ist es, dass die Studierenden kontinuierlich online aktiv sein müssen. Dies wird zwar durch die Aufgaben gefördert, muss dadurch aber nicht zwangsläufig erfolgen. Die erforderliche Medienkompetenz

---

1 Einmal jährliches Modulangebot.

wird erst im Laufe des Onlineprojekts entwickelt. Dies ist bei der Konzeption der Aufgaben und ihrer Bewertung zu beachten.

⊃ **Tipp**

Formative Online-Prüfungen brauchen einen menschlichen Anker – also einen Lehrenden, der das gesamte Semester (online) präsent ist und zeitnah reagiert (innerhalb von 48 Stunden).

Literatur

Bönsch, M. (1994). Handlungsorientierte Ansätze in der Schule. *Erleben und Lernen. Internationale Zeitschrift für handlungsorientiertes Lernen*, 3&4, 8–12.

Hilzensauer, W. (2008). Theoretische Zugänge und Methoden zur Reflexion des Lernens. Ein Diskussionsbeitrag. In T. Häcker, W. Hilzensauer, G. Reinmann (Hrsg.), *Reflexives Lernen. Bildungsforschung 2/5*. Verfügbar unter: http://bit.ly/2i4chCv [02.10.2017].

Königstein-Lüdersdorff, K. & Jeschke, T. (2015). Verschieden, verstreut, vernetzt – Onlinekurs Zusammenarbeit im Gesundheitswesen als Beispiel für standortübergreifendes Lernen. In S. Rathmayer & H. Pongratz (Hrsg.), *Proceedings of DeLFI Workshops 2015 co-located with 13th e-Learning Conference of the German Computer Society (DeLFI 2015)* (Vol-1443, S. 161–168). München. Verfügbar unter: http://bit.ly/2yriAtc [02.10.2017].

Königstein-Lüdersdorff, K. & Warnke, A. (2013). Förderung von Kompetenzen für die Zusammenarbeit von Gesundheitsfachberufen am Beispiel der Entwicklung eines interdisziplinären Behandlungsalgorithmus. In J. Estermann, J. Page & U. Streckeisen (Hrsg.): *Alte und neue Gesundheitsberufe. Soziologische und gesundheitswissenschaftliche Beiträge zum Kongress „Gesundheitsberufe im Wandel", Winterthur 2012.* (S. 185–198). Zürich und Beckenried: LIT und Orlux.

Wildt, J. (2009). *„Shift from Teaching to Learning": Herausforderungen einer kompetenzorientierten Studiengestaltung*. Vortrag Berlin, 24.10.2009.

17 Führung als Prüfungsformat
Tobias Nettke

Kurzbeschreibung	In Führungen werden theoretische und praktische Themen werden – bezogen auf konkrete Objekte und deren Strukturen – anschaulich und in unmittelbarer Interaktion mit Teilnehmenden aufbereitet. Die Studierenden üben die Führung anhand erarbeiteter Kriterien während des Semesters, sie verfassen ein Konzept und dokumentieren die Führung.
Form	mündlich praktisch
Kompetenzen	Fachkompetenz Methodenkompetenz Sozialkompetenz
Gruppengröße	kleine Gruppe < 20 Studierende
Dauer der Durchführung	in der Regel ca. eine Stunde bei einer Gruppe von 4–6 Personen
Studentischer Workload	125 Stunden (5 Creditpoints)
Semesterbegleitend durchführbar?	ja
Durchführungsort	Campus, Institut, Bibliothek, Labor, Praktikumsstelle oder im zukünftigen Berufsfeld wie etwa im öffentlichen Stadtraum, in Parks, auf Baustellen, Gedenkstätten usw. oder in Gebäuden wie Rathäusern, Kirchen, Schulen usw. oder im Gelände wie bei Kultur- und Naturdenkmälern, Schutzgebieten usw. oder in Ausstellungen von Museen, Botanischen Gärten, Zoos usw.

Beschreibung der Prüfungsform

In Führungen wird Wissen über physisch präsente Objekte kommuniziert. Gehen und Stehen, Führen und Folgen, Sprechen und Zuhören, Zeigen und Hinschauen sind konstitutive Merkmale dieser Interaktionsform. Im Vergleich zum Referat sind Interaktionen zwischen den Beteiligten ausgeprägter, auch weil sich alle fortbewegen, d. h. ihre Positionen zueinander und zu den zu besprechenden Objekten verändern. Die Aufgabe der führenden Person ist es, die Objekte durch thematische und räumliche Überleitungsimpulse miteinander zu verbinden, die mobilen Phasen einzuleiten und die Aufmerksamkeit zu koordinieren. In den stationären Phasen unterscheidet sich die Führung vom Referat dadurch, dass präsente und visuell nachvollziehbare Strukturen besprochen werden. Diese bilden entweder den Ausgangspunkt des Dialogs (induktiv, vom Konkreten zum Abstrakten) oder es wird eine Theorie anhand der Objekte diskutiert (deduktiv, vom Abstrakten zum Konkreten). Die Führung kann grundsätzlich eher monologisch oder – was dem Format mehr entspricht – eher dialogisch umgesetzt werden. Partizipative Führungen fordern die Teilnehmenden zum Mitentscheiden über die Auswahl der Objekte und Themen auf (vgl. Nettke 2010, 2016; Specht 2016).

In Führungen lassen sich besonders die Fähigkeiten prüfen, Themen anhand konkreter Objekte anschaulich und auf interaktive Weise zu erläutern. Diese Prüfungsform ist für Studierende höherer Semester geeignet.

Voraussetzung für die Prüfusform ist eine gute Vorbereitung. Im Semesterverlauf werden die Handlungsmuster von Führungen analysiert und die Kriterien für gelungene Führungen reflektiert (vgl. Nettke 2014).

Anwendungsmöglichkeiten

Je nach fachlichem Hintergrund fällt das Raster der Bewertung anders aus, das mit den Studierenden während des Semesters erarbeitet wird. Unterscheiden lassen sich z. B. folgende Kategorien, aus denen Kriterien entwickelt werden:
a) Inhaltlich-fachliche Kategorien: Die Studierenden erbringen den Nachweis der Fähigkeit, das Thema im Kontext des Lehrveranstaltungsthemas wissenschaftlich korrekt und verständlich darzustellen sowie klar in Subthemen zu gliedern, die relevanten Subthemen angemessen zu gewichten, dabei die theoretischen Kategorien zu benennen und angemessen auf die physisch präsenten Objekte übertragen zu können.
b) Methodisch-didaktische Kategorien: Nachweis der Fähigkeit, das Thema anschaulich sowie anhand konkreter Objekte und deren Strukturen zu präsentieren. Rhetorik, Körpersprache/Gesten, Positionierung, ergänzendes Bildmaterial können eine Rolle spielen. Auch die Qualität der Impulse (Fragen, Aufforderungen usw.) zur Diskussion, zur multisensorischen Erfahrung (über eingesetzte Anschauungsmaterialien, originale Gegenstände zum Anfassen) oder zum Mitmachen (Anleitung zu handlungsorientierten Sequenzen) sollten in die Beurteilung einfließen.

Der/die Lehrende ist während der Führung Teil der geführten Gruppe. Sie kann dabei eine aktive Rolle übernehmen und gezielt prüfen, inwiefern die Studierenden fähig sind, Fragen anhand von präsenten Objekten und deren Strukturen zu beantworten.

Zur Vorbereitung zählt vor allem das Erstellen eines Führungskonzepts. In der Lehre werden Umfang und Gliederung definiert. Das Führungskonzept enthält bspw. folgende Punkte:

- Die Definition der (Lern-)Ziele, Zielgruppe, Botschaften.
- Eine begründete Auswahl der erwünschten Objekte.
- Die Reflexion der Einstiegsphase: Nennung des Themas, Definition des gemeinsamen Vorgehens, Impuls zur Motivation und Weckung von Interesse.
- Die Reflexion der Kern- und Vertiefungsphase: Knappe Darstellung der Inhalte, die auf die Objekte rekurrieren. Gliederung in:
  - Frage-Impulse und erwartete Antworten,
  - Ausführungen bzw. Aussage-Impulse und erwartete Reaktionen der Teilnehmenden und ggf. damit verbundenen
  - Begleitmaterialien (historische Fotos, Infografiken, Gegenstände zum Anfassen usw.).
- Die Reflexion der Beendigungsphase: Formulierungsvorschlag zur abschließenden Aufnahme des roten Fadens und Formulierung von Aspekten zum Fazit.

Das Führungskonzept dient der systematischen Vorbereitung und Hilfe, d. h. es wird nicht wörtlich auswendig gelernt. Geklärt werden sollte die Dokumentation des Führungsverlaufs. Denkbar ist es, zur Entlastung der Lehrkraft andere Studierende mit der Dokumentation der Führung zu beauftragen. Die Dokumentation kann anhand einer zuvor erarbeiteten und besprochenen Checkliste oder eines vorstrukturierten Protokolls erfolgen (zur Anregung vgl. Czech 2014a, 2014b; Schrübbers 2013, S. 226f.) und um eine Audio- oder ggf. Videoaufnahme ergänzt werden.

Zur Nachbereitung und Benotung stehen den Lehrenden nun das schriftliche Führungskonzept, die ausgefüllten Dokumente zum Führungsverlauf, die Audioaufnahme sowie die eigenen Notizen zur Verfügung.

Anwendungsbeispiel aus der Hochschulpraxis

In meiner Lehre zur Bildung und Vermittlung in Museen entwickeln Studierende in Gruppen das Ziel und Thema einer Führung im Rahmen eines Seminars zur Campusgeschichte oder auch zur Museumspädagogik. Jedes Gruppenmitglied erarbeitet je ein bis zwei Stationen einer Führung auf dem Campusgelände oder in einem Museum und plant Überleitungen zu den anderen Stationen, welche von anderen Studierenden der Gruppe entwickelt werden. Eine Person bearbeitet dabei die Einstiegs- und Beendigungsphase.

Beispielhafter Ablauf für eine Gruppenarbeit (5 Personen):

Zeit in Minuten	Station	Inhalt	Student/in
5	1	Einstieg an einer bestimmten Station, ggf. anhand eines Objekts (inklusive Überleitung zu einer Station)	A
10	2	Führungsteil zu ein bis zwei Objekten (inklusive Überleitung zu einer Station)	B
10	3	Führungsteil zu ein bis zwei Objekten (inklusive Überleitung zu einer Station)	C
10	4	Führungsteil zu ein bis zwei Objekten (inklusive Überleitung zu einer Station)	D
10	5	Führungsteil zu ein bis zwei Objekten (inklusive Überleitung zu einer Station)	E
5	6	Beendigung an einer bestimmten Station, ggf. anhand eines Objekts	A

Im Anschluss folgen eine Befragung und ein Feedbackgespräch mit explizitem Bezug zu den Modulzielen und den erarbeiteten Bewertungskriterien, in der die Studierenden gefordert sind, ihre Führung zu reflektieren.

Grenzen und mögliche Stolpersteine

Die Führung ist nur für höhere Semester geeignet. Aufgrund des interaktiven Gehalts ist keine Führung mit einer anderen identisch. Führungen sind bewertbar, wenn die Rahmenbedingungen zuvor besprochen und die Bewertungskriterien genau definiert wurden.

⊃ Tipp

Lassen Sie den Studierenden Zeit zum Üben und freien Raum für kreative Phasen. Sie werden überrascht sein, wie abwechslungsreich Führungen werden können. Wurden die Bewertungskriterien besprochen und ist die Führung gründlich dokumentiert, so ist die Bewertung leistbar.

Literatur

Czech, A. (2014a). Führung – Führungsgespräch – Dialog. In A. Czech, J. Kirmeier & B. Sgoff (Hrsg.), *Museumspädagogik. Ein Handbuch. Grundlagen und Hilfen für die Praxis* (S. 225–231). Schwalbach/Ts.: Wochenschau.

Czech, A. (2014b). Kriterienkatalog zur Beurteilung eines Führungsgesprächs. In A. Czech, J. Kirmeier & B. Sgoff (Hrsg.), *Museumspädagogik. Ein Handbuch. Grundlagen und Hilfen für die Praxis* (S. 332–339). Schwalbach/Ts.: Wochenschau.

Nettke, T. (2016). Personale Vermittlung in Museen – Merkmale, Ansätze, Formate und Methoden. In B. Commandeur, H. Kunz-Ott & K. Schad (Hrsg.), *Handbuch Museumspädagogik. Kulturelle Bildung in Museen* (S. 173–183). München: Kopaed.

Nettke, T. (2014). Mit videobasierten Interaktionsanalysen auf der Spur von Handlungsmustern in der Museumspädagogik. In R. Brödel, T. Nettke & J. Schütz (Hrsg.), *Lebenslanges Lernen als Erziehungswissenschaft* (S. 115–136). Bielefeld: W. Bertelsmann (wbv).

Nettke, T. (2010a). *Handlungsmuster museumspädagogischer Führungen – eine interaktionsanalytisch-erziehungswissenschaftliche Untersuchung in Naturkundemuseen.* (Univ., Diss.). Frankfurt/Main.

Schrübbers, C. (2013). Moderationslinien konzipieren. In C. Schrübbers (Hrsg.), *Moderieren im Museum. Theorie und Praxis der dialogischen Besucherführung.* (S. 223–250). Bielefeld: Transcript.

Specht, I. (2016). Führungen für Erwachsene in Museen – Standortbestimmung eines Formats. In H. Bockhorst, V.-I. Reinwand & W. Zacharias (Hrsg.), *Handbuch Kulturelle Bildung Online*. München: Kopaed. Verfügbar unter: http://bit.ly/2yoGjJb [02.10.2017].

18 Gemeinschaftlich gestellte Klausur
Silke Lautner

Kurzbeschreibung	Bei der gemeinschaftlich gestellten Klausur handelt es sich um eine schriftliche Prüfungsform, bei der die Prüflinge in einer vorgegebenen Zeit Aufgaben bearbeiten. Die Aufgaben sind verschiedenen Teilbereichen zugeordnet und werden von den jeweils verantwortlichen Lehrenden gestellt.	
Form	schriftlich	
Kompetenzen	Fachkompetenz	
	Methodenkompetenz	
Gruppengröße	kleine Gruppe	< 20 Studierende
	mittlere Gruppe	20–50 Studierende
	große Gruppe	> 50 Studierende
Dauer der Durchführung	je nach Vorgaben aus der jeweiligen Prüfungsordnung – in der Regel 90–120 Minuten	
Studentischer Workload	30–60 Arbeitsstunden – nähere Vorgaben regeln die Prüfungsordnungen, bzw. Modulhandbücher	
Semesterbegleitend durchführbar?	nein	
Durchführungsort	je nach Gruppengröße im Hörsaal (große und mittlere Gruppen) oder Seminarraum (kleine Gruppen)	

Beschreibung der Prüfungsform

Gemeinschaftlich gestellte Klausuren gehören in Zeiten modularisierter Studiengänge zum Prüfungsalltag. Modulprüfungen prüfen meist die Inhalte mehrerer Teilmodule ab, die von verschiedenen Lehrenden abgehalten wurden. Eine solche Klausur eignet sich für Gruppengrößen von einigen Studierenden bis hin zu sehr vielen und wird in der Regel unter Beaufsichtigung innerhalb einer festgelegten Zeitspanne bearbeitet. Die Prüfungsfragen aus den einzelnen Teilmodulen werden in einem Prüfungsbogen zusammengefasst, wobei sich eine Zuordnung der Fragen zu den unterschiedlichen Teilmodulen empfiehlt. Wird eine Klausur gemeinschaftlich gestellt, bleibt es nicht aus, dass die Art der Fragestellung innerhalb der Klausur variiert. Zum Einüben und im Sinne des Constructive Alignment empfiehlt es sich, dass die Lehrenden innerhalb ihrer Teilbereiche semesterbegleitend die Studierenden potenzielle Klausurfragen bearbeiten lassen. Ein solches semesterbegleitendes Prüfungstraining kann von den Lehrenden individuell konzipiert werden, wobei aber auch die Studierenden in die Konzeption möglicher Prüfungsfragen einbezogen werden können. Damit kann zum einen

Prüfungsangst abgebaut werden, zum anderen werden die späteren Prüfungsteilnehmer bereits im Vorfeld mit der individuellen Art der Fragestellung und dem inhaltlichen Anspruch vertraut gemacht. Bei einem solchen Klausurtraining können die Studierenden, neben den inhaltlichen und sprachtypologischen Aspekten, auch auf die Bepunktung der Fragen vorbereitet werden. Insbesondere bei höherwertigen Aufgaben ist es ratsam, bereits in der Trainingsphase maximal erreichbare Punktzahlen anzugeben und, darauf Bezug nehmend, Inhalt und Umfang der erwarteten Antworten klar zu kommunizieren.

Anwendungsmöglichkeiten

Prüfungen an Hochschulen sollen objektiv und zuverlässig sein, indem sie die tatsächliche Leistungsfähigkeit des Prüflings widerzuspiegeln vermögen, und sie sollen in ihrem Inhalt, ihrer Konstruktion und ihren Kriterien gültig sein (AfH 2008). Didaktisch eignet sich eine gemeinschaftlich gestellte Klausur besonders als schriftliche Modulprüfung, in denen die Teilmodule von unterschiedlichen, oftmals auch externen, Lehrenden gehalten wurden. Da die Prüfungsaufsicht meist durch nur einen Prüfenden erfolgt, müssen Unklarheiten in der Aufgabenformulierung aller Teilbereiche vermieden werden. Die veranschlagte Bearbeitungszeit sowie auch die maximal erreichbare Punktzahl eines jeweiligen Fragenteils können sich am Anteil des Teilmoduls am Gesamtmodul orientieren. Jeder Co-Prüfer kann so im vorgegebenen Umfang die Lern- und Kompetenzziele seines Teilbereichs abfragen, darüber hinaus können aber auch sehr gut teilmodulübergreifende Kompetenzfragen formuliert werden. Insbesondere Synthese- bzw. Erschaffungskompetenzen (Krathwohl 2002) übergeordneter Lernziele können so konzertiert abgefragt werden. Eine frühzeitige Abstimmung der Prüfungsfragen ist wichtig, um inhaltliche Überschneidungen in Detailfragen zu vermeiden, bzw. diese in gemeinsam konzipierten Fragen gezielt zusammen zu führen.

Gemeinschaftlich gestellte Klausuren sind zumeist Aufgabenklausuren, Ankreuzklausuren oder eine Mischform aus beiden. Es empfiehlt sich ein einheitliches Layout und die einheitliche Vorgabe, ob die Antworten direkt auf den Prüfungsbogen erfolgen sollen oder separate Antwortbögen zur Verfügung stehen. Ist es geplant, die Korrektur der Teilbereiche parallel zu tätigen, so sollte bereits bei der Zusammenstellung der Klausur darauf geachtet werden, dass ein Abtrennen und erneutes Zusammenführen der einzelnen Teilbereiche nach der Korrektur problemlos möglich ist.

Anwendungsbeispiel aus der Hochschulpraxis

Bei der Konzeption einer gemeinschaftlich gestellten Klausur bevorzuge ich es in meiner Prüfungspraxis, dass die Studierenden die Antworten direkt in die Prüfungsbögen schreiben. Die vorab abgestimmte Maximalpunktzahl erlaubt es mir, für meinen Prüfungsteil die Punktegewichtung der Fragen aus verschiedenen Lernzielniveaus, wie z. B. der von Krathwohl erweiterten Bloom'schen Einteilung von Lernzielen im kognitiven Bereich folgend (Krathwohl 2002), zu berücksichtigen. Bei der Gewichtung der Lernzielniveaus orientiere ich mich am Studiensemester und Qualifikationsziel und stimme mich diesbezüglich bereits im Vorfeld mit den Co-Prüfern ab. Wissenskompetenzen meines Teilmoduls prüfe ich durch offene und geschlossene Fragen oder Multiple Choice (siehe dazu Kapitel 28 zu Multiple-Choice-Prüfungen), die zumeist nur sehr knappe Antworten erfordern (z. B. „Welche Winkel weisen die Mikrofibrillen in der G-Layer des Reaktionsholzes auf?"). Komplexe Bewertungs- und Erschaffungskompetenzen lassen sich aber auch teilmodulübergreifend durch gemeinsame Fragestellungen testen. So integriert beispielsweise die Fragestellung „Diskutieren Sie Vorteile, Potenziale und Risiken herkömmlicher Pflanzenzüchtung im Vergleich zu biotechnologischen Methoden am Beispiel schnellwachsender Baumarten für Kurzumtriebsplantagen." Kerninhalte aus den Teilmodulen Forstliche Pflanzenzüchtung sowie Grundlagen der Pflanzen-Biotechnologie und prüft dabei die Bewertungskompetenz (darstellen, vergleichen und diskutieren) der Studierenden. Durch den für die Antwort zur Verfügung gestellten Raum auf dem Prüfungsbogen geben wir einen weiteren Hinweis auf den erwarteten Lösungsumfang. Musterantworten helfen bei der gemeinschaftlichen Klausurerstellung, die Lernzielniveaus der Teilbereiche zu verdeutlichen und aufeinander abzustimmen. Sie geben aber auch einen Orientierungsansatz bei der Klausureinsicht, insbesondere für Teilbereiche, deren verantwortliche (externe) Prüfer nicht persönlich anwesend sein können.

Grenzen und mögliche Stolpersteine

Insbesondere bei der Prüfung von Bewertungs- und Erschaffungskompetenzen stellen Klausuren, die gemeinschaftlich gestellt werden, eine didaktische und organisatorische Herausforderung dar. Diese Prüfungsform kann Lehrende aber nicht nur dahingehend motivieren, sich über die Prüfung auszutauschen, sondern auch Synergien der Teilmodule zu fördern. Gerade für die Prüfung übergeordneter Modulziele von hohem Lernzielniveau ist es daher ratsam, dass eine frühzeitige Abgleichung der Fragestellungen aus den einzelnen Teilbereichen erfolgt. Inhaltliche Doppelungen gilt es zu vermeiden. Studierende benötigen für komplexere Fragestellungen oftmals länger als von den Prüfenden für die Beantwortung eingeplant wurde. Hier ist es ratsam, den eigenen Fragenteil von Dritten, z. B. Tutoren, vorab prüfen zu lassen.

⮕ **Tipp**
Tauschen Sie sich frühzeitig mit Ihren Co-Prüfern aus! Ein Gegenlesen der Fragenteile kann inhaltlichen Doppelungen vorbeugen und teilmodulübergreifende Kompetenzfragen befördern.

Literatur
Arbeitsstelle für Hochschuldidaktik / AfH (2008). *Leistungsnachweise in modularisierten Studiengängen*. Dossier Modulplanung. Universität Zürich, Schweiz.
Krathwohl, D.R. (2002). A Revision of Bloom's Taxonomy: An Overview. *Theory Into Practice, 41* (4), 212–218.

19 Hausarbeit

Tobias Künkler

Kurzbeschreibung	Diese klassische Prüfungsform zielt darauf, dass Studierende eine fachliche Fragestellung schriftlich bearbeiten und beantworten. Einerseits hat dies auf Grundlage des fachlichen Wissens und einer Reihe formaler und sprachlicher Vorgaben zu geschehen, andererseits verlangt eine Hausarbeit viel Eigenständigkeit auf mehreren Ebenen.
Form	schriftlich
Kompetenzen	Fachkompetenz Selbstkompetenz
Gruppengröße	Einzelperson 1 Student/-in
Dauer der Durchführung	–
Studentischer Workload	mindestens 90 Stunden. Näheres regeln die Prüfungsordnungen bzw. die Modulhandbücher.
Semesterbegleitend durchführbar?	ja
Durchführungsort	freier Lernort, flexibel

Beschreibung der Prüfungsform

Neben mündlichen Prüfungen und Klausuren gehört die Hausarbeit zu den Klassikern akademischer Prüfungsformen und ist in vielen Disziplinen das primäre Format, durch das die Studierenden in wissenschaftliches Arbeiten eingeübt werden. Das Prüfungsformat Hausarbeit zielt darauf, dass Studierende eine – vorgegebene oder selbst gewählte – fachliche Fragestellung schriftlich bearbeiten und beantworten. Einerseits hat dies auf Grundlage des aktuellen Standes des für die Fragestellung relevanten fachlichen Wissens sowie einer Reihe formaler und sprachlicher Vorgaben (Standards wissenschaftlichen Schreibens) zu geschehen, andererseits verlangt und erlaubt eine Hausarbeit viel Eigenständigkeit auf mehreren Ebenen, so z. B. die eigenständige, vertiefte Bearbeitung einer Frage- oder Problemstellung im Horizont des jeweiligen Moduls. Wie Sesnik (2007, S. 8) formuliert, prüft eine Hausarbeit, ob Studierende dazu in der Lage sind, „auf der Grundlage wissenschaftlicher Erkenntnisse und des Standes der wissenschaftlichen Diskussion in ihrem Fachgebiet in Auseinandersetzung mit den wissenschaftlichen Auffassungen anderer sich ihre eigenen Gedanken zu machen und diese in einer für andere verständlichen Form darzustellen."

Neben dem fachlichen Wissen, das sich Studierende für eine Hausarbeit vertieft eigenständig aneignen müssen, üben sich Studierende durch dieses Prüfungsformat in eine Reihe weiterer, zentraler wissenschaftlicher Praktiken ein: Sie müssen relevante Fachliteratur recherchieren (siehe dazu Kapitel 4 zur Bibliographie), Wissen selektieren, priorisieren, bewerten und einordnen (z. B. ein inhaltlich-logisch nachvollziehbares Argument einer anerkannten fachlichen Autorität von Ergebnissen einer empirischen Studie unterscheiden). Zudem ist die Kluft zwischen Lesen und Schreiben zu überwinden, indem relevante Fachkenntnisse aus angemessenen Texten exzerpiert werden. Die Arbeit muss eine logische Gliederung und eine explizite und nachvollziehbare Argumentationsstruktur aufweisen, die sich streng an der Beantwortung der Fragestellung orientiert. Nicht zuletzt zeichnet sich eine sehr gute Hausarbeit dadurch aus, dass Studierende zeigen, dass sie auch in der Lage sind, sich (z. B. innerhalb einer fachlichen Debatte) eigenständig zu positionieren, angewendete Theorien auch kritisch zu hinterfragen und ggf. Konsequenzen für die jeweilige fachliche Praxis oder weitere Forschungen zu ziehen.

Anwendungsmöglichkeiten

Eine Hausarbeit bereitet immer auch auf eine Studienabschlussarbeit vor und ist eine verhältnismäßig voraussetzungs- und anspruchsvolle Prüfungsform. Da sie andererseits so verdichtet wie kaum andere Prüfungsformate in wissenschaftliches Arbeiten und Schreiben einführt und Studierende die hierfür relevante Propädeutik samt Techniken im Regelfall am Studienbeginn erlernen, sollte eine Hausarbeit auch nicht erst zu spät im Studienverlauf eingesetzt werden.

Wie beschrieben setzt die Hausarbeit viele Techniken und Fähigkeiten voraus, daher ist eine gute Vor- und Nachbereitung sowie eine beratende Begleitung von Studierenden hier besonders wichtig. Eine zentrale Variationsmöglichkeit besteht darin, dass die Fragestellungen für Hausarbeiten entweder von Lehrenden vorgegeben werden können oder das Studierende innerhalb eines vorgegebenen Rahmens ihre Fragestellung selbstständig wählen können. Letzteres ist für beide Seiten anspruchsvoller, der erwartbare Lernerfolg (insbesondere in Vorbereitung für die Abschlussarbeit) jedoch ungleich höher.

Anwendungsbeispiel aus der Hochschulpraxis

Im Modul „Einführung in die Soziologie", das im 2. Semester des integrativen Bachelorstudiums „Religions- und Gemeindepädagogik/Soziale Arbeit" durchgeführt wird, ist es mir besonders wichtig, dass Studierende mit einer Hausarbeit die Möglichkeit haben, eine angemessene Fragestellung ihrer eigenen Wahl zu bearbeiten. Nicht nur erhöht sich hiermit die Motivation der Studierenden, vielmehr stellt bereits die Wahl und Formulierung einer angemessenen Fragestellung für viele Studierende eine wichtige Übung dar. In diesem Prozess müssen

Studierende gut angeleitet werden. Daher lege ich meine Bewertungskriterien offen (siehe Grafik) und erläutere frühzeitig in der Veranstaltung den Rahmen, in dem die Fragestellung selbst gewählt werden darf. Dieser Rahmen ergibt sich durch die Themen des Moduls, die in der Modulbeschreibung und in der Verlaufsplanung beschrieben werden und die in der Hausarbeit vertieft, erweitert und angewendet werden sollen. Um dies zu illustrieren, gebe ich eine Liste mit möglichen Beispielthemen heraus. Zudem müssen die Studierenden bis zu einem gewissen Stichtag mir eine konkrete Fragestellung vorgelegt haben, die ich dann genehmige, ablehne oder modifiziere. Dies mache ich aus der Erfahrung heraus, dass Studierende sich sonst häufig Fragestellungen wählen, die inhaltlich nicht passen und/oder zu groß oder zu unklar sind (eine häufig vorkommende Problematik ist, dass Studierende bloße Themen und keine konkreten Frage- oder Zielstellungen formulieren). Zudem biete ich den Studierenden an, sich im Rahmen der Sprechstunde oder per Mail mit Fragen und Problemen an mich wenden zu können. Wichtig ist mir zuletzt ein differenziertes Feedback zur Hausarbeit zu geben, dies besteht aus a) Notizen und Anmerkungen in der Hausarbeit, b) einem schriftlichen Feedback entlang der zuvor offengelegten Kriterien sowie c) aus einigen selbstformulierten Sätzen, die nicht nur eine Gesamteinschätzung der Arbeit abgeben, sondern die individuellen Stärken und Schwächen der Arbeit beschreiben.

Bewertungskriterien für eine Hausarbeit sind:

Kriterien	++/+/0/-/-- (0=durchschnittliche Leistung)
Form: nach Standards der Hochschule (siehe Formblatt)	
Form: Rechtschreibung & Grammatik	
Form: Allgemein (Layout etc.)	
Sprache: Angemessenheit	
Inhalt: Korrektheit	
Inhalt: Differenziertheit	
Inhalt: Nachvollziehbarkeit	
Inhalt: Verarbeitungstiefe	
Inhalt: Argumentation	
Inhalt: Eigenständigkeit	
Inhalt: Konkretionsgrad	

Grenzen und mögliche Stolpersteine

Das Format Hausarbeit ist zuletzt im öffentlichen Diskurs des Öfteren in Kritik geraten (siehe z. B. Porombka 2017). Wie beschrieben ist eine Hausarbeit besonders voraussetzungsreich und anspruchsvoll. Vor allem ohne angemessene Vorbereitung durch propädeutische Veranstaltungen sowie durch die Vorbereitung und Ansprechbarkeit der Prüfenden droht sie viele Praktiken und implizites Wissen vorauszusetzen, das Studierende nicht im gleichen Maße mit ihrer Hochschulzugangsberechtigung erwerben und das besonders stark von der Herkunft der Studierenden (der Bildungsnähe ihrer Eltern, anderer kultureller Hintergrund, Nicht-Muttersprachler, etc.) abhängig ist. Aus der Sicht einer rationalen Hochschuldidaktik (Bourdieu 1971) ist die Gefahr groß, dass durch dieses Prüfungsformat die im Studium bzw. im jeweiligen Modul erworbenen Kompetenzen verhältnismäßig wenig abgefragt werden und vielmehr das Grundniveau des sprachlichen und reflexiven Vermögens sowie die Fähigkeit, die Relevanz von Form- und Stilfragen zu erkennen und diese umzusetzen.

Vor allem aber ist die Hausarbeit eine sehr zeitintensive und tendenziell entgrenzende Prüfungsform. Dies gilt für beide Seiten: einerseits für die Studierenden, die, insbesondere wenn sie noch ungeübt sind oder entsprechende Voraussetzungen nicht bereits mitbringen, zeitlich oft viel mehr in eine Hausarbeit investieren müssen, als ihnen im Workload bescheinigt wird. Andererseits für die Prüfenden, deren Lehrbudget meist nicht nach Workload, sondern nach alter SWS-Logik abgerechnet wird. Der Arbeitsaufwand, der für Prüfende mit einer mündlichen Prüfung anfällt ist, aber um ein Vielfaches geringer als der Arbeitsaufwand, der für eine angemessene Vor- und Nachbereitung und Begleitung einer Hausarbeit anfällt.

⊃ Tipp

Wenden Sie dieses Prüfungsformat nur dann an, wenn Sie dazu bereit und in der Lage sind, den dafür nötigen Zeit- und Arbeitsaufwand aufzubringen.

Literatur

Bourdieu, P. (1971). Plädoyer für eine rationale Hochschuldidaktik. In P. Bourdieu & J.-C. Passeron (Hrsg.), *Die Illusion der Chancengleichheit. Untersuchungen zur Soziologie des Bildungswesens am Beispiel Frankreichs.* Stuttgart: Klett Cotta.

Sesink, W. (2007). *Einführung in das wissenschaftliche Arbeiten. Internet – Textverarbeitung – Präsentation.* München u. a.: Oldenbourg.

Porombka, S. (2017). *Hausarbeiten. Haha, die Prüfungsordnung.* Verfügbar unter: http://bit.ly/1Q1Eg3Q [02.10.2017].

20 Kartenproduktion

Jonathan Otto & Wolfgang Teichert

Kurzbeschreibung	Die Kartenproduktion ist eine praktische Prüfungsform. Es handelt sich dabei um eine an den Lernzielen orientierte Überprüfung der Kompetenzen im Rahmen der methodischen Ausbildung in raumbezogenen Studiengängen. Das Ziel ist die Erstellung eines Produkts (einer Karte) durch die Lernenden zur Visualisierung eines räumlichen Sachverhalts.
Form	praktisch
Kompetenzen	Fachkompetenz Methodenkompetenz
Gruppengröße	Einzelperson 1 Student/-in
Dauer der Durchführung	Die Studierenden bekommen in den meisten Fällen einen Zeitraum von etwa einem Monat zur Bearbeitung.
Studentischer Workload	30–60 Stunden. Genauere Angaben sind in den jeweiligen Prüfungsordnungen zu finden.
Semesterbegleitend durchführbar?	nein
Durchführungsort	Arbeits-/Computerraum oder Heimarbeitsplatz.

Beschreibung der Prüfungsform

Die Kartenproduktion stellt eine Prüfungsleistung dar, die in den Bereich der praktischen Anwendung geographischer Methoden und Arbeitsweisen fällt. Es findet keine Wissensabfrage statt, sondern die Lernenden müssen ihr Wissen anwenden, wodurch ein handelnder Umgang mit den räumlichen Informationen, der technischen Umsetzung und der Methodik entsteht. Dieser handelnde Umgang wird auch in Prüfungsordnungen für Studiengänge der Geographie gefordert (z. B. Universität Hamburg 2013, S. 14). Durch die eigene Anwendung werden die theoretischen und praktischen Grundkenntnisse und somit der grundlegende Umgang mit (EDV-gestützter) Kartographie überprüft.

In Prüfungsordnungen (z. B. Universität Hamburg 2013, S. 6) finden sich in Definitionen die folgenden Kriterien:
- Prüfungsform ähnlich einer Hausarbeit.
- Geeignete Techniken zur Kartenerstellung (z. B. handgezeichnet oder computerunterstützt) sollen zur Anwendung kommen.
- Wahl des richtigen Kartentyps (topographisch oder thematisch) je nach Sachverhalt.
- Auswahl und Design geeigneter Kartenelemente (z. B. Legende).
- Beschriftung der Karte.

Zu den Vorgaben beim Prüfungsablauf gehören der zeitliche Rahmen, eine mögliche thematische Eingrenzung sowie die Konkretisierung der Bewertungskriterien. Voraussetzung für die erfolgreiche Durchführung der Prüfung ist ein öffentlich zugänglicher Arbeits-/Computerraum oder ein Heimarbeitsplatz mit den relevanten Materialien. Bei analogen Karten wäre das Zeichenmaterial und bei digitalen Karten IT-Systeme mit entsprechender Software, also z. B. Geographischen Informationssystemen (GIS).

Die konkrete Aufgabenstellung kann entweder geschlossen, aber auch offen sowie als Einzel- oder Gruppenprüfung gestellt werden und den Studierenden dabei Möglichkeiten offenhalten, eigene thematische oder regionale Bezüge mit einzubauen. Die Vorteile einer Gruppenprüfung liegen darin, umfangreichere Projekte als Aufgabe stellen zu können und durch eine Arbeitsteilung innerhalb der Gruppe auch weiteres methodisches Wissen im Rahmen des Kartenproduktionsprozesses zu prüfen (z. B. das Erfassen, Digitalisieren und Georeferenzieren von Geodaten). Die Nachteile sind im Rahmen der Arbeitsteilung die Spezialisierung einzelner Teilnehmer auf einige wenige Arbeitsschritte ohne den kompletten Produktionsprozess kennenzulernen. Weiterhin besteht die Schwierigkeit, die eigentliche Prüfungsleistung einzelner Teilnehmer zu bewerten, da die Prüfungsleistung nicht im Beisein des Lehrenden geleistet wird.

Die Lernenden werden im Rahmen von Methodenübungen auf die Prüfung vorbereitet. Sie lernen dabei konkret, welche Arten räumlicher Information, welche technischen Möglichkeiten der Kartenerstellung und welche methodischen Möglichkeiten der Kartographie zur Verfügung stehen. Vor allem in der zurzeit sehr weit verbreiteten Ausbildung in Geographischen Informationssystemen werden die Lernenden direkt im Umgang mit Software zur Kartenerstellung geschult und können das Erlernte direkt umsetzen. Dabei hat es sich bewährt, einzelne Themenschwerpunkte schrittweise einzuführen und zu seminarbegleitend erstellten Karten Feedback zu geben, damit die Lernenden ein besseres Verständnis der Anforderungen bekommen.

In weiterführenden Lehrveranstaltungen kann die Erstellung eines Kartenprodukts als Prüfungsform ausgebaut werden, sodass zum Beispiel ein ganzes Projekt durchgeführt werden soll mit wissenschaftlicher Fragestellung und ausführlichem Bericht, der die Arbeitsschritte einzeln aufführt.

Anwendungsmöglichkeiten

Im Rahmen raumbezogener Studiengänge (z. B. Geographie) ist die Kartographie eine wichtige Methode zur Darstellung fachbezogener Sachverhalte. Dabei steht die Entwicklung der Kartenkompetenz im Vordergrund. Diese umfasst kognitive, affektive und psychomotorische Fertigkeiten zum effektiven und kritischen Umgang mit kartographischen Medien. Neben der Anwendung von Methoden zur zielgerichteten Gewinnung raumbezogener Informationen aus Karten sowie der kritisch-reflektorischen Bewertung von Karten stehen vor allem spezifische Methoden und Verfahren zur selbstständigen Konzeption und Generierung kartographischer Medien im Mittelpunkt (vgl. Lexikon der Kartographie und Geomatik 2001).

Sucht man in entsprechenden Studienhandbüchern (z. B. Universität Hamburg 2013) nach methodischen Lehrveranstaltungen, wird dort erwartet, dass Lernende eigene Karten (topographisch, thematisch) erstellen können. Die Prüfungsform Kartenproduktion ist aus diesem Grund dafür geeignet, diese Kompetenz im Rahmen der geographischen Methodenkompetenz zu überprüfen.

Die erworbenen Kompetenzen werden oft als Allgemein Berufsqualifizierende Kompetenzen (ABK) definiert (vgl. Universität Hamburg 2013, S. 14). Sie erfüllen somit die didaktischen Kriterien für Prüfungen: Repräsentativität, Relevanz sowie Kompetenz-, Problem- und Handlungsorientierung (vgl. Universität Stuttgart 2014; ETH Zürich 2006). Generell kann die Prüfungsform in allen relevanten Methodenkursen zum Einsatz kommen aber auch in fachbezogenen Hausarbeiten implementiert werden.

Anwendungsbeispiel aus der Hochschulpraxis

In der Übung „GIS-Systeme" im Studiengang Geographie an der Universität Hamburg konfrontieren wir die Studierenden das erste Mal mit der Prüfungsform Kartenproduktion. Dabei vermitteln wir die Grundlagen der Kartographie, den Umgang mit einem Geographischen Informationssystem und die Erstellung einer Karte. Die fachspezifischen Bestimmungen des Studiengangs setzen voraus, dass die Studierenden lernen, wie Kartenelemente genutzt werden, welcher Kartentyp eingesetzt werden muss und wie die richtige Darstellung in einer Karte aussieht.

Um an das Ziel einer gut gestalteten Karte heranzuführen, werden Aufgaben in einem GIS mit fortschreitend offener formulierten Arbeitsanweisungen gestellt, um die Studierenden mit steigendem Kenntnisstand stärker zu fordern. Die erste Karte wird nach der Einführung in das GIS-Programm gestellt. Hierbei handelt es sich um eine Arbeitsanweisung mit wenigen frei wählbaren Optionen. So sind Thema, Maßstab, Projektion, Kartenelemente und Darstellung der Karte vorgegeben. Die ersten Karten werden komplett innerhalb der Übung besprochen. Außerdem sollen die Studierenden sich gegenseitig Feedback für die Karten geben und damit ihre Bewertungskompetenz aufbauen. Nach zwei Dritteln des Kurses wird die zweite Aufgabe gestellt. Dabei wählen die Studierenden entweder aus einem Angebot von Aufgaben aus oder sie wählen ein komplett eigenes Thema. Dieses soll mit uns abgesprochen werden, damit die Schwierigkeit und Umsetzbarkeit eingeschätzt werden kann. Auch hier wird ein Feedback von den Teilnehmern gefordert. Die Abschlussaufgabe wird in der letzten Sitzung gestellt. Ideen für eine eigene Karte sollen mit uns besprochen werden. Die Note der Studierenden setzt sich am Ende der Übung aus den Bewertungen der Karten und dem gegebenen Feedback zusammen.

Grenzen und mögliche Stolpersteine

Die zeitliche Prüfungslast liegt vor allem am Ende der Lehrveranstaltung. Weiterhin gibt es in der Durchführung nur wenig Varianz in der Form und im Vorgehen. Trotz thematischer Unterschiede bei den Karten sind die Arbeitsschritte und die Abgabeform immer gleich. Mögliche Stolpersteine können eine nicht präzise genug gestellte Aufgabenstellung sowie ungenaue Kriterien zur Bewertung der Karte sein.

⇨ Tipp

Achten Sie auf eine möglichst präzise Aufgabenstellung mit genauer Unterteilung in Teilaufgaben und einem Erwartungshorizont. Legen Sie Kriterien zum Prüfen frühzeitig und umfassend fest. Offene Aufgabenstellungen mit freier Themenwahl bieten sich an, um die Kreativität der Lernenden anzusprechen. Bei eher geschlossenen Aufgabenstellungen sollten sie einen möglichst großen Themenkatalog anlegen.

Literatur

ETH Zürich (2006). *Leistungsnachweise in modularisierten Studiengängen.* Verfügbar unter: http://bit.ly/2xlhfEg [02.10.2017].

Universität Hamburg (2013). *Neufassung der Fachspezifischen Bestimmungen für den Bachelorstudiengang Geographie sowie den Bachelorstudiengang Geographie International vom 08.05.2013.* Verfügbar unter: http://bit.ly/2gIb0Bb [02.10.2017].

Universität Stuttgart (2014). *Entscheidungshilfen zur Wahl der Prüfusform – Eine Handreichung zur Prüfungsgestaltung.* ZLW der Universität Stuttgart. Working Paper 01/2014.

Lexikon der Kartographie und Geomatik (2001). *Kartenkompetenz.* Verfügbar unter: http://bit.ly/2iexPjw [02.10.2017].

21 Kombination von Einzel- und Gruppenprüfung im Zwei-Stufen-Verfahren

Christian Kautz & Katrin Billerbeck

Kurzbeschreibung	Im Zwei-Stufen-Verfahren lösen Studierende Prüfungsaufgaben erst allein und bearbeiten gleiche oder ähnliche Aufgaben anschließend in kleinen Gruppen. Bei Multiple-Choice-Aufgaben wird das Verfahren durch die „Immediate Feedback Assessment Technique (IF-AT)" unterstützt, bei der Antworten, wie bei einem Rubbellos, freigerieben werden. In die Endnote fließen die individuelle und die Gruppenleistung ein.
Form	schriftlich
Kompetenzen	Fachkompetenz
	Sozialkompetenz
	Selbstkompetenz
Gruppengröße	mittlere Gruppe 20–50 Studierende
	große Gruppe > 50 Studierende
Dauer der Durchführung	min. 1,5 Stunden
Studentischer Workload	min. 1,5 Stunden
Semesterbegleitend durchführbar?	ja
Durchführungsort	Hörsaal

Beschreibung der Prüfungsform

In den meisten Berufen müssen Studienabsolventen und -absolventinnen später in Teams gemeinsam Lösungen erarbeiten. Im Sinne eines berufsorientierenden Kompetenzerwerbs sollte demnach nicht nur Fachwissen erworben, sondern auch in Gruppen eingesetzt werden können, um zu gemeinsamen Ergebnissen zu kommen. In vielen Lehrveranstaltungen werden deshalb bereits kollaborative Lernszenarien eingesetzt. Dabei dient Peer- oder Gruppenarbeit nicht nur der Verbesserung sozialer Kompetenzen, sondern auch der Vertiefung fachlicher Inhalte. Denn Studien zeigen, dass Inhalte besonders gut verstanden werden, wenn sie anderen erklärt werden müssen (van Blankenstein et al. 2011). Wenn neben Fachwissen also die Fähigkeit, fachliche Überlegungen und Argumente im Dialog zu vertreten, ebenfalls Lernziel einer Lehrveranstaltung ist, liegt es im Sinne des Constructive Alignment nahe, dies auch in der Prüfung abzubilden. Um deshalb auch in Veranstaltungen mit vielen Teilnehmenden kollaborative Leistungen in die Prüfung einbeziehen zu können, haben Lehrende verschiedener naturwissenschaftlicher und technischer Fächer an der University of British Columbia ein zweistufiges Prüfungsverfahren entwickelt (Rieger & Heiner 2014; Wieman et al. 2014). Studierende bearbeiten Prüfungsaufgaben dabei zunächst alleine und geben ihre Ergebnisse ab. Anschließend diskutieren und lösen sie die gleichen oder ähnliche Aufgaben in Gruppen von drei bis vier Studierenden. Entsprechend den jeweiligen prüfungsrechtlichen Bedingungen muss jede Person das Ergebnis einzeln einreichen (und kann deshalb auch vom Gruppenkonsens abweichen) oder kann eine Gruppenlösung gemeinsam eingereicht werden. In der Note werden am Ende die individuelle und die kollaborative Leistung berücksichtigt (wobei eine Verschlechterung der individuellen Note aufgrund der Gruppenleistung in der Regel ausgeschlossen wird).

Das zweistufige Verfahren kann mit der „Immediate Feedback Assessment Technique (IF-AT)" sinnvoll ergänzt werden, wenn die Prüfungsaufgaben im Antwort-Wahl-Format (sog. Multiple-Choice-Aufgaben) gestaltet sind. Dabei handelt es sich um eine Karte, auf der Studierende das von ihnen ausgewählte Antwortfeld wie auf einem Rubbellos freireiben können und damit sofort sehen, ob sie die richtige Lösung gefunden haben. Sollten sie eine falsche Antwortoption gewählt haben, sind weitere Lösungsversuche möglich, bis das richtige Ergebnis gefunden wurde. In einer Gruppendiskussion eingesetzt erhöht das direkte Feedback den Wettbewerbscharakter. Zudem können aufeinander aufbauende Aufgaben eingesetzt werden, da die Studierenden über das Instrument Zwischenergebnisse erhalten. Am Ende werden die Karten abgegeben und für die Bewertung ausgezählt. Je weniger Versuche die Gruppen brauchten, desto mehr Punkte erhalten sie. Die IF-AT-Karten mit nummerischen oder alphanummerischen Codierungen können vorgefertigt (d. h. mit festgelegtem Antwortschema) gekauft oder gezielt für einen vorhandenen Test gedruckt werden.

Anwendungsmöglichkeiten

Das zweistufige Prüfungsformat kann in großen Lehrveranstaltungen als formative und summative Prüfung oder auch zur Diagnostik und Wiederholung des jeweils notwendigen Vorwissens eingesetzt werden (s. Anwendungsbeispiel).

Das Verfahren lässt sich dabei auch im Online-Format umsetzen: Denkbar wäre dabei, die Aufgaben in der zweiten Gruppenphase zufällig zu variieren oder (mit entsprechendem Programmieraufwand) gezielt Aufgaben auszuwählen, die einzelnen Gruppenmitgliedern Schwierigkeiten bereitet haben. Das automatische Zählen etwaiger Fehlversuche bei jeder Aufgabe, bietet sich hier ebenfalls an und ist bei einigen Lernplattformen bereits möglich.

Die IF-AT-Bögen können auch für individuelle Tests genutzt werden, wenn mehrschrittige Aufgaben gestellt werden sollen, aber kein Online-Verfahren möglich ist. Dies bietet sich z. B. für die Gestaltung anspruchsvoller Multiple-Choice-Aufgaben an, mit denen z. B. komplexe gedankliche Abläufe geprüft werden. Mit der IF-AT kann jeweils sichergestellt werden, dass das richtige Zwischenergebnis ermittelt wird und als Ausgangspunkt für weitere Argumentations- oder Rechenschritte verwendet werden kann. Dabei ist die Anzahl der Lösungsversuche je Teilschritt durch die „Rubbellose" sicht- und bewertbar (vgl. Kautz 2014, S. 42).

Anwendungsbeispiel aus der Hochschulpraxis

In einer Lehrveranstaltung der Mechanik im zweiten Semester verschiedener ingenieurwissenschaftlicher Studiengänge haben wir das beschriebene zweistufige Testverfahren für eine insgesamt 90-minütige Wiederholung des Stoffes der vorangegangenen Lehrveranstaltung *Mechanik I* eingesetzt. Ziele dieser Maßnahme waren (1.) die Erhebung des vorhandenen Vorwissens, (2.) das Aufarbeiten möglicher Defizite bei den Studierenden und (3.) eine Demonstration der Wirksamkeit von Gruppenarbeit als Einstimmung und Motivation für weitere kollaborative Lernszenarien. Dazu erhielten die Studierenden zunächst einen Multiple-Choice-Test mit 27 qualitativen Items zur individuellen Bearbeitung. Zur Identifizierung der Bögen wurden die Studierenden gebeten, einen selbst generierten persönlichen Code einzutragen. Nach 35 Minuten wurden die Studierenden aufgefordert, ihre ausgefüllten Antwortformulare einzureichen, die Testhefte mit den Fragestellungen jedoch bei sich zu behalten. Es wurden dann speziell angefertigte Antwortkarten für die Gruppenphase ausgeteilt, auf denen die Identifizierungscodes von bis zu vier Teilnehmenden eingetragen werden konnten. In den folgenden ca. 45 Minuten hatten die Studierenden Gelegenheit, sich als Gruppe erneut mit den gleichen Fragen auseinanderzusetzen. Unsere Beobachtungen sowie die angefertigte Videoaufzeichnung lassen das Engagement der Studierenden in dieser Phase augenscheinlich werden.

Eine Auswertung der Ergebnisse in der Einzel- und Gruppenarbeitsphase ergab einen Zuwachs an richtigen Ergebnissen von 36 % auf 59 %, wobei in der Gruppenphase nur im Erstversuch richtige Ergebnisse gezählt wurden.

Grenzen und mögliche Stolpersteine

Zu beachten ist, dass ein sinnvoller Austausch der Studierenden in den Gruppen die Formulierung inhaltlich tiefgehender, also diskutierenswerter Fragen voraussetzt. Auch bei der Verwendung von Multiple-Choice-Fragen sollten Aufgaben der unteren Taxonomiestufen (Kenntnis von Fakten oder Anwenden von standardisierten Berechnungsverfahren) weitgehend vermieden werden. Qualitative Fragestellungen, die ein fundiertes Verständnis der relevanten Konzepte (Begriffe und Zusammenhänge) voraussetzen, bieten sich hier an, besonders wenn typische Fehlvorstellungen in den Distraktoren berücksichtigt werden.

⊃ **Tipp**
Verwenden Sie die Methode nur dann als summatives Prüfungsverfahren, wenn die Studierenden im Verlauf der Lehrveranstaltung auch während der Präsenzphasen ausreichend Gelegenheit hatten, das fachliche Diskutieren und gemeinsame Erarbeiten von Lösungen zu üben.

Literatur
Kautz, C. (2014). Multiple-Choice-Prüfungen didaktisch gestalten. In K. Billerbeck, A. Tscheulin & P. Salden (Hrsg.), *Auf dem Prüfstand. Lernen bewerten in technischen Fächern*. Hamburg. Verfügbar unter: http://bit.ly/2xI9TvZ [02.10.2017].
Rieger, G. W. & Heiner, C. E. (2014). Examinations that support collaborative learning: The students' perspective. *Journal of College Science Teaching, 43* (4), 41–47.
Van Blankenstein F.M. et al. (2011). Which cognitive processes support learning during small-group discussion? The role of providing explanations and listening to others. *Instructional Science, 39*, 189–204.
Wieman, C. E., Rieger, G. W. & Heiner, C. E. (2014). Physics exams that promote collaborative learning. *The Physics Teacher, 52* (1), 51–53.

22 Kreatives Produkt entwickeln
Nico Thom

Kurzbeschreibung	Ein kreatives bzw. künstlerisches Produkt (z. B. ein Konzert oder ein Film) wird nicht selten arbeitsteilig entwickelt. Insofern steht bei dieser Prüfungsform zumeist die koordinierte Interaktion zwischen mehreren Studierenden im Mittelpunkt, welche zu einem konkreten Produkt führen soll. Bewertet werden die Interaktion und/oder das Produkt. Das Produkt kann materiell sein und/oder eine Performance.
Form	praktisch
Kompetenzen	Fachkompetenz Methodenkompetenz Sozialkompetenz Selbstkompetenz
Gruppengröße	Einzelperson — 1 Student/-in kleine Gruppe — < 20 Studierende mittlere Gruppe — 20–50 Studierende große Gruppe — > 50 Studierende
Dauer der Durchführung	Je nach Prüfungsordnung bzw. Modulbeschreibung kann die Dauer der Durchführung stark schwanken. In der Regel wird die Aufführung bzw. Präsentation bewertet, die 10–90 Minuten in Anspruch nehmen kann. Mitunter wird auch die (gemeinsame) Entwicklungsleistung im Rahmen eines kurzen Workshops, einer mehrtägigen Blockveranstaltung oder eines ganzen Semesters zusammenfassend bewertet.
Studentischer Workload	60 – mehrere hundert Stunden. Der Workload ist relativ hoch anzusetzen, da kreative Entwicklungsleistungen viel Zeit benötigen.
Semesterbegleitend durchführbar?	ja
Durchführungsort	Das Spektrum der Prüfungsorte reicht vom Einzelbüro bis hin zum großen Konzertsaal, der mehrere hundert Besucher fasst.

Beschreibung der Prüfungsform

Kreative Produkte werden vorrangig in künstlerischen und kunsthandwerklichen Studiengängen entwickelt und geprüft. Dazu zählen Studiengänge in den Bereichen Musik, Bildende Kunst, Theater, Tanz, Literatur, Architektur, Design, Journalismus und Medien. Je technischer bzw. angewandter die Orientierung eines Studiengangs ist, umso mehr handelt es sich um kunsthandwerkliche Entwicklungsvorgänge und Produkte, die einen benennbaren Nutzen erfüllen müssen (z. B. Tontechnik oder Grafikdesign).

Die Besonderheit der Prüfung eines kreativen Produktes ist, dass vor allem ästhetische Merkmale bewertet werden. Diese sind zwar nicht subjektiv, sondern intersubjektiv (Stichwort: tradierter Kanon), unterliegen jedoch weniger standardisierten und objektiv messbaren Vorgaben wie industrielle Produkte bzw. Produkte des täglichen Lebens. Daher hat es sich im hochschulischen Kontext etabliert, kreative bzw. künstlerische Produkte von Prüfungskommissionen mit mehr als zwei Prüfenden bewerten zu lassen. Nicht selten sind diese Kommissionen fächerübergreifend zusammengesetzt mit Vertreterinnen und Vertretern unterschiedlicher kunstbezogener Disziplinen. So wird ein Mindestmaß an künstlerischer Intersubjektivität und Diversität gewährleistet. Den Orientierungsrahmen bilden die Geschichte bzw. die Tradition der jeweiligen Kunst und ihres dazugehörigen Handwerks.

Da in vielen Fällen mehrere Studierende gleichzeitig bewertet werden, werden sie oftmals auch gemeinsam auf die Prüfung vorbereitet. Diese Aufgabe kann von einem Lehrendenteam übernommen werden. Dies bietet sich insbesondere bei größeren Projekten an, in denen viele Studierende über einen längeren Zeitraum zusammenarbeiten.

Die Studierenden müssen die Möglichkeit haben, Ideen auszuprobieren und diese gegebenenfalls zu verwerfen. Bei performativen Präsentationen ist zudem ausreichend Übungszeit einzukalkulieren. Daher ist mit einem Minimum von 60 Arbeitsstunden zu rechnen. In Extremfällen können mehrere hundert Arbeitsstunden anfallen, bspw. bei der Vorbereitung eines neunzigminütigen Solokonzertes im Rahmen einer Abschlussprüfung.

Anwendungsmöglichkeiten

Kreative Produkte sind Werkstücke aus der Werkstatt des Prüflings oder einer Gruppe von zu Prüfenden. In vielen Fällen handelt es sich um Imitationen bzw. Interpretationen von bereits bestehenden Kunstwerken. Bei manchen künstlerischen Studiengängen beschränkt sich der kreative Anteil von Prüfungsprodukten auf die weitgehend getreue Nachahmung eines fremden Originals (z. B. beim Spielen einer historischen Klavierkomposition durch eine studentische Pianistin). Nichtsdestotrotz handelt es sich auch in diesen Studiengängen um kreative Produkte im engeren Sinne, weil eine Interpretation stets eine persönliche Auslegung des Originalwerkes ist und niemals mit diesem identisch sein kann. Bewertet wird im doppelten Wortsinne die Originalität der Interpretation.

Das Anhören, Anschauen oder Befühlen von kreativen Werkstücken ist die zentrale Prüfungsform an künstlerischen Hochschulen. Aber auch an Berufsakademien, Fachhochschulen und Universitäten können ästhetische Prüfungskriterien Anwendung finden; etwa dann, wenn ungewöhnliche Präsentationsformen erwünscht sind (z. B. Rollenspiel, Modellbau) oder intermediale Produkte geprüft werden (z. B. computergesteuerte Maschine, audiovisueller Videoclip).

Anwendungsbeispiel aus der Hochschulpraxis
In meinem Arbeitskontext (an Musikhochschulen) ist es üblich, Studierende aus unterschiedlichen Instrumentengruppen bzw. Studiengängen mindestens einmal pro Semester in einem größeren Projekt zusammenzuführen. Gemeinsam erarbeiten sie sich bspw. ein abendfüllendes Programm mit Werken für ein Orchester unter der Anleitung von mehreren Lehrenden. Dabei hat zumeist eine Lehrkraft die Leitung des Gesamtprojektes inne (z. B. der oder die Dirigent/-in). Die Studierenden üben unter individueller Anleitung ihrer Hauptfachlehrkraft (z. B. für Trompete) das jeweilige Stück ein und proben dann unter Anleitung einer anderen Lehrkraft innerhalb ihrer Instrumentengruppe (z. B. Bläser). Anschließend erarbeiten sie sich unter Anleitung des oder der Dirigenten/Dirigentin das finale Produkt, sprich das Orchesterwerk mit allen Beteiligten (z. B. Bläser, Streicher und Schlagwerker). Dafür können pro Student/-in bspw. 12 Leistungspunkte à 30 Zeitstunden angesetzt werden. Am Ende des Semesters kommt es zur Aufführung in Form eines Konzertes. Bewertet wird bspw. die regelmäßige (80 % Anwesenheit) und engagierte Mitarbeit am Projekt (Vorbereitung und Aufführung) mit bestanden/nicht bestanden. Diese Teilnahmebestätigung wird von den Lehrenden des Projektteams vorgenommen.

Grenzen und mögliche Stolpersteine
Das angeführte Anwendungsbeispiel soll zeigen, dass sich die Bewertung von gemeinsam entwickelten kreativen Produkten zumeist auf eine Teilnahmebestätigung beschränkt. Hintergrund dafür sind die hochgradig selektiven Eignungstests vor Beginn eines künstlerischen Studiums, in denen die kreative bzw. künstlerische Leistungsfähigkeit bereits eingehend abgeprüft wurde. Bis zur studienabschließenden Bachelor- oder Masterprüfung werden die Studierenden kaum benotet, da die Lehrenden das messbare ästhetische Urteil tatsächlich scheuen. Geprüft wird quasi nur, ob die Studierenden in der Lage sind, einen Entwicklungsprozess zu strukturieren und zu einem vorgegebenen Zeitpunkt abzuschließen bzw. das finale Produkt adäquat zu präsentieren.

Problematisch ist, dass viele Prüfende unbewusst der Produktpräsentation gegenüber der Produktentwicklung den Vorrang geben. Leider sind Prüfende oft nicht in der Lage, die vier Hauptphasen eines kreativen Prozesses (Präparation, Inkubation, Illumination und Verifikation, vgl. Preiser 1976) analytisch zu unterscheiden. „Kreative [...] Prozesse sind selbst für Personen, die solche durchleben, nicht selten rätselhafte Vorgänge: So werden häufig unter dem Eindruck des gelungenen Werkes die davorliegenden Zwischenschritte des Denkens, die Mühen, Umwege, Selbstzweifel und Zufälle vergessen." (Bullerjahn 2005, S. 603; Zitat im Zitat aus: Weisberg 1989, S. 12)

Prüfende sollten sich darüber im Klaren sein, dass die Originalität eines kreativen Produktes, welche am häufigsten als Bewertungsmaßstab angeführt wird, stets im Spannungsfeld aus Regeln und Praktiken einer *Kultur*, den Persönlichkeitsmerkmalen und der Expertise eines *Individuums* sowie den Normvorgaben und der Kaufkraft einer *Gesellschaft* angesiedelt ist (vgl. Csikszentmihalyi 1999). Diese Komplexität lässt sich nur schwer auf ein Bewertungsschema reduzieren.

⊃ **Tipp**

Versuchen Sie dennoch schriftlich ein Kriterienraster vor der Prüfung zu erstellen und machen Sie dieses den Prüflingen transparent. Orientieren Sie sich dabei möglichst an bestehenden Kreativitätstests (vgl. Urban 2004). Unbedingt zu klären ist vor der Prüfung, ob Sie die Einzel- oder Gemeinschaftsleistung bewerten, den Prozess oder das Produkt, ob Sie allein oder mit anderen Prüfenden zusammen bewerten und ob Sie Noten vergeben oder nur die Teilnahme bestätigen. Mischformen sind mit Angaben der Gewichtung zu versehen, bspw. 50 % der Note für den Prozess und 50 % für das Produkt.

Literatur

Bullerjahn, C. (2005). Kreativität. In H. de la Motte-Haber & G. Rötter (Hrsg.), *Musikpsychologie* (S. 600–619). Laaber: Laaber Verlag.

Csikszentmihalyi, M. (1999). Implications of a systems perspective for the study of creativity. In R. J. Sternberg (Hrsg.), *Handbook of creativity* (S. 313–355). Cambridge: Cambridge Universtity Press.

Preiser, S. (1976). *Kreativitätsforschung*. Darmstadt: Wissenschaftliche Buchgesellschaft.

Urban, K. K. (2004). *Kreativität. Herausforderung für Schule, Wissenschaft und Gesellschaft*. Münster: Lit Verlag.

Weisberg, R. W. (1989). *Kreativität und Begabung. Was wir mit Mozart, Einstein und Picasso gemeinsam haben*. Heidelberg: Spektrum der Wissenschaft.

23 Kunstführer

Jochen Hermann Vennebusch

Kurzbeschreibung	Die Erstellung eines Kunstführers bündelt als Prüfungsleistung mit stark praktischem Bezug die (kunst-)historischen Kompetenzen fortgeschrittener Studierender: Neben der Fähigkeit zur eingehenden Analyse und Beschreibung von Architektur, Malerei und Skulptur sowie zur Kontextualisierung der Beobachtungen werden im Rahmen dieser Kleingruppen-Prüfungsform die Arbeitsschritte bei der Koordination einer Publikation erarbeitet.
Form	schriftlich
	praktisch
Kompetenzen	Fachkompetenz
	Methodenkompetenz
	Sozialkompetenz
Gruppengröße	kleine Gruppe < 20 Studierende
Dauer der Durchführung	1–2 Semester
Studentischer Workload	150 Stunden
Semesterbegleitend durchführbar?	ja
Durchführungsort	Im Idealfall wird die Prüfungsleistung zum Teil am Ort des vom Kunstführer behandelten Objektes angefertigt. Nach der eingehenden Beschäftigung mit dem Objekt können die Studierenden die Texte anschließend recht ortsunabhängig erarbeiten (beispielsweise in Bibliotheken und auch am heimischen Schreibtisch).

Beschreibung der Prüfungsform

In geisteswissenschaftlichen Fächern stellt oftmals die Anfertigung einer längeren schriftlichen Hausarbeit die Prüfungsleistung am Ende einer Lehrveranstaltung dar. Häufig leidet die Motivation der Studierenden darunter, dass diese Texte nach der Benotung in der Schreibtischschublade „verschwinden" und nicht weiterentwickelt werden. Um diese Ausarbeitungen im Sinne einer umfassenden Wissenschaftskommunikation für die weitere Forschung zugänglich zu machen und den Studierenden Publikationserfahrung zu vermitteln, werden z. B. in kulturwissenschaftlichen Studiengängen in Lehrveranstaltungen nicht selten in Kooperation mit Museen Texte für Ausstellungen und Kataloge erstellt (Kunstverein Hamburg 2017; Richter 2015; Trapp 2014). Hierzu werden in der Regel zunächst umfangreiche Hausarbeiten angefertigt, die dann zu kürzeren Texten umgeschrieben werden. Der Vorschlag, den gesamten Publikationsprozess eines Kunstführers als Prüfung zu gestalten, unterscheidet sich hiervon, da keine Hausarbeit angefertigt und die Koordination der Veröffentlichung in die Prüfung einbezogen wird. Neben einer eigenständigen Publikation werden als zusätzlicher Mehrwert Synergien freigesetzt, die von den Studierenden weiter genutzt werden können.

Bei der Erarbeitung einer solchen Publikation werden verschiedene Fähigkeiten unter Begleitung von Lehrenden erweitert und angewendet. Auf der einen Seite stehen fachspezifische, kunst- und kulturwissenschaftliche Kompetenzen (Beschreibung und Analyse von Architektur, Malerei und Skulptur, evtl. auch (liturgie-)historische Kontextualisierungen), auf der anderen Seite soziale und methodische Kompetenzen. Damit die Lehrenden die Arbeitsgruppen betreuen und eine Qualitätssicherung betreiben können, sollte bei dieser Prüfungsform die Zahl der am Seminar Teilnehmenden auf 20 Studierende begrenzt werden. Idealerweise gehören die Teilnehmenden unterschiedlichen Disziplinen (z. B. Kunstgeschichte, Geschichte, Archäologie) an, um möglichst verschiedene Perspektiven auf die zu bearbeitenden Objekte zu vereinen. Schon im Vorfeld sollten – nach der Festlegung der thematischen Ausrichtung der Lehrveranstaltung – Lehrende auf Institutionen wie Museen, Denkmalschutzämter und Kirchengemeinden zugehen, um zu eruieren, ob Interesse an der Erstellung eines Kunstführers besteht und ob dieses Vorhaben finanziert werden kann. Die Kostenübernahme durch die jeweilige Institution oder ein Sponsoring durch Dritte muss demnach vor dem Veranstaltungsbeginn gesichert sein. Darüber hinaus sollten frühzeitig spezialisierte Verlage kontaktiert werden, um eine professionelle Unterstützung des Projektes zu gewährleisten (etwa http://bit.ly/2zrqJfT, http://bit.ly/2yo7xiS oder http://bit.ly/2hJzUjC).

Durch die Auswahl an Gebäuden und Objekten ergeben sich schließlich die eigentlichen Themen der Lehrveranstaltung. Um sich der Konzeption von Kunstführern zu nähern, sollten anfangs verschiedene Veröffentlichungen gemeinsam analysiert und diskutiert werden. Bei diesen Vorüberlegungen könnte darauf geachtet werden, welche Informationen diese Hefte in welcher Gewichtung wiedergeben, in welchem Stil die Texte geschrieben sind und welches Layout (inkl. Bildauswahl) die Kunstführer aufweisen. Hierdurch kann herausgearbeitet werden, welche Anforderungen die „Zielgruppen" und ggfs. auch die Auftraggeber formulieren. In Absprache mit den Auftraggebern sollten gemeinsam Rahmenbedingungen zu den Inhalten und zum Layout entwickelt werden, die bei der Erarbeitung der eigenen Publikation berücksichtigt werden; in der Regel besitzen die Verlage zudem eigene (formale) Richtlinien für die Erstellung der Publikationen, die ebenfalls in die Arbeit einbezogen werden müssen. In besonderer Weise dienen diese gemeinsam von Lehrenden und Studierenden definierten Rahmenbedingungen auch als Kriterien für die Beurteilung der Prüfungsleistung. Im weiteren Verlauf des Seminars bietet es sich an, die Bauwerke mit ihrer Architektur, künstlerischen Ausstattung, der jeweiligen Geschichte und mit den diversen Kontexten in Kleingruppen mit 3 bis 4 Mitgliedern zu analysieren. Die Ergebnisse sollten danach referiert und anschließend im Plenum diskutiert werden. Idealerweise besuchen die Studierenden im Vorfeld der Arbeit (auch zur Archivrecherche) die Bauwerke. Beschränken sich die Objekte auf einen überschaubaren Umkreis, ist eine Gruppenexkursion ratsam. In diesem Blended-Learning-Format sollten neben die Präsenztermine zur Vorstellung der Objekte weitere E-Learning-Einheiten für gegenseitige Updates und Diskussionen treten.

Die Prüfung besteht zum einen aus der Objektanalyse, die anhand der gemeinsam erarbeiteten Kriterien und der Vorgaben von dritter Seite verschriftlicht wird. Hier sollte die Möglichkeit genutzt werden, Social Media Tools (Wikis) einzubeziehen, um die Texte durch die Gruppe evaluieren zu lassen; auch die Lehrenden sollten zur Qualitätssicherung und engmaschigen Betreuung dort präsent sein. Zum anderen koordinieren die Studierenden im Rahmen der Prüfung weitgehend selbstständig die Publikation, sie treffen Absprachen mit weiteren Beteiligten wie Fotografen oder Archivaren, stimmen Layout und Lektorat ab und korrespondieren mit dem Verlag. Bei diesen Aufgaben werden sie von Lehrenden supervidiert.

Anwendungsmöglichkeiten

Dieses Prüfungsformat richtet sich vorrangig an Studierende, die bereits Erfahrungen mit der Erarbeitung wissenschaftlich fundierter Texte gesammelt haben und mit Rechercheaufgaben vertraut sind. Fächerübergreifende Einsatzmöglichkeiten ergeben sich in kulturwissenschaftlichen Studiengängen, die beispielsweise durch einen Wahlbereich/ein Studium generale für andere Fachrichtungen geöffnet sind. Darüber hinaus könnte die Prüfungsform in fächerübergreifenden Studiengängen (Denkmalpflege, Museumsmanagement, Mittelalterstudien) eingesetzt werden. Da in der Regel die Studienordnungen kulturwissenschaftlicher Fächer die Abfassung wissenschaftlicher Texte vorsehen und zudem in stark auf Publikationen ausgerichteten Disziplinen Erfahrungen mit der Koordination von Veröffentlichungen gesammelt werden sollen, werden im Sinne des Constructive Alignment Lehr-/Lernziele, Lehr-/Lernmethoden und das Prüfungsformat aufeinander bezogen.

Anwendungsbeispiel aus der Hochschulpraxis

Die folgende Grafik stellt die skizzierte Prüfungsform mit einem Praxisbeispiel des Seminars „Kirchen in Nordfriesland und ihre Ausstattung" dar.

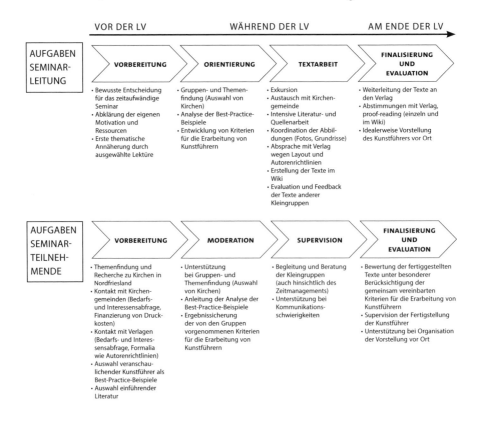

Grenzen und mögliche Stolpersteine

Eine Schwierigkeit bei der Erstellung eines Kunstführers ergibt sich aus der hohen Zahl an Beteiligten (Studierende, Lehrende, Verantwortliche vor Ort, Verlagsmitarbeitende). Daher ist ein solches Projekt nur dann realisierbar, wenn eine Bereitschaft zur Kooperation besteht und Absprachen verlässlich eingehalten werden. Auch der Spagat zwischen der notwendigen Qualitätssicherung und der Freiheit der Studierenden als Autor/-inn/en kann für die Lehrenden problematisch sein (Hofmann 2012). Darüber hinaus ist generell die Finanzierung ein besonders heikler Gesichtspunkt eines solchen Vorhabens, da die professionelle Umsetzung des Kunstführers hohe Kosten verursacht.

⊃ Tipp

Die Realisierung eines derart komplexen und die Studierenden so fordernden Projektes erfordert eine intensive Begleitung durch die Lehrenden. Daher ist der zu investierende Zeitaufwand für Lehrende und Studierende beträchtlich. Wagen Sie trotz des hohen Zeit- und Arbeitsaufwandes diese Herausforderung, denn das gedruckte Ergebnis wird alle Beteiligten für die investierte Mühe entschädigen.

Literatur

Hofmann, A. C. (2012). *Studentisches Publizieren als neue Form von Wissenschaftskommunikation. »aventinus. Studentische Publikationsplattform Geschichte«.* Verfügbar unter: http://bit.ly/2yrhE88 [02.10.2017].

Kunstverein Hamburg (2017). *Ausstellungen. The History Show.* Verfügbar unter: http://bit.ly/2gHC2fw [02.10.2017].

Richter, J. F. (Hrsg.). (2015). *Lübeck 1500. Kunstmetropole im Ostseeraum.* Petersberg: Imhof.

Trapp, M. (2014). *Manier, Mythos und Moral. Kupferstich-Entdeckungen in der Stabi.* Verfügbar unter: http://bit.ly/2goy4bj [02.10.2017].

24 Laborprotokoll
Martin Hieronymus

Kurzbeschreibung	Die Laborprüfung besteht im Wesentlichen aus der Durchführung und der Protokollierung eines Laborversuchs oder Experiments, welches in Kleingruppen von zwei bis sechs Studierenden durchgeführt wird. Das schriftliche Laborprotokoll wird in der Regel um weitere Prüfungsanteile ergänzt.
Form	schriftlich
	praktisch
Kompetenzen	Fachkompetenz
	Methodenkompetenz
	Sozialkompetenz
	Selbstkompetenz
Gruppengröße	kleine Gruppe < 20 Studierende
Dauer der Durchführung	Variiert stark je nach Laborexperiment und der zur Anwendung kommenden ergänzenden Prüfungsformen. Näheres regelt die Prüfungsverfahrensordnung (PVO) oder das Modulhandbuch.
Studentischer Workload	Variiert je nach Laborversuch. Näheres regeln die Prüfungsordnung und das Modulhandbuch. In der Regel 30 Stunden pro ECTS.
Semesterbegleitend durchführbar?	ja
Durchführungsort	Labor

Beschreibung der Prüfungsform

Integraler Bestandteil der Hochschullehre in den Ingenieur- und Naturwissenschaften ist die forschungs- und anwendungsorientierte Lehr-Lern-Einheit im Labor. Diese Einheit wird als Laborveranstaltung oder Laborpraktikum bezeichnet. Die Prüfungsform zu einer Laborveranstaltung wird an den Hochschulen unterschiedlich in den Prüfungsverfahrensordnungen (PVO) bezeichnet und festgelegt (vgl. HAW Hamburg 2006, S. 10), wodurch die Laborprüfung schriftlich, mündlich oder praktisch sowie in einer beliebigen Kombination aus diesen Anteilen erfolgen kann. Alternativ lässt sich die Laborveranstaltung als Teil eines Moduls definieren, sodass die Lernziele und Lerninhalte im Modulhandbuch beschrieben und in die Modulprüfung integriert werden.

Das Laborprotokoll ist ein elementarer Bestandteil einer Laborprüfung. Es dient dazu, die Durchführung des Experiments anzuleiten und dokumentiert die Beobachtungen sowie Ergebnisse der studentischen Kleingruppe. Der Sinn und Aufbau eines Protokolls sind den Studierenden im Vorfeld zu erklären, da

die Anfertigung den Erkenntnisprozess bestmöglich unterstützen sowie die Reproduzierbarkeit und damit eine Überprüfung ermöglichen soll. Die Gliederung wissenschaftlicher Arbeiten folgt, unter der Annahme ein Wissensdefizit ausgleichen zu wollen, einem Erkenntnisprozess, der in die Phasen Zieldefinition (1), Lösungssuche (2) und Auswahl (3) eingeteilt werden kann (Ahrens 2014, S. 84). Davon ausgehend lässt sich eine Gliederung des Laborprotokolls wie folgt entwickeln:
1. Einleitung (Motivation), Vorwissen, Hypothesenbildung
2. Versuchsaufbau und -methode(n), Versuchsdurchführung, Versuchsergebnisse
3. Auswertung, Diskussion

In der hochschulischen Prüfungspraxis hat es sich bewährt, dass die Laborleitung ein Laborskript mit Geräteinformationen, Versuchsanleitungen und einer Protokollvorlage an die Studierenden ausgibt, um die Durchführung und den Feedbackprozess für alle Anspruchsgruppen zu optimieren.

Ist das Feedback mit einer quantitativen Note verbunden, kann das Laborskript zusätzlich mit Informationen zu den Bewertungskriterien bzw. einer Checkliste ausgestattet werden. Im angelsächsischen Raum hat sich diesbezüglich der Begriff „Science Lab Report Rubrics" etabliert. Diese Bewertungsraster helfen den Studierenden, zielgerichtet zu arbeiten sowie den Laborleitungen, die Notenfindung ökonomisch, transparent und konsistent durchzuführen (Bennett 2009).

Anwendungsmöglichkeiten

In der europäischen Studie „Labwork in Science Education" sind die folgenden Hauptziele einer Laborveranstaltung aus Sicht der Lehrenden herausgearbeitet und in weiteren Unterzielen konkretisiert worden (vgl. Welzel et al. 1998, S. 12):
In der Laborveranstaltung sollen die Studierenden
- in die Lage versetzt werden, Theorie und Praxis miteinander zu verbinden,
- experimentelle Fähigkeiten erwerben,
- Methoden des wissenschaftlichen Denkens kennenlernen,
- in ihrer Persönlichkeitsentwicklung und sozialen Kompetenz gefördert werden.

Eine nach diesen Zielen konzipierte Laborveranstaltung bietet den Studierenden die Möglichkeit, durch die anwendungsbezogene, experimentelle Arbeit ihre Fach- und Methodenkompetenz zu verbessern. Zusätzlich wird durch die Arbeit in Kleingruppen und die organisatorische Rahmung die Selbst- und Sozialkompetenz trainiert. Eine exakte Bewertung der Lernzielerreichung ist anhand eines Laborprotokolls, welches nach der Lehrveranstaltung von einer Laborgruppe abgegeben wird, nicht möglich.

Eine Untergliederung der Laborveranstaltung in die Phasen der Vorbereitung, der Durchführung und der Nachbereitung ermöglicht frühere Feedbacks und eine umfänglichere Bewertung, wenn zu jeder Phase ein Teil des Protokolls beurteilt und mit mündlichen und praktischen Anteilen kombiniert wird.

Diese Phaseneinteilung bietet zusätzlich die Möglichkeit der örtlichen und zeitlichen Flexibilisierung durch digitale Medien. Die Vorbereitungsphase kann über ein Lernmanagementsystem, dass die Laborunterlagen online bereitstellt und einen Selbsttest ermöglicht, außerhalb des Laboratoriums stattfinden. Die Durchführungsphase kann durch eine Simulation ergänzt werden. In der Nachbereitungsphase lässt sich das Laborprotokoll in Onlinekollaboration mit digitalen Inhalten vervollständigen. Der holistische Ansatz, die Laborveranstaltung zu digitalisieren und dem Prinzip des Inverted-Classroom-Modells zu folgen, ist an der TH Köln bereits erfolgreich umgesetzt worden (Burdinski & Glaeser 2016).

Laborveranstaltungen lassen sich im Kontext des problembasierten oder projektorientierten Lernens einbetten (Tekkaya et al. 2016, S. 35). „Komplexere Laboraufgaben mit Offenheit der Wege und Ergebnisse, nicht nur der einen richtigen Lösung (open end labs)" (Huber 2009, S. 11) ermöglichen die Anwendung des forschenden Lernens im Labor. In diesen Kontexten ist die Bildung von interdisziplinären Laborgruppen eine weitere Möglichkeit den Kompetenzzuwachs zu fördern.

Anwendungsbeispiel aus der Hochschulpraxis

Im dualen Studiengang Wirtschaftsingenieurwesen, in dem ich an der NORDAKADEMIE tätig bin, gehört zum Modul Werkstofftechnik eine Laborveranstaltung, in der etwa 125 Studierende diverse Experimente durchführen. Die erste Veranstaltung wird genutzt, um den Studierenden eine Einweisung in die Verhaltens- und Sicherheitsregeln im Labor zu geben, die Protokolle und deren Abgabetermine zu besprechen und die Laborgruppen – bestehend aus vier Studierenden – sowie deren Laborzeiten einzuteilen. Die Laborgruppen erhalten für jedes Experiment ein Laborskript mit einer Anleitung und einer Protokollvorlage. In den folgenden Lehreinheiten befinden sich die Laborgruppen an den jeweiligen Stationen und werden von einem Laboringenieur betreut.

Die Experimente beginnen bei mir mit der Vorbereitungsphase, in der die Studierenden im vorstrukturierten Laborprotokoll vorbereitende Theoriefragen beantworten und Hypothesen bilden sollen. Im nächsten Schritt ist der Versuchsaufbau zu komplettieren und zu skizzieren. Ist die Vorbereitung beendet kann anhand des Versuchsaufbaus und der Antworten im Protokoll das Verständnis der Studierenden für das Laborexperiment überprüft und ein erstes Feedback gegeben werden. Es folgt die Versuchsdurchführung. In dieser Phase wird das Experiment selbstständig bearbeitet und jeder Schritt im Laborprotokoll dokumentiert. Im Anschluss erfolgt eine Auswertungs- und Interpretationsphase, in der die Studierenden die Ergebnisse mithilfe der Angaben des Protokolls erklären und diskutieren sollen. Ein Studierender der Laborgruppe hat die Protokollverantwortung (diese Rolle wechselt von Experiment zu Experiment). Ist der oder die Verantwortliche mit dem Protokoll zufrieden, kann die Gruppe die Dokumentationsphase abschließen und das Protokoll abgeben. In der Regel nehmen die Gruppen noch eine kurze Nachbereitungszeit in Anspruch, um das Protokoll mit Fotos zu ergänzen sowie Korrekturen vorzunehmen. Nach der Abgabe des Protokolls werden diese kontrolliert und den Studierenden ein unbenotetes Feedback zu ihren Ergebnissen und Interpretationen ausgestellt.

Grenzen und mögliche Stolpersteine

Das Laborprotokoll als Prüfusgsform für eine experimentelle Arbeit unterliegt der Gefahr, dass die Studierenden einer Laborgruppe, mit einem ungleichmäßigen Engagement an der Laborveranstaltung partizipieren. Daraus resultiert, dass eine Person die Dokumentation und eine Person die Durchführung übernimmt, während die anderen Gruppenmitglieder passiv teilnehmen. Diesem Verhalten kann durch eine enge Betreuung oder eine explizite Verteilung von Rollen und der Anordnung, Rollenwechsel durchzuführen, entgegengewirkt werden.

Die Anfertigung eines Laborprotokolls ist mit einem ungestörten Laborexperiment verbunden, sodass ein technischer Defekt, zeitliche Restriktionen oder sonstige Umwelteinflüsse den intendierten Lerneffekt nicht eintreten lassen. Bei hoher Frequentierung der Experimentierstationen kann es schnell zu Engpässen und damit zu lernabträglichen Stresssituationen kommen.

⊃ Tipp
Planen Sie immer zeitliche Puffer für eine Instandsetzung oder ein länger andauerndes Experiment ein!

Literatur
Ahrens, V. (2014). *Abschlussarbeiten richtig gliedern in Naturwissenschaften, Technik und Wirtschaft*. Zürich: v/d/f-Hochschulverlag (UTB).
Bennett, P. (2009). Using rubrics to teach science writing. *Essays on Teaching Excellence, 20* (8), 2008–09. Verfügbar unter: http://bit.ly/2kT4Ang [02.10.2017].
Burdinski, D. & Glaeser, S. (2016). Flipped Lab – Effektiver lernen in einem naturwissenschaftlichen Grundlagenpraktikum mit großer Teilnehmerzahl. In B. Berendt, A. Fleischmann, N. Schaper, B. Szczyrba & J. Wildt (Hrsg.), *Neues Handbuch Hochschullehre* (Artikel E 5.4.). Berlin: Raabe.

HAW Hamburg (2006). *Allgemeine Prüfungs- und Studienordnung für Bachelor- und Masterstudiengänge an der Fakultät Technik und Informatik der Hochschule für Angewandte Wissenschaften Hamburg (Faculty of Engineering and Computer Science – Hamburg University of Applied Sciences) vom 16. November 2006*. Verfügbar unter: http://bit.ly/2xJcMMZ [02.10.2017].

Huber, L. (2009). „Warum forschendes Lernen nötig und möglich ist". In L. Huber, J. Hellmer & F. Schneider (Hrsg.), *Forschendes Lernen im Studium – Aktuelle Konzepte und Erfahrungen* (S. 9–35). Bielefeld: Webler.

Tekkaya, A. E., Wilkesmann, U., Terkowsky, C., Pleul, C., Radtke, M. & Maevus, F. (Hrsg.) (2016). *Das Labor in der ingenieurwissenschaftlichen Ausbildung*. München, Berlin: acatech Studie.

Welzel, M., Haller, K., Bandiera, M., Hammelev, D., Koumaras, P., Niedderer, H., Paulsen, A., Robinault, K. & von Aufschnaiter, S. (1998). *Teachers' objectives for labwork. Research tool and cross country results*. Verfügbar unter: http://bit.ly/2yt8cBV [02.10.2017].

25 Lerntagebuch

Florian Karcher

Kurzbeschreibung	Studierende werden dazu aufgefordert, die Lerninhalte eines Moduls oder einer Lehrveranstaltung in der Regel schriftlich nachzuarbeiten, zu reflektieren und individuell zu vertiefen. Dieser Prozess wird gesammelt (z. B. in einem Notizbuch) dokumentiert. Das Lerntagebuch wird dabei über einen längeren Lernprozess hinweg geführt und bezieht sich auf ganze Lehrveranstaltungen oder Module.
Form	schriftlich
Kompetenzen	Fachkompetenz
	Methodenkompetenz
	Selbstkompetenz
Gruppengröße	Einzelperson 1 Student/-in
Dauer der Durchführung	je nach Bedingungen
Studentischer Workload	je nach Bedingungen
Semesterbegleitend durchführbar?	ja
Durchführungsort	ortsunabhängig

Beschreibung der Prüfungsform

Ein Lerntagebuch soll zu einem vertieften Verständnis des behandelten Stoffes und des eigenen Lernprozesses führen, indem es zu regelmäßiger Nachbearbeitung, Reflexion und Vertiefung anregt. Es bezieht sich in der Regel auf alle Lerninhalte, die in Zusammenhang mit dem Modul oder der Lehrveranstaltung behandelt wurden. Aus den Inhalten sollen insbesondere diejenigen Aspekte ausgewählt und vertieft werden, die subjektiv als besonders bedeutsam, interessant oder neuartig empfunden werden. Es geht nicht darum, die Lerninhalte im Sinne einer reproduktiven Aufzeichnung zu dokumentieren, sondern das Lerntagebuch zeichnet sich durch eine produktive Reflexion des Inhalts, der Methode und des eigenen Lernens und Denkens aus. Dadurch können insbesondere Methoden- und Selbstkompetenzen erworben werden (vgl. Fachhochschule für öffentliche Verwaltung 2015). Empirische Untersuchungen konnten zeigen, dass Lerntagebücher im Vergleich zum klassischen „Prüfungslernen" das langfristige Behalten von Inhalten fördern und deshalb ein bedeutsames und anwendungsorientiertes Lernen ermöglichen (vgl. Mayr 1997, S. 234).

Die begriffliche Analogie zu einem persönlichen Tagebuch ist dabei gewollt, weil es einerseits die Regelmäßigkeit der Aufzeichnungen – die eine Rückschau ermöglichen und die eigene Lerngeschichte rekonstruieren soll – und andererseits die Analogie der Notwendigkeit, einen persönlichen Stil der Aufzeichnung zu finden, betont. Es soll sich wie bei einem normalen Tagebuch um ein andauerndes Zwiegespräch der/die Verfassers/Verfasserin mit sich selbst vor dem Hintergrund des Lerninhaltes handeln. Dies begründet auch, warum es keine allgemeinverbindliche Form für Lerntagebücher geben kann. „Die Analogie zu einem normalen Tagebuch hat aber dort seine Grenzen, wo es als Form einer Modulprüfung in einer formalisierten Form erstellt und als Prüfungsdokument eingereicht wird, seine Vertraulichkeit und Privatheit sind an dieser Stelle dann stark eingeschränkt" (PH Ludwigsburg 2012). Der Tagebuchprozess kann den Studierenden daher in zwei Teilschritten vorgestellt werden: Zunächst kann das Lerntagebuch eher assoziativ und unreflektiert genutzt und erst dann im zweiten Schritt als wissenschaftliche Lernleistung auf- und überarbeitet werden.

Das Lerntagebuch als Prüfungsleistung bedarf daher einiger besonderer Rahmenbedingungen: In ihm sollen anhand von Aufzeichnungen und Reflexionen konkreter Seminarsitzungen (halbe bis ganze Seite pro Sitzungstermin) auch übergreifende Themen identifiziert und mit wissenschaftlicher Literatur nachgearbeitet und vertieft werden. Eine eigene wissenschaftliche Leistung in der Auseinandersetzung mit den Inhalten muss erkennbar sein. Dabei sollen die Regeln des wissenschaftlichen Arbeitens eingehalten und ein angemessener wissenschaftlicher Sprachstil verwenden werden. Es bedarf eines klaren Erwartungshorizonts, was Umfang und Formatierung angeht. Es empfiehlt sich, das Lerntagebuch von den Studierenden in digitaler Form als Fließtext anlegen zu lassen. Bei Abgabe werden diesem ein Deckblatt, ein Literaturverzeichnis und eine Eigenständigkeitserklärung angefügt.

Eine gute Möglichkeit stellt das Arbeiten mit Leitfragen dar (Rambow & Nückles 2002, S. 113ff.). Dabei wird den Studierenden eine Reihe von Leitfragen an die Hand gegeben, anhand derer sie die Vorlesungsinhalte reflektieren sollen. Am effektivsten sind solche Fragen, sog. Prompts, wenn sie sowohl eine kognitive als auch die metakognitive Ebene ansprechen (Nückles et al. 2010).

Kognitive Prompts beziehen sich auf Inhalte und fördern dessen Verstehen und Behalten. Fragen könnten hier z. B. sein:
- Was habe ich heute Neues gelernt?
- Welche Inhalte erscheinen mir für mein Studium oder meine zukünftige Tätigkeit besonders relevant?
- Welchen Aspekten möchte ich nachgehen? Wo will ich vertiefen?
- Welche Fragen sind offen geblieben? Was will ich noch klären?

Metakognitive Prompts zielen darauf ab, dem/der Lernenden die kognitiven Strategien des Lernens bewusst zu machen, damit diese gezielt eingesetzt werden können. Fragen können z. B. sein:
- Wie kann ich den Lerninhalt für mich verständlich veranschaulichen?
- Wie kann ich meine Verständnisprobleme lösen?
- Was sollte ich nochmals wiederholen?
- Wie kann eine Vertiefung aussehen?

Diese oder andere Fragen werden dann in einem geringen zeitlichen Abstand beantwortet. Ggf. kann auch am Ende des Seminars oder der Vorlesung einige Minuten Raum dafür gegeben werden. Bis zur nächsten Sitzung sollen die Studierenden dann einen der benannten Aspekte anhand wissenschaftlicher Literatur vertiefen und die genannten offenen Fragen von fachlicher Seite her klären.

Diese kontinuierliche Arbeit wird abgeschlossen durch eine umfassende Reflexion des Lerngegenstandes und der Lernprozesse, indem die Studierenden nochmals die Inhalte und Prozesse rekapitulieren und einen Ausblick für das weitere Studium entwickeln.

An den meisten Universitäten und Hochschulen bleibt das Lerntagebuch unbenotet und wird nur mit „bestanden" oder „nicht bestanden" bewertet. Grundsätzlich ist eine Bewertung jedoch möglich, bedarf aber eines differenzierten Bewertungsschemas. Sie kann anhand folgender Aspekte erfolgen (vgl. PH Ludwigsburg 2012):
- Umsetzung formaler Standards (Rechtschreibung, Nachweisapparat, Bibliographierung, strukturierter Aufbau u. a.)
- Auseinandersetzung mit relevanten Seminarinhalten auf wissenschaftlichem Niveau (Begründung für die Relevanz, Darstellung der Thematik, Reflexion zu den Inhalten, Aufarbeitung ausgewählter Fragestellungen, Qualität und Quantität der verwendeten Literatur)
- Darstellung und Reflexion des eigenen Lernprozesses (Vollständigkeit der Dokumentation von Tagebuchaufzeichnungen, angemessene Reflexion der Lern- und Arbeitsstrategien, Evaluation des eigenen Lernprozesses und Ausblick für das zukünftige Studium)

Anwendungsmöglichkeiten

Lerntagebücher eignen sich insbesondere für offene Seminarformen, in denen eine hohe Beteiligung erwünscht ist und unterschiedliche Lernwege ermöglicht werden sollen (vgl. Winter 2004). Besonders empfehlenswert sind sie in den ersten Semestern, weil hier Reflexionsprozesse und Strategien für das eigene Lernen entstehen, die für das weitere Studium von Nutzen sein können. An vielen

Universitäten und Hochschulen finden Lerntagebücher z. B. Anwendung in der Einführung in das wissenschaftliche Arbeiten, weil dabei nicht nur Fachkompetenzen entstehen und eine Reflexion über das eigene Lernen stattfinden können, sondern auch die Schreibkompetenz gefördert wird.

Sie eignen sich auch hervorragend für den fächerübergreifenden Einsatz, weil sie eine gute Möglichkeit darstellen, selbstständig Querverbindungen zwischen verschiedenen Disziplinen herzustellen. Im Online-Learning können sie als sog. E-Portfolios eingesetzt werden.

Anwendungsbeispiel aus der Hochschulpraxis

Ich arbeite mit dem Lerntagebuch vor allem bei einer Veranstaltung, die einen Überblick über die verschiedenen Berufsfelder gibt. Die Studierenden sind somit dazu aufgefordert, die verschiedenen Berufsfelder inhaltlich zu vertiefen und dabei eigene Schwerpunkte zu setzen, die so in der Veranstaltung nicht möglich sind. Gleichzeitig arbeiten sie sich in die relevante Literatur dazu ein. Neben der fachlichen Auseinandersetzung entwickeln die Studierenden gleich zu Beginn des Studiums zum einen tragfähige Lern- und Arbeitsstrategien und erhalten zum anderen die Möglichkeit, sich auch persönlich im Feld zu orientieren und erste Präferenzen hinsichtlich der eigenen Berufswahl zu setzen. Den Abschluss des Lerntagebuchs bildet dann eine persönliche Reflexion, die auf die Wahl des ersten Praktikums im Studium abzielt und diese begründet.

Grenzen und mögliche Stolpersteine

Das Führen eines Lerntagebuches erfordert eine hohe zeitliche Investition der Studierenden während der Vorlesungszeit. Es lässt daher nur wenig Raum für eine weitere intensive Vorbereitung auf Seminar- oder Vorlesungssitzungen, wie sie z. B. das Lesen umfangreicher Texte erfordert. Eine Herausforderung stellt außerdem der Einbezug des Lerntagebuches in die Veranstaltungen dar. Es darf einerseits nicht im Stile einer „Hausaufgabenkontrolle" abgefragt, aber andererseits von den Studierenden auch nicht isoliert von der Veranstaltung wahrgenommen werden. Es empfiehlt sich eine gewisse Ritualisierung des Einbezugs: „Haben sich in der Nachbearbeitung der letzten Sitzung in Ihrem Lerntagebuch irgendwelche Rückfragen ergeben, die Sie nicht selbstständig klären konnten?"

⊃ Tipp

Führen Sie immer wieder mal in bestimmten Prozessen ein eigenes Lern- oder Forschungstagebuch, um den Wert dieses Formates nicht nur theoretisch zu erfassen, sondern auch selbst zu erleben.

Literatur

Fachhochschule für öffentliche Verwaltung (2015). *Hinweise zum Studienjournal.* Verfügbar unter: http://bit.ly/2yMNj2K [02.10.2017].

Mayr, J. (1997). Evaluieren. In F. Buchberger, H. Eichelberger, K. Klement, J. Mayr, A. Seel & H. Teml (Hrsg.), *Seminardidaktik* (S. 224–256). Innsbruck: Studienverlag.

Nückles, M., Hübner, S., Glogger, I., Holzäpfel, L., Schwonke, R. & Renkl, A. (2010). Selbstreguliert lernen durch Schreiben von Lerntagebüchern. In M. Gläser-Zikuda (Hrsg.), *Lerntagebuch & Portfolio aus empirischer Sicht* (S. 35–58). Landau: Verlag empirische Pädagogik.

PH Ludwigsburg (2012). *Hinweise zu Gestaltung eines Lerntagebuchs.* Verfügbar unter: http://bit.ly/2yroKd1 [02.10.2017].

Rambow, R. & Nückles, M. (2002). Der Einsatz des Lerntagebuchs in der Hochschullehre. *Das Hochschulwesen*, 3/2002, 113–121.

Winter, F. (2004). *Leistungsbewertung. Eine neue Lernkultur braucht einen anderen Umgang mit den Schülerleistungen.* Baltmannsweiler: Schneider Hohengehren.

26 Lexikonbeitrag

Simon Dombrowski

Kurzbeschreibung	Die Prüfungsform „Lexikonbeitrag" ist in Form und Struktur einem Beitrag in einem wissenschaftlichen Fachlexikon nachempfunden. Einzelne Lexikonbeiträge haben in etwa den Umfang eines Essays. Die Prüfungsform eignet sich besonders für einführende Kurse und hat das Ziel, die intensive Auseinandersetzung mit zentralen Theorien, Begriffen oder Autoren zu fördern. Zudem hat diese Prüfungsform den Vorteil, dass Studierende ein Ergebnis produzieren, auf das sie im weiteren Studium zurückgreifen können.	
Form	schriftlich	
Kompetenzen	Fachkompetenz	
	Methodenkompetenz	
	Selbstkompetenz	
Gruppengröße	kleine Gruppe	< 20 Studierende
	mittlere Gruppe	20–50 Studierende
Dauer der Durchführung	Zeit zur Einführung in und Reflexion über die Prüfungsform etwa 90 Min.	
Studentischer Workload	etwa 5 Stunden pro Lexikonbeitrag	
Semesterbegleitend durchführbar?	ja	
Durchführungsort	ortsunabhängig	

Beschreibung der Prüfungsform

Die Prüfungsform Lexikonbeitrag ist in Form und Struktur einem Beitrag in einem wissenschaftlichen Fachlexikon nachempfunden. Vom Umfang und Prüfungsaufwand für Studierende und Dozierende sind Lexikonbeiträge mit Essays vergleichbar, die in vielen Prüfungsordnungen als Prüfungsformen vorgesehen sind. Aus didaktischer Sicht ist die Prüfungsform Lexikonbeitrag attraktiv, da sie einen Einblick in die Prozesse der Kanonisierung von Wissen in einem Fach bietet und so zu einem vertiefenden Verständnis dieser Textform beiträgt. Methodisch hat die Prüfungsform den Vorteil, dass das Seminar inhaltlich auf das Verfassen von Lexikonartikeln ausgerichtet werden kann. Die Prüfungsform des Lexikonbeitrages bietet somit sowohl Ansatzpunkte für eine „didaktische Motivierung" (Marks 2012, S. 7) der Studierenden als auch günstige Voraussetzungen für die in der Schreibdidaktik geforderte engere Verzahnung der Hochschullehre mit dem Schreibprozess der Studierenden (Lahm 2016). Lexikonartikel haben darüber hinaus den didaktischen Mehrwert, dass sie im Seminar gelerntes

Wissen schriftlich festhalten, sodass die Studierenden im weiteren Studium und darüber hinaus darauf zugreifen können. Damit unterscheiden sich Lexikonartikel erstens von Klausuren, bei denen das Wissen nur im Rahmen der Prüfung schriftlich fixiert werden muss und danach nicht einfach wieder verfügbar ist. Zweitens unterscheiden sich Lexikonartikel von längeren Hausarbeiten, da sie eine allgemeine Einführung zu einem Begriff, einem Autor etc. geben sollen, ohne auf eine spezifische, oft recht enge Fragestellung zu fokussieren. Aufgrund dieser Eigenschaften ist die Prüfungsform Lexikonbeitrag besonders geeignet für einführende Veranstaltungen, in denen grundlegende Begrifflichkeiten eines Faches geklärt werden sollen.

Fachlexika sind in der Wissenschaft wichtige Informationsquellen. Als Prüfungsform regen Lexikonbeiträge zu einer intensiven Auseinandersetzung mit Schlüsselbegriffen an und fixieren Wissen für das weitere Studium. Beiträge zu einzelnen Fachbegriffen enthalten i. d. R. einflussreiche Definitionen des behandelten Begriffes, eine Rekonstruktion der Begriffsgeschichte sowie Hinweise zu Kontroversen mit Bezug auf den jeweiligen Begriff (siehe z. B. die Beiträge in (Maurer 2017).

Anwendungsmöglichkeiten

Die Prüfungsform des Lexikonbeitrages zeichnet aus, dass die Studierenden neben der Prüfungsleistung noch ein „Werk" zum Nachschlagen wichtiger Inhalte ihres Faches selber produzieren. Je nach konkreter Gestaltung der Lehrveranstaltung und der Prüfungsform sind unterschiedliche Formen dieses Werkes denkbar. Zum einen kann innerhalb eines Seminars ein Fachlexikon entstehen, für das jede/jeder Studierende einzelne Beiträge zu unterschiedlichen Begriffen als Prüfungsleistung verfasst. Die Studierenden bekommen dann nach Ende des Seminars das Lexikon mit allen Beiträgen elektronisch zur Verfügung gestellt. Nachteil dieser Variante ist, dass die Qualität stark zwischen einzelnen Beiträgen schwanken wird. Es empfiehlt sich daher, Maßnahmen der Qualitätssicherung, z. B. in Form einer verpflichtenden Überarbeitung der Beiträge durch die Studierenden, einzuplanen. Solche Prozesse sind jedoch sehr zeitaufwendig. Praktikabler ist daher die zweite Variante zur Ausgestaltung dieser Prüfungsform. Sie besteht darin, die Studierenden jeweils zu einer begrenzten Anzahl von Themen die gleichen Lexikonbeiträge verfassen zu lassen. Jede/jeder Studierende hat als Ergebnis des Seminars die von ihr/ihm verfassten Lexikonbeiträge, auf die sie/er in ihrem/seinem weiteren Studium zurückgreifen kann. Die Note kann in diesem Fall für die Studierenden zudem ein Signal zur Beurteilung der Qualität ihrer Beiträge darstellen. Diese zweite Variante wird auch im Anwendungsbeispiel besprochen.

Anwendungsbeispiel aus der Hochschulpraxis

Ich habe die Prüfungsform Lexikonbeitrag für ein einführendes Seminar in die Wirtschaftssoziologie konzipiert. Ziel der Lehrveranstaltung war es, die Studierenden mit den wichtigen Schlüsselbegriffen Netzwerke, Institutionen und Organisationen vertraut zu machen. Das Seminar war so gestaltet, dass zu jedem dieser Begriffe jeweils 3-4 Texte gelesen und im Seminar auf der Grundlage unbenoteter Leseprotokolle ausführlich besprochen worden sind. Im Anschluss an die Lektüre im Seminar haben die Studierenden jeweils einen 3-4-seitigen Lexikonbeitrag zu dem Schlüsselbegriff verfasst. Die Prüfungsform wurde mit den Studierenden ausführlich besprochen und die Studierenden haben eine individuelle Rückmeldung zu ihrem ersten Beitrag erhalten. Ein besonders gelungenes Exemplar des ersten Lexikonbeitrages wurde zudem zur Orientierung anonym zur Verfügung gestellt. Dieses Vorgehen hat bei den Studierenden die Bereitschaft zu einer aktiven Auseinandersetzung mit den Seminartexten gefördert (siehe für ähnliche Erkenntnisse auch Gottschalk & Hjortshoj 2004, S. 128). Die Studierenden wussten, dass ein Verständnis aller Texte für das Verfassen der Lexikonbeiträge notwendig ist. In der Form wie in dem Seminar eingesetzt, hat der Lexikonbeitrag also nicht nur die Funktion einer Prüfungsleistung, sondern war auch ein methodisches Hilfsmittel für die Gestaltung der Seminarsitzungen und zur Motivation der Studierenden. Zudem gab es von den Studierenden die Rückmeldung, dass sie das Prüfungsformat der Lexikonbeiträge als sehr sinnvoll empfunden haben. Der Prüfungsaufwand war in etwa vergleichbar mit der Bewertung einer entsprechenden Anzahl von Essays. In der Praxis hat sich die enge Verzahnung von Seminargestaltung mit der Prüfungsform Lexikonbeitrag bewährt.

Grenzen und mögliche Stolpersteine

Die Qualität der Lexikonbeiträge als Informationsquelle für die Studierenden ist im Wesentlichen von einer sorgfältigen Literaturauswahl abhängig. Gerade für Studierende in der Studieneingangsphase ist die Relevanz einzelner Debattenbeiträge für den Lexikonbeitrag nur schwer einschätzbar. Daher muss die Prüferin/der Prüfer die Studierenden hier durch eine entsprechende Literaturauswahl unterstützen. Bei der Literaturauswahl ist darauf zu achten, dass Informationen zu den wesentlichen Inhalten von Lexikonbeiträgen (einflussreiche Definitionen, Begriffsgeschichte und kontroverse Positionen) abgedeckt werden. Insbesondere ist es notwendig, eine Pluralität von Perspektiven bei der Literaturauswahl sicherzustellen. Zudem ist es sinnvoll, die Seminarliteratur durch eine Auswahl weiterer Schlüsseltexte, z. B. in Form einer Literaturliste oder eines Handapparates, zu ergänzen. Zusätzlich sollten mit den Studierenden Kriterien für die Einbeziehung von Literatur in die Lexikonbeiträge besprochen werden. Außerdem sollte mit den Studierenden unbedingt über die Grenzen des eigenen Lexikonbeitrages als Informationsquelle reflektiert und über mögliche Verzerrungen, z. B. durch die Literaturauswahl, gesprochen werden.

Ein wesentlicher Nachteil von Lexikonbeiträgen ist, dass wichtige wissenschaftliche Kompetenzen, wie z. B. die Formulierung einer Fragestellung, nur sehr begrenzt eingeübt werden können. Gerade in frühen Semestern kann diese Begrenzung jedoch den Einstieg in das wissenschaftliche Schreiben erleichtern.

Ein weiterer Nachteil von Lexikonbeiträgen ist, dass diese besonders anfällig für das „Google-Copy-Paste-Syndrom" (Weber 2009) sind. Gerade da Lexikonbeiträge nicht mit Blick auf eine spezifische Fragestellung geschrieben werden, sind Textpassagen oder ganze Texte relativ einfach per Copy-Paste von anderen Autoren zu übernehmen. Plagiaten kann aber durch die Gestaltung des Seminars entgegengewirkt werden. In meinem Seminar mussten die Studierenden zu vorgegebenen Fragen jeweils Leseprotokolle anfertigen, deren Inhalte sie für die Lexikonbeiträge verwenden durften. Da in den Leseprotokollen konkrete Fragen beantwortet werden mussten, erschwerte dies einerseits Copy-Paste-Strategien, anderseits – da ja schon viel eigenes Textmaterial vorhanden war – verringerte sich die mit Plagiaten verbundene Arbeitserleichterung.

⊃ Tipp
Die Prüfungsform des Lexikonbeitrages eignet sich insbesondere für einführende Veranstaltungen.

Literatur
Gottschalk, K. K. & Hjortshoj, K. (2004). *The elements of teaching writing: A resource for instructors in all disciplines.* Boston: Bedfords/St. Martin's.
Lahm, S. (2016.). *Schreiben in der Lehre. Handwerkszeug für Lehrende.* Opladen: Barbara Budrich.
Marks, F. (2012). Motivierung von Studierenden im seminaristischen Unterricht. In B. Berendt, J. Wildt & B. Szczyrba (Hrsg.), *Neues Handbuch Hochschullehre* (Artikel E.3.1.). Berlin: Raabe.
Maurer, A. (Hrsg.) (2017). *Handbuch Wirtschaftssoziologie.* Wiesbaden: Springer VS.
Weber, S. (2009). *Das Google-Copy-Paste-Syndrom: Wie Netzplagiate Ausbildung und Wissen gefährden.* Hannover: Heise.

27 Memos schreiben

Thomas Hoebel

Kurzbeschreibung	Memos ähneln den Abstracts, die heute den meisten wissenschaftlichen Aufsätzen in Fachzeitschriften vorangestellt sind. Die Studierenden geben in Form eines Fließtextes einen knappen Überblick über einen Text, den sie zuvor gelesen haben. Die Memos sollen die zentrale Aussage des Textes und ihre Begründung in eigenen Worten wiedergeben und 100 Wörter nicht überschreiten.
Form	schriftlich
Kompetenzen	Fachkompetenz Methodenkompetenz Selbstkompetenz
Gruppengröße	Einzelperson 1 Student/-in
Dauer der Durchführung	0,25–1 Stunde
Studentischer Workload	2–3 Stunden
Semesterbegleitend durchführbar?	ja
Durchführungsort	Die Studierenden entscheiden selbst über den Ort, an dem sie ein Memo schreiben.

Beschreibung der Prüfungsform

Memos sind eine semesterbegleitende Prüfungsform, die für den mehrfachen Einsatz in einer Lehrveranstaltung gedacht ist, die regelmäßig über ein Semester hinweg stattfindet (wöchentlich, zweiwöchentlich oder auch in mehreren, gleichmäßig über die Vorlesungszeit verteilten Blocksitzungen). Kompetenzbezogen betrachtet dienen Memos in erster Linie dazu, dass sich Studierende aktiv mit der Lektüre auseinandersetzen, die sie für die jeweiligen Sitzungen einer Lehrveranstaltung vorbereiten sollen. Die Studierenden haben die Aufgabe, in Form eines knappen Fließtextes die zentrale Aussage eines wissenschaftlichen Textes in eigenen Worten wiederzugeben und kurz zu erläutern, wie die Autorinnen und Autoren des betreffenden Textes zu dem beschriebenen Ergebnis gelangen (Wie begründen sie ihre These? Wie gehen sie methodisch vor?).

Ein Memo hat einen Umfang von maximal 100 Wörtern, damit die Studierenden lernen, sich auf die wesentlichen inhaltlichen Aspekte eines Textes zu konzentrieren. Sie sollen den Text nicht einfach nacherzählen, indem sie sich im Aufbau ihres Memos an seiner Gliederung orientieren. Memos sind vielmehr dazu gedacht, dass die Studierenden einen eigenen Standpunkt zu dem gelesenen

Text einnehmen, indem sie entscheiden, worin aus ihrer Sicht der „springende Punkt" des Textes besteht, für den sie eigene sprachliche Ausdrucksformen finden müssen. Sie schreiben das Memo vor Beginn der Sitzung, für die der Text vorgesehen ist. Es fungiert dann gleichsam als ein Anlass und eine „Gedächtnisstütze", um sich aktiv an der Diskussion des memorierten Textes zu beteiligen.

Memos orientieren sich maßgeblich an den Abstracts, die heute den meisten Fachartikeln vorangestellt sind. Lehrende können die Studierenden folglich an entsprechenden Beispielen mit der Prüfungsform des Memos vertraut machen. Sie erläutern die Anforderungen idealerweise während der ersten Sitzung einer Lehrveranstaltung und gehen dann mehrmals auf sie ein, z. B. indem sie mit den Studierenden erste Erfahrungen besprechen, die Studierenden ihre Memos vorlesen lassen oder sich die Studierenden wechselseitig Feedback zu ihren Kurztexten geben.

Prüfungsrechtlich gesehen sind Memos vor allem dazu gedacht, dass Studierende ihre regelmäßige und aktive Teilnahme an einer Lehrveranstaltung schriftlich dokumentieren. Memos eignen sich daher vornehmlich dazu, dass Studierende so genannte Studienleistungen erbringen können, die nicht benotet werden, jedoch vorliegen müssen, damit die betreffenden Personen eine Prüfung in einem Modul ablegen können. Falls es die prüfungsrechtlichen Vorgaben zulassen, können Memos jedoch durchaus selbst als benotete Prüfung abgenommen werden, z. B. indem Lehrende alle Memos einer oder eines Studierenden als Portfolio behandeln, das sie am Ende der Vorlesungszeit bewerten.

Anwendungsmöglichkeiten

Lehrende können Memos in jeder Lehrveranstaltung nutzen, in denen die Studierenden sich mithilfe von ausgewählter Lektüre auf die einzelnen Sitzungen vorbereiten sollen. Die Prüfungsform ist dabei nicht auf bestimmte Fächer begrenzt. Ein Einsatz in Online-Lehrveranstaltungen ist sehr gut möglich. Didaktisch gesehen ist der Einsatz jedoch besonders in solchen Lehrveranstaltungen sinnvoll, in denen die Lektüre von Fachliteratur und ihre intensive Diskussion im Lehr- und Lerngespräch zwischen Studierenden und Lehrenden oder zwischen den Studierenden einen zentralen Stellenwert hat. Memos haben hier eine Doppelfunktion. Sie sorgen einerseits dafür, dass Studierende lernen, einen eigenen Standpunkt für die Textdiskussion vorzubereiten und der Kritik auszusetzen. Andererseits haben die Memos das Potenzial, die Studierenden zu einer kontinuierlichen Auseinandersetzung mit der Veranstaltungslektüre zu motivieren – vorausgesetzt, Lehrende erwarten von ihnen, dass sie regelmäßig Texte memorieren sollen, um eine Studienleistung zu erbringen. Der Effekt ist erfahrungsgemäß, dass ein Großteil der anwesenden Teilnehmenden die im Veranstaltungsplan genannten Texte auch tatsächlich gelesen hat und sich in die Diskussion einschalten kann. Gerade in Lehrveranstaltungen, in denen die Inhalte der einzelnen Termine aufeinander aufbauen, können die Memos maßgeblich zu einem kumulativen Wissenserwerb beitragen.

Die Memos lassen sich in zweifacher Hinsicht variieren: In Bezug auf ihr Format kann ihr Umfang ohne Weiteres erhöht werden. Es sollte jedoch darauf geachtet werden, dass die Studierenden sich weiterhin auf die zentralen Aussagen des zu memorierenden Textes konzentrieren. Ebenfalls ist es möglich, weitere inhaltliche Elemente mit aufzunehmen, z. B. die entweder fakultative oder obligatorische Anforderung an die Studierenden, abschließend ihre Fragen an den Text zu formulieren bzw. Fragen, die der Text aus ihrer Sicht unbeantwortet lässt oder unbefriedigend bearbeitet.

In Bezug auf ihre Verknüpfung mit anderen didaktischen Methoden, aber auch mit anderen Prüfungsformen gibt es ebenfalls diverse Varianten, die mit den Memos möglich sind. Einige Vorschläge: Lehrende können einige Studierende darum bitten, ihre Memos vorzulesen. Sie fungieren dann als Gesprächsimpuls, um sich den Text diskursiv zu erarbeiten. Lehrende können die Memos zur Ergebnissicherung einer Lehrveranstaltung nutzen, indem sie die Teilnehmenden bitten, ihre ursprünglichen Entwürfe vor dem Hintergrund des kurz zuvor stattgefundenen Lehrgesprächs zu überarbeiten – „gucken, ob man noch dazu steht, was man geschrieben hat", wie es ein Studierender in einer Fokusgruppe formuliert hat, die der Evaluation dieses Prüfungsformats gedient hat. Was die Verknüpfung mit anderen Prüfungsformaten angeht, können Lehrende Memos zur Vorbereitung von mündlichen Prüfungen empfehlen. Studierende melden darüber hinaus regelmäßig zurück, dass sie ihre Memos beim Schreiben von Qualifizierungsarbeiten einsetzen und die selbst geschriebenen Abstracts in ihre Literaturverwaltungsprogramme einspeisen.

Anwendungsbeispiel aus der Hochschulpraxis

Schon seit Jahren erwarte ich von den Studierenden meiner Seminare, dass sie im Verlauf der Vorlesungszeit mehrere Memos schreiben. Die Studierenden können dabei selbst entscheiden, zu welcher Seminarlektüre sie diese Leistung erbringen. Mal erwarte ich insgesamt vier Memos, mal mehr. Das mache ich davon abhängig, wie hoch die Anmeldezahlen zu den Seminaren sind. Die Anforderungen bei Bedarf etwas höher anzusetzen, sorgt in der Regel dafür, dass sich diejenigen Studierenden für eine Teilnahme entscheiden, die sich maßgeblich inhaltlich für die Lehrveranstaltung interessieren. Das setzt natürlich einen breiten Wahlpflichtbereich wie an der Universität Bielefeld voraus, wo ich seit Langem lehre.

Mein Eindruck, der sich mit Evaluationsergebnissen am Semesterende deckt, ist, dass das Schreiben von Memos die kontinuierliche Mitarbeit der Studierenden im Seminar fördert und das Maß ihrer mündlichen Beteiligung insgesamt anhebt. In meinen Seminarplänen nutze ich dafür im Grunde immer dieselbe Erläuterung dieser Prüfungsform: „Um sich Ihre Studienleistung bescheinigen lassen zu können, erwarte ich von Ihnen, dass Sie zu fünf der im Seminarplan angegebenen Texte Memos verfassen und zur Sitzung mitbringen. Diese kurzen Texte laden Sie zusätzlich als PDF im Online-Veranstaltungsmanagement hoch. Bitte legen Sie das Dokument im Ordner zu der betreffenden Sitzung ab. Memos, die Sie erst nach Beginn der Sitzung einstellen, in der der memorierte Text besprochen wird, werden nicht mehr gezählt." Daran schließe ich eine kurze Beschreibung der Prüfungsform an: „Die Memos fungieren in den betreffenden Sitzungen als Arbeits- und Diskussionsgrundlage für Sie. Sie ähneln den Kurzzusammenfassungen bzw. Abstracts, die vielen Aufsätzen in Fachzeitschriften vorangestellt sind. Sie bieten einen knappen Überblick darüber, um was es in dem Text geht. Ihre Memos sollen daher die zentrale Aussage des Textes in eigenen Worten wiedergeben und dabei 100 Wörter nicht überschreiten. Erläutern Sie dabei kurz, wie die Autorin oder der Autor des von Ihnen memorierten Textes zu dieser Aussage kommt, d. h. ob und wie sie eigentlich begründet wird."

Grenzen und mögliche Stolpersteine

Die Anforderung, dass die Studierenden Memos schreiben, ist tendenziell mit drei Problemen behaftet. (1) Wenn sie noch nicht mit dieser Prüfungsform vertraut sind, neigen sie zu einer Nacherzählung des Textes, geben also nicht in ihren eigenen Worten seine zentrale Aussage wieder. Hier ist es erforderlich, mithilfe gezielten Feedbacks Verbesserungsmöglichkeiten aufzuzeigen. (2) Studierende melden regelmäßig zurück, dass sie sich infolge des Schreibens von Memos zu selektiv mit Texten beschäftigen, ihn gar nicht mehr richtig lesen, sondern ihn auf eine mögliche Kernaussage hin scannen. Sie stoppen dann zu früh ab, um die Argumentation des Textes angemessen nachzuvollziehen und eine eigene Position dazu zu entwickeln. (3) Wenn Lehrende zwar Memos erwarten, sie aber nicht didaktisch in ihre Lehr- und Lerngespräche mit den Studierenden einbinden, gewinnen Studierende den Eindruck, eigene Texte nur für die Schublade zu produzieren. Wissenschaftliches Schreiben wird dadurch letztlich entwertet.

⊃ Tipp

Bauen Sie die Memos der Studierenden an passenden Stellen in Ihre Lehrveranstaltung ein. Die Diskussionsimpulse, die sie ermöglichen, sind nicht hoch genug einzuschätzen!

28 Multiple-Choice-Prüfungen (Antwort-Wahl-Verfahren)

Dorothea Ellinger

Kurzbeschreibung	Multiple-Choice-(MC)-Prüfungen werden auch als Prüfungen nach dem Antwort-Wahl-Verfahren bezeichnet. Zu jeder Frage soll aus einer Auswahl an vorgegebenen Antworten die richtige ausgesucht werden. Sie werden häufig in Studiengängen mit mehr als 100 Studierenden eingesetzt, denn sie sind schnell zu korrigieren. Die Erstellung von geeigneten Fragen aber braucht Zeit und Erfahrung.
Form	schriftlich
Kompetenzen	Fachkompetenz Methodenkompetenz
Gruppengröße	große Gruppe > 50 Studierende
Dauer der Durchführung	1 -1,5 Stunden, meist durch Prüfungsordnung vorgegeben
Studentischer Workload	30–60 Arbeitsstunden. Näheres regeln die Prüfungsordnungen bzw. Modulhandbücher.
Semesterbegleitend durchführbar?	ja
Durchführungsort	Hörsaal mit ausreichend Schreibfläche oder Seminarräume. Als E-Prüfung auch ortsunabhängig am Rechner.

Beschreibung der Prüfungsform

In einer Multiple-Choice-(MC)-Prüfung können Fragen oder Aufgaben in zwei Grundtypen klassifiziert werden: offen und geschlossen. Geschlossene Aufgaben geben verschiedene Antwortalternativen vor, die von den Studierenden ausgewählt oder in eine korrekte Reihenfolge gebracht werden müssen. Sie erbringen auf diese Weise eine Wiedererkennens- und Selektionsleistung. Offene Aufgaben verlangen von den Studierenden hingegen eine Reproduktionsleistung, bei der sie sich nicht an vorgegebenen Antwortalternativen orientieren können. Eine klassische MC-Klausur enthält überwiegend geschlossene Fragen. Für diese Art von Fragen hat das amerikanische National Board of Medical Examiners in den späten 1990er Jahren eine Auswahl von zehn Typen vorgeschlagen (vgl. Case & Swanson 2003), die sich sowohl in Deutschland als auch weit über die Grenzen der Medizinerausbildung verbreitet haben. Jeder dieser Fragetypen hat eine unterschiedliche Eignung, um zu Validität und Reliabilität einer Prüfung beizutragen (siehe Tabelle).

28 Multiple-Choice-Prüfungen (Antwort-Wahl-Verfahren) | 137

Tab. 1: Erläuterung der gebräuchlichsten Fragentypen in MC-Prüfungen und ihre Eignung, entnommen aus Gruber & Avallone 2012 und durch eigene Recherchen erweitert

Fragetypen		Eignung
Typ A (positiv)	Auf eine Frage oder unvollständige Aussage folgen mehrere Wahlantworten oder Ergänzungen, aus welchen die einzig richtige oder beste auszuwählen ist.	Standardfragetyp, da vielfältig einsetzbar und hinsichtlich Validität und Reliabilität am besten messbar. Eignet sich um Informationen zu interpretieren, zu integrieren und theoretische Kenntnisse auf ein konkretes Problem anzuwenden. Sind im Informationsteil Tabellen und Abbildungen enthalten kann er auch zur Abstraktion und Extraktion verwendet werden.
Typ A (negativ)	Auf eine Frage oder unvollständige Aussage folgen mehrere Wahlantworten, aus welchen die Ausnahme oder am wenigsten zutreffende Antwort zu wählen ist.	Geeignet, wenn die Kenntnis von Ausnahme entscheidend ist. Negation muss deutlich hervorgehoben werden und die Antworten positiv formuliert sein.
Typ B (Zuordnung)	Auf eine bestimmte Anzahl von Wahlantworten folgen mehrere Aufgaben, zu denen jeweils die passenden Lösungen aus den Wahlantworten gegeben werden müssen.	Zur Abfrage umfangreicher Themengebiete geeignet. Wird meist verwendet, um Definitionen abzufragen, zielt dann aber nur auf das Erinnern.
Kprim oder auch PickN (Mehrfachauswahl)	Auf eine Frage oder unvollständige Aussage folgen mehrere Wahlantworten oder Ergänzungen, aus welchen alle richtigen oder besten auszuwählen sind, wobei nicht angegeben wird, wie viele Lösungen richtig sind.	Für Probleme geeignet, bei denen es mehrere wichtige Optionen gibt, die sich deutlich von den anderen abheben. Sollte nicht missbraucht werden, um heterogene Aussagen zu einem breiten Thema abzuprüfen.

Damit die MC-Prüfung eine zuverlässige, objektive und gegenüber den Lehrzielen auch valide Prüfungsform ist, sind Kenntnisse um das Erstellen, Sorgfalt, ausreichend Zeit – ca. 1 Stunde für die Erstellung einer Frage – und eine institutionelle Qualitätssicherung notwendig. Obwohl das Korrigieren und Bewerten sehr schnell geht, zum Teil auch durch PC-gestützte Verfahren (sog. Scannerklausuren) durchgeführt werden kann, ergibt sich eine Zeitersparnis nur bei der Anwendung in großen Studierendengruppen (>100 Studierende). Ausführlich mit der Notwendigkeit und den Möglichkeiten zur Qualitätssicherung mit Blick auf die testtheoretischen Anforderungen beschäftigt sich der Beitrag von Brauns & Schubert (2008).

Anwendungsmöglichkeiten

Als summative Modulabschlussprüfung sind MC-Fragen prinzipiell in allen Disziplinen und Fächern einsetzbar. Sie finden ihre häufigste Verwendung aber in stark kanonisierten Disziplinen, wie den Ingenieurwissenschaften, Medizin,

Pharmazie oder Jura. Hier ist der Einsatz durch Aufbau und Pflege einer Fragendatenbank, in Teilen auch universitätsübergreifend, besonders ökonomisch.

In vielen Medizinstudiengängen werden MC-Fragen in Form des „Progress Test Medizin" auch zur formativen Leistungserfassung eingesetzt. Die Ergebnisse dienen dann der individuellen Rückmeldung und werden nicht benotet. In diesem Sinne können MC-Fragen fächerunabhängig sehr gut in E-Learning-Szenarien und Selbststudienphasen eingebunden werden. Eine Übersicht für die Erstellung computerunterstützter Übungen und Tests finden sich u. a. auf e-teaching.org (2017).

Anwendungsbeispiel aus der Hochschulpraxis

Mit der Aufgabe aus dem Bereich Molekularbiologie möchte ich ein Beispiel geben, wie mit MC-Fragen neben Fakten- auch Methodenwissen abgefragt und auf der Taxonomiestufe „Wissen anwenden" geprüft werden kann.

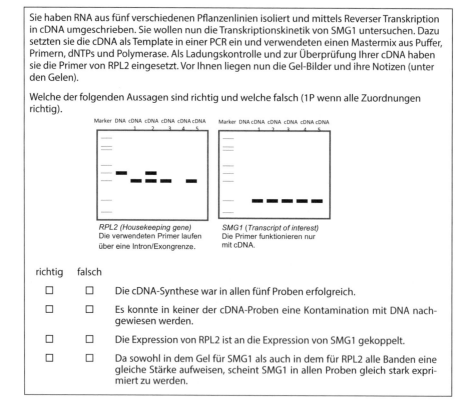

Sie haben RNA aus fünf verschiedenen Pflanzenlinien isoliert und mittels Reverser Transkription in cDNA umgeschrieben. Sie wollen nun die Transkriptionskinetik von SMG1 untersuchen. Dazu setzten sie die cDNA als Template in einer PCR ein und verwendeten einen Mastermix aus Puffer, Primern, dNTPs und Polymerase. Als Ladungskontrolle und zur Überprüfung Ihrer cDNA haben sie die Primer von RPL2 eingesetzt. Vor Ihnen liegen nun die Gel-Bilder und ihre Notizen (unter den Gelen).

Welche der folgenden Aussagen sind richtig und welche falsch (1P wenn alle Zuordnungen richtig).

RPL2 (Housekeeping gene)
Die verwendeten Primer laufen über eine Intron/Exongrenze.

SMG1 (Transcript of interest)
Die Primer funktionieren nur mit cDNA.

richtig	falsch	
☐	☐	Die cDNA-Synthese war in allen fünf Proben erfolgreich.
☐	☐	Es konnte in keiner der cDNA-Proben eine Kontamination mit DNA nachgewiesen werden.
☐	☐	Die Expression von RPL2 ist an die Expression von SMG1 gekoppelt.
☐	☐	Da sowohl in dem Gel für SMG1 als auch in dem für RPL2 alle Banden eine gleiche Stärke aufweisen, scheint SMG1 in allen Proben gleich stark exprimiert zu werden.

Grenzen und mögliche Stolpersteine

Die bestkonstruierte MC-Prüfung ist wertlos, wenn die universitäre Prüfungsordnung sie nicht als Prüfungsform zulässt. In verschiedenen Urteilen (u. a. OVG Sachsen in seinem Beschluss vom 10.10.2002 – 4 BS 328/02) wurde festgestellt, dass weder die Begriffe „Klausuren" noch „schriftliche Prüfungen" das MC-Prüfverfahren beinhalten sondern, MC-Prüfungen nur dann eingesetzt werden dürfen, wenn sie wortwörtlich in der Prüfungsordnung oder alternativ in den Bachelor- oder Masterordnungen vorgesehen sind. Auch der Einsatz von computergestützten Systemen zur Durchführung muss in den Ordnungen vorgesehen und detailliert geregelt werden. Des Weiteren sollte die Ordnung eine erforderliche relative Bestehensgrenze definieren, um dem Gleichbehandlungsgrundsatz zu genügen (OVG Nordrhein-Westfalen in einer Entscheidung vom 04.10.2006 – 14 B 1035/06). Anstelle einer erforderlichen relativen Bestehensgrenze kann auch ein verbindlicher Noten-Punkte-Schlüssel, welcher die Ratewahrscheinlichkeit berücksichtigt, angegeben werden. Es wird empfohlen die Ratewahrscheinlichkeit auf unter 3 % zu reduzieren. Dies ist gewährleistet, wenn die Anzahl der angebotenen Antworten mindestens drei und die Anzahl der Aufgaben mindestens 35 beträgt (vgl. Gruber & Avallone 2012, S. 25).

⊃ Tipp

Hervorragende Anleitungen, wie genau welcher Fragetyp zu formulieren ist und umfangreiche Best-Practice-Beispiele finden sich zusätzlich zur angegebenen Literatur unter: http://bit.ly/2idOhkk und der dort zusammengestellten umfangreichen Literaturliste.

Literatur

Brauns, K. & Schubert, S. (2008). Qualitätssicherung von Multiple-Choice-Prüfungen. In S. Dany, B. Szczyrba & J. Wildt (Hrsg.), *Prüfungen auf die Agenda! Hochschuldidaktische Perspektiven auf Reformen im Hochschulwesen* (Blickpunkt Hochschuldidaktik, S. 92–102). Bielefeld: Bertelsmann.

Case, S. B & Swanson, D. B. (2003). *Constructing written test questions for the basic and clinical sciences* (3. Aufl.). National Board of Medical Examiners. Verfügbar unter: http://bit.ly/2idOhkk [02.10.2017].

e-teaching.org (2017). *e-teaching.* Verfügbar unter: http://bit.ly/2yrDUPY [02.10.2017].

Gruber, S. & Avallone, M. (2012). *Empfehlung zum Einsatz von Multiple-Choice-Prüfungen.* Hochschulreferat Studium und Lehre der TU München. Verfügbar unter: http://bit.ly/2yP8wee [02.10.2017].

29 Mündliche Einzelprüfung
Angela Sommer

Kurzbeschreibung	Die mündliche Prüfung wird auch als Prüfungsgespräch bezeichnet. Es handelt sich um eine Befragung zu den Lernzielen und -inhalten eines Studiums, eines Moduls oder einer einzelnen Lehrveranstaltung. Über die genaue Aufgabenstellung, den zeitlichen Rahmen und die Bewertungsregularien gibt die jeweilige Prüfungsordnung Auskunft.
Form	mündlich
Kompetenzen	Fachkompetenz Methodenkompetenz Sozialkompetenz
Gruppengröße	Einzelperson 1 Student/-in
Dauer der Durchführung	je nach Vorgaben aus der jeweiligen Prüfungsordnung – in der Regel 30–45 Minuten
Studentischer Workload	1–2 Leistungspunkte. Näheres regeln die Prüfungsordnungen bzw. Modulhandbücher.
Semesterbegleitend durchführbar?	nein
Durchführungsort	Einzelbüro oder neutraler und ruhiger Seminarraum mit Vorbereitungsraum bzw. Wartemöglichkeit

Beschreibung der Prüfungsform

Bei der Gestaltung von mündlichen Prüfungen gilt es drei wesentliche Rahmenbedingungen zu berücksichtigen: die rechtlichen, die räumlich-zeitlichen sowie die didaktischen. Sucht man in Prüfungsordnungen (z. B. Universität Hamburg 2013, S. 11f.) nach Definitionen, so finden sich folgende Aussagen:

- Es handelt sich um ein Prüfungsgespräch, in dem die Studierenden darlegen sollen, dass sie den Prüfungsstoff beherrschen.
- Die Studierenden können selbst Prüfungsgegenstände vorschlagen.
- Über die minimale und maximale Zeitdauer gibt die jeweilige Prüfungsordnung Auskunft, ebenso über die Rolle des Beisitzenden (mitprüfend oder lediglich Protokollführung).
- Weiterhin ist zwischen Prüfungen durch einen oder mehrere Prüfenden zu unterscheiden.
- Je nach Prüfungsordnung kann die mündliche Prüfung als Einzel- oder Gruppenprüfung durchgeführt werden (siehe dazu das folgende Kapitel zur mündlichen Gruppenprüfung).

In der hochschulischen Prüfungspraxis hat es sich bewährt, mündliche Prüfungen in einem neutralen Raum stattfinden zu lassen, der über alle erforderlichen Medien verfügt und allen Beteiligten die Möglichkeit gibt, Blickkontakt zueinander aufzunehmen. Neben der minimalen und maximalen Prüfungsdauer sollten auch die Zeiten für Notenberatung, Notenverkündung und Vervollständigung der Protokolle und sonstigen Dokumente eingeplant werden. Aus didaktischer Sicht und im Sinne des Constructive Alignment gehört die Prüfungsvorbereitung in die Lehrveranstaltung. Anders ausgedrückt gilt es zu berücksichtigen, wie die Lehrveranstaltung die Studierenden auf die Prüfung vorbereitet. Daher ist es sinnvoll, die Studierenden im Vorfeld zumindest über Ablauf und Bewertungskriterien zu informieren. Darüber hinaus können beispielhafte Prüfungsfragen exemplarisch besprochen und/oder ein Prüfungsgespräch simuliert werden. Diese Prüfungssimulation kann durch die Lehrenden selbst gestaltet werden. Ebenso können die Studierenden sich Prüfungsfragen oder -aufgaben vor dem Hintergrund des Seminars ausdenken, sie können Prüfungsgespräche im Plenum oder in Gruppenarbeit simulieren und sich so neben der fachlichen Vertiefung auch auf das Prüfungssetting vorbereiten. Dies kommt vor allem Studierenden mit Prüfungsangst entgegen.

Anwendungsmöglichkeiten
Bei der konkreten Durchführung ist zwischen der Prüfungsvorbereitung, -durchführung und -nachbereitung zu unterscheiden: Zur Prüfungsvorbereitung gehört die Planung des Prüfungsablaufs. Denkbar ist eine reine Frage-Antwort-Befragung, ein studentisches Einstiegsreferat oder die Studierenden erhalten einen Impuls (Artikel, These o.Ä.), den sie nach kurzer Vorbereitungszeit vorstellen und diskutieren. Bewertungsraster oder Beurteilungsmaßstäbe erleichtern die Notenfindung sowie die Gleichbehandlung aller Geprüften und verhindern damit, dass „Auftreten", Nervosität, Performance o.Ä. die inhaltliche Qualität der studentischen Beiträge überlagern. Die Prüfungsdurchführung beinhaltet den eigentlichen Prüfungszeitraum inklusive Notenfindung und Verkündung sowie ggf. Rückmeldung zur Prüfung (vgl. ETH Zürich 2006, S. 24).

Zum Prüfungsablauf: Nach Durchsicht zahlreicher Prüfungsordnungen lassen sich drei unterschiedliche Herangehensweisen unterscheiden, die auch kombinierbar sind (vgl. Stary 2001, S. 6):
- Prüfungen mit reinem Befragungscharakter (Frage-Antwort),
- Prüfungen, in denen die Studierenden vorbereitete Präsentationen durchführen sowie
- Prüfungen, in denen die Studierenden erst in der Prüfungssituation oder unmittelbar davor die Aufgabenstellung erhalten.

Zur Prüfungsnachbereitung zählt die Reflexion der Gestaltung, der Fragestellungen und Ergebnisse, häufig im Austausch mit den Beisitzenden unter Hinzunahme des Protokolls. Da manche Studierende unmittelbar nach einer Prüfung nicht aufnahmefähig für Feedback bzw. Rückmeldung sind, hat es sich in der Praxis bewährt, ihnen ein fakultatives Rückmeldegespräch anzubieten. Dieses kann bspw. bis zu vier Wochen nach dem Prüfungstermin erfolgen, wobei das Prüfungsprotokoll als Gedächtnisstütze herangezogen werden kann.

Anwendungsbeispiel aus der Hochschulpraxis

In meiner Prüfungspraxis bevorzuge ich eine Prüfungsgestaltung, in der die Studierenden zunächst eine vorbereitete Präsentation durchführen, danach zu dieser befragt werden und im dritten Teil der Prüfung Fragen zu den Modulzielen sowie der Pflichtliteratur im Modul beantworten (siehe Schaubild). Als Aufgabenstellung für die Präsentation sind sie aufgefordert, eine themenbezogene relevante Fragestellung zu finden, im Kontext zu beschreiben und vor dem Hintergrund ausgewählter Theorien und Modelle zu reflektieren. Die Modelle und Theorien werden als bekannt vorausgesetzt, d.h. sie sollen unmittelbar angewendet werden, ihre Darstellung soll nicht Gegenstand der Präsentation sein. Unter einer Präsentation wird ein Vortrag mit medialer Unterstützung, der in einer elektronischen Präsentation, einem aussagekräftigen Flipchart oder einer Pinwandgestaltung bestehen kann, verstanden. Es folgt eine vertiefte Befragung zu den Modellanwendungen und den gewonnenen Erkenntnissen sowie deren Begründung aus den Inhalten und angewendeten Modellen. Im dritten Teil der Prüfung werden einfache, mittlere und schwere Fragen gestellt, durch deren Beantwortung die Studierenden die Note aus Präsentation und Befragung lediglich verbessern können. Die Studierenden werden in gesonderten Prüfungsvorbesprechungen über die Anforderungen, die didaktische Gestaltung und die zugrunde liegenden Bewertungskriterien sowohl mündlich als auch schriftlich (Handout) informiert.

Beispielhafter Ablauf einer mündlichen Prüfung

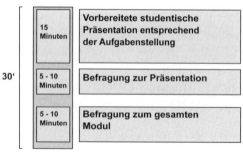

Grenzen und mögliche Stolpersteine

Mündliche Prüfungen sind in vielerlei Hinsicht einzigartig. Dabei kann die Tagesform (bei Prüfenden wie Geprüften) ebenso eine Rolle spielen wie die Sprachkompetenz oder Sympathie bzw. gegenseitige Vorbehalte. Manche Studierende neigen unter Prüfungsdruck dazu, sich besonders „selbstbewusst" oder „scheu" zu verhalten. So wissen die Studierenden oft mehr, als sie in der knappen Prüfungszeit abrufen oder darlegen können. Als Prüfende kann man dem entgegenwirken, indem man sich um Gleichbehandlung aller Prüflinge bemüht (gleiche oder ähnliche Fragen an alle) und die Notenfindung anhand von im Vorfeld definierten Bewertungskriterien vornimmt. So lässt sich auch vermeiden, dass die Bewertung durch Anderes als die studentische Leistung beeinflusst wird.

⊃ Tipp

Legen Sie sich einen Fragenfundus an! Differenzieren Sie die Fragen oder Aufgabenstellung in einfache, mittelschwere und schwere Fragen und verbinden Sie diese mit Notenstufen. Bewerten Sie die studentische Präsentation, die Befragung zur Präsentation und zur gesamten Lehrveranstaltung bzw. zu den Modulzielen getrennt und bilden Sie eine gewichtete Gesamtnote.

Literatur

ETH Zürich (2006). *Leistungsnachweise in modularisierten Studiengängen.* Verfügbar unter: http://bit.ly/2cTLyUz [02.10.2017].

Meister, N. (2015). *Die mündliche Prüfung meistern.* Stuttgart: UTB.

Stary, J. (2001). „Doch nicht durch Worte allein ...". Die mündliche Prüfung. In B. Berendt, J. Wildt & B. Szczyrba (Hrsg.), *Neues Handbuch Hochschullehre* (Artikel H2.1). Berlin: Raabe.

Universität Hamburg (2013). *Neufassung der Prüfungsordnung für die Abschlüsse „Bachelor of Arts" und „Bachelor of Science" der Lehramtsstudiengänge der Universität Hamburg vom 30. Oktober 2013, 12. August 2013, 4. September 2013, 9. Oktober 2013.* Verfügbar unter: http://bit.ly/2dKtYmX [02.10.2017].

30 Mündliche Gruppenprüfung im interdisziplinären Problembasierten Lernen (iPBL)

Mirjam Braßler

Kurzbeschreibung	In der mündlichen Gruppenprüfung im iPBL lösen Studierende einen interdisziplinären, komplexen Problemfall mithilfe von folgenden Analyseschritten: Problemdefinition, Brainstorming, Ideen ordnen, reflektieren und ein integratives Team-Statement formulieren.
Form	mündlich
Kompetenzen	Fachkompetenz
	Methodenkompetenz
	Sozialkompetenz
	Selbstkompetenz
Gruppengröße	kleine Gruppe < 20 Studierende
Dauer der Durchführung	1 Stunde
Studentischer Workload	1 CP = 30 Stunden
Semesterbegleitend durchführbar?	nein
Durchführungsort	Seminarraum mit Pinnwand, Moderationskoffer, Bestuhlung in Anzahl der teilnehmenden Studierenden, entsprechende Anzahl an Tischen

Beschreibung der Prüfungsform

Die Prüfungsform „Mündliche Gruppenprüfung im interdisziplinären Problembasierten Lernen (iPBL)" ist für eine Gruppengröße von 8 bis 10 Personen konzipiert (Braßler 2016). Die Prüfung gliedert sich in zwei Prüfungsphasen: eine individuelle Vorbereitungszeit und eine Diskussion in der Gruppe. Zunächst erhalten alle Studierenden der Gruppe eine auf einer DIN-A4-Seite ausformulierte komplexe Problemstellung. Ein komplexes, interdisziplinäres Problem zeichnet sich dadurch aus, dass das Thema eine Schnittstelle zwischen den beteiligten Disziplinen darstellt und eine hohe Anzahl an Variablen einschließt, die stark vernetzt, intransparent, widersprüchlich und dynamisch sind (Funke 2003). In der individuellen Vorbereitungszeit haben die Studierenden 15 Minuten Zeit, sich die Problemstellung durchzulesen und bei Bedarf Notizen auf bereitgestelltes Papier zu machen. Danach beginnt die eigentliche mündliche Prüfung in der Gruppe. In einem ersten Schritt definieren die Studierenden gemeinsam ihr interdisziplinäres Problem zwischen den beteiligten Disziplinen, um im Anschluss in einem multidisziplinären Brainstorming verschiedene Lösungsansätze aus den verschiedenen Disziplinen zu diskutieren. Dabei bringen sie Literatur aus der eigenen und der Fremddisziplin an, die sie in der Lehrveranstaltung gelesen haben. Sie haben die Möglichkeit, auf einer Pinnwand ihre Ideen schriftlich zu fixieren. In einem nächsten Schritt ordnen, verbinden und reflektieren sie ihre Ideen, indem sie Gemeinsamkeiten und Unterschiede zwischen den Disziplinen identifizieren. Zum Abschluss formulieren sie ein integratives Team-Statement, das ihre Lösung für die Problemstellung auf den Punkt bringt.

Die Studierenden werden im Vorfeld über Ablauf und Bewertungskriterien informiert. Im iPBL werden über ein Semester 5 bis 6 komplexe Problemstellungen behandelt. In der mündlichen Gruppenprüfung erwartet die Studierenden eines der bekannten Themen in Form eines neu formulierten interdisziplinären Problemfalls.

Anwendungsmöglichkeiten

Die mündliche Gruppenprüfung eignet sich besonders für den Abschluss einer Lehrveranstaltung im Lehr-Lern-Format iPBL. Der problembasierte Ansatz eignet sich für diverse Studienfächer in den Natur-, Sozial- und Geisteswissenschaften (Strobel & van Barneveld 2009). Der Ablauf der Prüfung ist den Studierenden bekannt, da es den acht Schritten im iPBL ähnelt (Braßler 2016; Braßler & Dettmers 2016). Dort erhalten die Studierenden ein komplexes Problem, das sie mithilfe von acht Analyseschritten bearbeiten: 1) Begriffe und Konzepte zwischen den Disziplinen klären, 2) interdisziplinäres Problem definieren, 3) multidisziplinäres Brainstorming unterschiedlicher Perspektiven der Disziplinen, 4) interdisziplinäres Strukturieren der Ideen, 5) interdisziplinäre Lernziele formulieren, 6) Fachliteratur aus allen beteiligten Disziplinen lesen, 7) multidisziplinäre Diskussion der gelesenen Inhalte und 8) interdisziplinäres Team-Statement mit Lösungsansätzen und praktischen Implikationen schriftlich fixieren. Ganz im Sinne des Prinzips des Constructive Alignments (Biggs 2003) steht die mündliche Gruppenprüfung im Einklang mit den Lehr-Lern-Methoden iPBL. Die Kernelemente der Methodik (Ablauf, interdisziplinäre Teamarbeit, Problemlösungsorientierung) decken sich mit der Lehrveranstaltung und ermöglichen den Prüfenden die intendierten Lernziele zu prüfen, sofern sich diese neben fachlichen auch auf die fachübergreifenden Lern- bzw. Kompetenzziele beziehen (vgl. Schaper 2012). Die mündliche Gruppenprüfung stellt ein anwendungsbezogenes Prüfungssetting dar (Schaper, Hilkenmeier & Bender 2013), da sie über ein reines Abfragen von gelerntem Wissen hinausgeht und Studierenden ermöglicht, erworbene Kompetenzen zu zeigen (siehe Abschnitt ‚Grenzen und mögliche Stolpersteine').

Die mündliche Gruppenprüfung lässt sich im E-Assessment mithilfe eines Online-Diskussionsforums wie z. B. mit dem Web Conference Tool in Adobe Connect umsetzen. Dabei empfiehlt es sich, auf die individuelle Einarbeitungszeit zu verzichten, da diese zur Täuschung einlädt. Eine Ad-hoc-Durchführung der Gruppendiskussion beugt dem vor und ermöglicht eine analoge Durchführung der Prüfungsform.

Anwendungsbeispiel aus der Hochschulpraxis

In meiner Lehrpraxis der Durchführung des iPBL zwischen Studierenden der Psychologie und der Wirtschaftswissenschaften beschäftigten sich die iPBL-Teams über ein Semester mit fünf Problemkomplexen der sozialen Nachhaltigkeit: ‚Verhandlungskonflikte'; ‚Leben und Arbeiten in einer sozialen Marktwirtschaft?!'; ‚Korruption'; ‚Gesundheit in einer modernen Arbeitswelt'; ‚Gesellschaft im Wandel'. Für die Prüfung wähle ich einen Themenkomplex aus und erstelle dazu einen neuen komplexen Fall. Dazu betrachte ich die Ergebnisse der Studierenden aus dem Semester und lese nach, wie die Studierenden ihr eigenes Problem definiert, welche Lernziele sie sich selbst gestellt und welche Literatur sie zu dem Problem gelesen haben. Auf Basis dieser Informationen konzipiere ich die Prüfung. Haben die Studierenden sich im Problem ‚Gesundheit in einer modernen Arbeitswelt' beispielsweise mit den Themenfeldern Burn-out, Depression, Versicherungsmanagement, Gesundheitsökonomik, Gesundheitspolitik und Prävention beschäftigt, konzipiere ich einen Fall indem ich fiktive Gedanken des Bundesgesundheitsministers zum aktuellen Fehlzeiten-Report aufschreibe. Dabei versuche ich viele Anknüpfungspunkte zu den Themen der Studierenden einzubauen.

Ich führe dann die mündliche Gruppenprüfung durch, wie es oben in der Beschreibung steht. Nach der Durchführung der Prüfung bitte ich die Studierenden, vorübergehend den Raum zu verlassen, und lese das Prüfungsprotokoll. Auf Basis der von mir vorab formulierten und an die Studierenden kommunizierten Kriterien finde ich die Note.

Grenzen und mögliche Stolpersteine

Analog zur Formulierung der Probleme für die Lehrveranstaltung sollte die Problemstellung für die mündliche Gruppenprüfung möglichst komplex, alltagsnah (Azer, Peterson, Guerrero & Edgren 2012) und anschlussfähig zu der gelesenen Literatur sein. Im iPBL ist darauf zu achten, dass alle beteiligten Disziplinen sich von dem Problem angesprochen und fachlich gefordert fühlen. Gerade in der

Prüfung von interdisziplinärer Arbeit sollten die Kriterien neben einer fachlichen Fundierung (Quantität und Qualität der genannten Fachliteratur) auch die fachübergreifende Integration der Lösungsansätze und die Reflektion über die jeweiligen Grenzen dieser Lösungsansätze (Interdisziplinäres integratives Team-Statement) beinhalten (Boix Mansilla & Duraisingh 2007).

Die mündliche Gruppenprüfung ermöglicht kompetenzorientiertes Prüfen, da sowohl die Fach- (Anwendung von fachlich fundiertem Wissen), Methoden- (Lösen komplexer Aufgaben), Sozial- (Kommunikation und Kooperation im interdisziplinären Team) und Personal- bzw. Selbstkompetenz (Reflexion der Ergebnisse) angesprochen werden (vgl. Schaper 2011).

Neben allgemeinen möglichen Verzerrungen durch die subjektive Wahrnehmung des/der Prüfenden in mündlichen Prüfungen gibt es bei interdisziplinärer Durchführung zusätzliche Stolpersteine. Auf persönlicher Ebene könnte der/die Prüfende in der Bewertung durch die eigene Disziplinzugehörigkeit implizit Studierende bevorzugen. Ein operativer Stolperstein liegt in den unterschiedlichen Strukturen der Disziplinen. Sowohl der Habitus der Vergabe der Noten, die curriculare Verankerung der Veranstaltung und die Anrechenbarkeit der Prüfungsleistung können unterschiedlich sein und münden in möglichen Anreizverzerrungen auf Seiten der Studierenden. Dies gilt es vorab zu bedenken (Braßler 2017).

⊃ Tipp
Macht's interdisziplinär – dann lernen nicht nur die Studierenden etwas!

Literatur
Azer, A. A., Peterson, R., Guerrero, A. P. S. & Edgren, G. (2012). Twelve tips for constructing problem-based learning cases. *Medical Teacher, 34*, 361–367.

Biggs, J. (2003). *Teaching for quality learning at university: What the student does.* Buckingham, UK: Society for Research in Higher Education/Open University Press.

Boix Mansilla, V. & Duraisingh, E. D. (2007). Targeted Assessment of Students' Interdisciplinary Work: An Empirically Grounded Framework Proposed. *The Journal of Higher Education, 78* (2), 215–237.

Braßler, M. (2016). Interdisciplinary problem-based learning – A student-centered pedagogy to teach social sustainable development in higher education. In W. Leal & P. Pace (Hrsg.), *Teaching Education for Sustainable Development at University Level* (S. 245–257). Hamburg: Springer.

Braßler, M. (2017). Sieben Empfehlungen für ein interdisziplinäres Team Teaching. In M. Braßler, A. Holdschlag & I. van den Berk (Hrsg.), *Nachhaltige Zukunftsperspektiven. Erstellung von Open Educational Resources (OER) in der Hochschullehre* (S. 197–206). Frankfurt am Main: pedocs.

Braßler, M. & Dettmers, J. (2016). Interdisziplinäres Problembasiertes Lernen – Kompetenzen fördern, Zukunft gestalten. *Zeitschrift für Hochschulentwicklung, 11* (3), 17–37.

Funke, J. (2003). *Problemlösendes Denken*. Stuttgart: Kohlhammer.

Schaper, N. (2011). Aus- und Weiterbildung: Konzepte der Trainingsforschung. In F. Nerdinger, G. Blickle & N. Schaper (Hrsg.), *Arbeits- und Organisationspsychologie* (S. 425–450). Heidelberg: Springer.

Schaper, N. (2012). *Fachgutachten zur Kompetenzorientierung in Studium und Lehre*. Bonn: HRK.

Schaper, N., Hilkenmeier, F. & Bender, E. (2013). *Umsetzungshilfen für kompetenzorientiertes Prüfen*. Bonn: HRK.

Strobel, J. & van Barneveld, A. (2009). When is PBL More Effective? A Meta-synthesis of Meta-analyses Comparing PBL to Conventional Classrooms. *Interdisciplinary Journal of Problem-based Learning, 3* (1), 44–58.

31 Mündliche Gruppenprüfung in problemorientierten Lernformaten

Katrin Billerbeck & Marisa Hammer

Kurzbeschreibung	Mündliche Gruppenprüfungen eignen sich für Veranstaltungen oder Module, in denen in Gruppen komplexe Probleme bearbeitet werden. Sie prüfen die Lernziele der Veranstaltung in Form eines Prüfungsgespräches. Der Einstieg in die Prüfung kann über eine gemeinsam erarbeitete Präsentation oder die Vorstellung eines gemeinsamen Produktes erfolgen, das ebenfalls Bestandteil der Prüfungsleistung sein kann.
Form	mündlich
Kompetenzen	Fachkompetenz
	Methodenkompetenz
	Sozialkompetenz
	Selbstkompetenz
Gruppengröße	kleine Gruppe < 20 Studierende
Dauer der Durchführung	je nach Vorgaben aus der jeweiligen Prüfungsordnung – in der Regel 60–120 Minuten, abhängig von der Gruppengröße.
Studentischer Workload	je nach Menge der Prüfungsleistungen (z. B. zusätzlicher Projektbericht) ca. 30–60 Arbeitsstunden.
Semesterbegleitend durchführbar?	nein
Durchführungsort	Seminarraum oder größeres Einzelbüro mit Vorbereitungsraum bzw. Wartemöglichkeit

Beschreibung der Prüfungsform

In einer mündlichen Gruppenprüfung können Studierende zuvor gemeinsam erarbeitete Themen in Form einer Poster- oder Folienpräsentation vortragen und werden anschließend zu diesen und ggf. weiteren Themen befragt. Diese Prüfungsvariante eignet sich gut für projekt- oder problembasierte Lernszenarien, in denen eine fachliche Vertiefung, das eigenständige wissenschaftliche Arbeiten und die Teamkompetenz im Vordergrund stehen. Die gemeinsame Präsentation kann als Gruppen- und die zusätzliche mündliche Befragung als Einzelleistung gewertet und anschließend in einer Note gemäß der jeweiligen Gewichtung zusammengerechnet werden.

Mögliche weitere Bestandteile der Prüfung sind:
- Ziehen von Prüfungsfragen aus einem Zettelkasten,

- Demonstration (Zeichnen eines Bauteils/Notieren eines Lösungsweges etc. durch Prüfungskandidat/-in),
- Fragen, Denkanstöße oder auch Problemlöseaufgaben durch Prüfer/-in mit der Aufforderung zur Beantwortung, Kommentierung oder auch Diskussion in der Gruppe (vgl. Stary 2001, S. 14 f.).

Ob Gruppenleistungen rechtlich möglich sind, wie viele Personen eine Gruppe umfassen darf und wie viel Zeit ggf. für mündliche Prüfungen vorgesehen ist, muss der jeweiligen Prüfungsordnung entnommen werden.

Wichtig ist, dass alle Prüflinge die gleiche Chance haben, das Gelernte in der Prüfung anzubringen. Dafür sollte vorab entschieden werden, ob Prüflinge einzeln im vorgesehenen zeitlichen Umfang befragt werden oder ob sich jede und jeder zur Beantwortung einer Frage melden kann. Die zweite Variante erhöht i. d. R. das Sicherheitsgefühl der Prüflinge, macht es für die Prüfenden aber schwerer, alle gleich zu befragen und ggf. noch Kenntnisse „herauszukitzeln". Dafür ermöglicht sie ggf. ein lebhafteres Prüfungsgespräch als eine Einzelbefragung, in der sich die Kommiliton/inn/en gegenseitig unterstützen können (vgl. Roloff 2002).

Die Anforderungen an die Gestaltung der Präsentation, mögliche Inhalte sowie Art und Weise der Befragung sollten den Studierenden zuvor zum Beispiel in Form eines Anforderungskataloges oder Bewertungsrasters transparent gemacht werden. Ein Bewertungsraster mit Kriterien (bei einem Poster z. B. Strukturierung und Übersichtlichkeit des Posters, fachgerechte Auswahl und Darstellung von Quellen, Korrektheit und Verständlichkeit der gezeigten Inhalte, Verwendung der richtigen Fachbegriffe sowie ggf. eine sinnvolle Verknüpfung von Einzelthemen) hilft zudem, die Lernziele der Veranstaltung bei der Bewertung zu berücksichtigen und die Objektivität der Prüfung zu erhöhen. Mithilfe eines Prüfungsprotokolls können Prüflinge, Fragen, Antworten und ggf. jeweils notwendige Hilfestellungen dokumentiert werden (vgl. Walzik 2012, S. 56).

Anwendungsmöglichkeiten

Die finale Präsentation eines Projektberichts oder eines erarbeiteten Produktes kann durch die Beschreibung des Arbeitsprozesses in der Gruppe ergänzt werden. Dies bietet die Möglichkeit, im anschließenden Befragungsteil auch die Zusammenarbeit in der Gruppe zu reflektieren. Besonders zu beachten ist in diesem Fall, dass im Sinne des Constructive Alignment schon im Laufe der Projektarbeit die Reflexion der Arbeits- und Gruppenprozesse ein Teil der Aufgabenstellung war. Den Studierenden sollte dann deutlich gemacht werden, dass dies Bestandteil der Lernziele ist (vgl. Billerbeck et al. 2014, S. 38). Ein gutes

Feedback in diesem Bereich fußt beispielsweise nicht auf der Reibungslosigkeit der Gruppenarbeit, sondern auf der Fähigkeit im Reflexionsprozess adäquat Rückmeldung zur Zusammenarbeit in der Gruppe zu geben und anzunehmen und den aus der Projektarbeit gewonnenen Erkenntnissen zu den eigenen Stärken und Entwicklungspotenzialen. Zudem wird gelernt, gemeinschaftliche Arbeitsprozesse zu analysieren und zu bewerten. Damit werden prozedurale und metakognitive Fähigkeiten geschärft (vgl. Walzik 2012, S. 35f.). Neben einem schriftlichen oder mündlichen Feedback, hat sich als Anreiz die Vergabe von Bonuspunkten für diesen Teil der Leistung bewährt.

Eine Möglichkeit im Rahmen einer problembasierten Veranstaltung, die mit der klassischen Struktur des „Siebensprungs" arbeitet (vgl. Weber 2007), eine Gruppenprüfung durchzuführen, besteht in einem kompletten Durchlauf einer Problembearbeitung: Ein praktischer Fall, also die Beschreibung einer Situation, ein Zeitungsausschnitt oder Ähnliches, bildet in der ersten Sitzung den Ausgangspunkt für das Lernen in einer tutoriell begleiteten Gruppe. Nach der Klärung von Begriffen, der Einigung auf zu bearbeitende Teilthemen, der Hypothesenbildung dazu und der gemeinsamen Strukturierung des Vorwissens formulieren die Studierenden eigene Lernfragen (Schritt 1–5). Zwischen den Veranstaltungen suchen sie neue Informationen zu ihren Lernfragen (Schritt 6). Am Anfang der nächsten Sitzung wird das neue Wissen zusammengefasst (Schritt 7).

Die Prüfenden können entweder schon im ersten Teil des Problemlöseprozesses anwesend sein und die Gruppe bei der Arbeit am Problem beobachten oder auch nur im zweiten Teil bei der Diskussion der Ergebnisse der Recherchephase. Gegenstand der Prüfung ist dann auch die Beteiligung an der Diskussion und das Kommunikationsverhalten in der Situation. Der Einsatz eines Beobachtungsbogens mit geeigneten Kriterien ist hilfreich (vgl. Jordan 2012), dieser sollte den Studierenden auch zur Erhöhung der Transparenz wie ein Bewertungsraster zur Verfügung gestellt werden. Die Lehrenden können sich durch gezielte weiterführende Fragen in die Diskussion einbringen und so den Prüfungsverlauf steuern. Ergänzend kann auch im Anschluss an die Diskussion ein separater Fragenteil zum Thema der Veranstaltung angeschlossen werden.

Anwendungsbeispiel aus der Hochschulpraxis

In dem von uns als Hochschuldidaktikerinnen begleiteten Modul mit ca. 80 Studierenden, bestehend aus einer Vorlesung und einer problembasierten Veranstaltung, machen die Studierenden sich im Laufe des Semesters in Gruppen von 10 bis 14 Studierenden mit der Struktur des Problemlöseprozesses vertraut. Sie bearbeiten im Siebensprung nacheinander drei für alle Gruppen gleiche Problemfälle. Anschließend erhalten die Gruppen zur Prüfungsvorbereitung ähnlich gelagerte Probleme allerdings aus unterschiedlichen Themenfeldern. Dabei vertiefen sie einen Bereich exemplarisch anhand einer konkreten Anwendung. Sie formulieren Lernfragen, die sie in Untergruppen mit jeweils drei bis vier Studierenden untersuchen. Dazu erstellen sie ein Poster, welches in der Prüfung die Grundlage für den Präsentationsteil bildet. Um die Präsentationsfähigkeiten zu üben und Feedback zu erhalten, findet noch vor der Prüfung eine Posterkonferenz statt.

In der Prüfung stellen alle Gruppenmitglieder einen Teil des Posters vor und werden hierzu und auch zu übergeordneten Fragen befragt. Im letzten Teil der Prüfung beantworten alle Studierenden per Zufallsprinzip eine Frage aus einem vorbereiteten Fragenpool, der die Inhalte der gesamten Veranstaltung abdeckt. Da es sich dabei um Konzept- und Anwendungsfragen handelt, kann der Fragenpool den Studierenden vor der Prüfung bekannt gegeben werden, sie können ihn also zur gezielten Prüfungsvorbereitung nutzen. Das gesamte Prüfungskonzept wird den Studierenden am Anfang des Semesters vorgestellt und die Kriterien für die Bewertung der Poster und der anschließenden Befragung erläutert.

Grenzen und mögliche Stolpersteine
Die Prüfungsform bietet die Chance auch die soziale Kompetenz der Studierenden einzubeziehen. Allerdings kann dabei in der Regel nicht der Prozess beobachtet, sondern nur anhand einer Reflektion auf soziale Kompetenz geschlossen werden. Beobachtet man stattdessen einen Ausschnitt des Gruppengeschehens, macht man den Prozess zwar zu einem Teil sichtbar, verzerrt das soziale Geschehen jedoch durch die Beobachtung – zumal, wenn diese nur in der Prüfung stattfindet. Insofern bietet sich eher ein qualitatives Feedback – ggf. gekoppelt mit einem Bonus auf die Note – als eine starke Wertung in der Prüfung an.

➲ Tipp
Wenn Sie die Posterkonferenz auch für Externe öffnen, hebt dies die Motivation der Studierenden.

Schreiben Sie Ihre Fragen für die Prüfung auf Karten oder Zettel und lassen Sie diese von den Studierenden ziehen. So können Sie verhindern, dass Studierende glauben, eine Frage sei extra für sie schwerer formuliert worden.

Literatur
Billerbeck, K., Tscheulin, A. & Salden, P. (Hrsg.). (2014). *Auf dem Prüfstand. Lernen bewerten in technischen Fächern.* Hamburg.
  Verfügbar unter: http://bit.ly/2lHh2mt [02.10.2017].
Jordan, P. (2012). Bewertung und Benotung von Projektlernen. In M. Rummler (Hrsg.), *Innovative Lehrformen: Projektarbeit in der Hochschule. Projektbasier-*

tes und problemorientiertes Lehren und Lernen (S. 46–63). Weinheim und Basel: Beltz.

Roloff, S. (2002). *Mündliche Prüfungen.* Verfügbar unter: http://bit.ly/2yvdnBN [02.10.2017].

Stary, J. (2001). „Doch nicht durch Worte allein ...": Die mündliche Prüfung. In B. Berendt, J. Wildt & B. Szczyrba (Hrsg.), *Neues Handbuch Hochschullehre* (Artikel H2.1). Berlin: RAABE.

Walzik, S. (2012). *Kompetenzorientiert prüfen. Leistungsbewertung an der Hochschule in Theorie und Praxis.* Opladen, Toronto: Barbara Budrich Verlag.

Weber, A. (2007). *Problem-Based Learning. Ein Handbuch für die Ausbildung auf der Sekundarstufe II und der Tertiärstufe.* Bern: Hep Verlag.

32 Musterlösung erstellen
Paul Borsdorf

Kurzbeschreibung	Eine Kleingruppe von Studierenden erstellt mittels Statistiksoftware eine Musterlösung zu einer vorgegebenen statistischen Aufgabenstellung und stellt diese allen Teilnehmenden der Lehrveranstaltung zur Verfügung.
Form	schriftlich
Kompetenzen	Fachkompetenz
	Methodenkompetenz
	Sozialkompetenz
Gruppengröße	kleine Gruppe < 20 Studierende
	mittlere Gruppe 20–50 Studierende
Dauer der Durchführung	Präsentation der Ergebnisse: ca. 10–15 Minuten
Studentischer Workload	je nach Umfang der Aufgabenstellung ca. 5–10 Stunden
Semesterbegleitend durchführbar?	ja
Durchführungsort	Seminarraum, Computerraum

Beschreibung der Prüfungsform

Die Studierenden erstellen bei dieser Prüfungsform eine Musterlösung zu einer vorgegebenen Aufgabenstellung. Anschließend gibt es eine oder mehrere Feedbackschleifen mit dem/der Lehrenden, bis die Musterlösung allen anderen Teilnehmenden der Lehrveranstaltung zur Verfügung gestellt werden kann. Die Gruppengröße zur Erstellung der Musterlösung kann variieren: von Einzelarbeit bis zu Gruppenarbeit mit max. 5 Teilnehmenden.

Bevor die Teilnehmenden der Lehrveranstaltung eine Musterlösung erstellen, zeigt der/die Lehrende anhand eines Beispiels, wie eine Musterlösung aufgebaut sein soll und wie sie in der Lehrveranstaltung präsentiert werden soll. Bei der Erstellung der Musterlösungen ist darauf zu achten, dass diese nicht nur den korrekten Lösungsweg enthalten, sondern im Sinne des Cognitive Apprenticeship auch die kognitiven Strategien beschreiben, mit denen der Lösungsweg gefunden wurde (Collins, Brown & Newman, 1989).

Anschließend übernimmt die erste Gruppe von Teilnehmenden eine Musterlösung und erarbeitet einen Entwurf, der dem/der Lehrenden bis zu einem vorher festgelegten Zeitpunkt eingereicht wird. Der/die Lehrende gibt den Studierenden dann ein Feedback, anhand dessen sie die Musterlösung überarbeiten können. Die überarbeitete Version wird wieder dem/der Lehrenden für ein erneutes Feedback zugeschickt. Dies wird solange wiederholt bis der/die Lehrende der lehrveranstaltungsinternen Veröffentlichung der Musterlösung zustimmt. Alternativ oder ergänzend kann das Feedback auch durch andere Studierende aus der Lehrveranstaltung erfolgen (Peer Feedback).

In der darauf folgenden Sitzung können die Studierenden bei Bedarf die Musterlösung präsentieren und fungieren dann in dieser Sitzung (und evtl. auch im weiteren Verlauf des Semesters) als Experten/Expertinnen für die jeweiligen Inhalte/Konzepte. Die Erstellung von Musterlösungen bietet somit folgende Vorteile:

- Die Studierenden, die die Musterlösung erstellen, sind motiviert, da die Ergebnisse ihrer Arbeit relevant sind für ihre Kommilitoninnen und Kommilitonen in der Lehrveranstaltung. Da die Aufgabenstellungen im Lauf des Semesters aufeinander aufbauen, sind die Musterlösungen auch für die jeweils folgenden Sitzungen relevant.
- Die anderen Teilnehmenden der Lehrveranstaltung profitieren von der Musterlösung, da sie diese verwenden können, um ihren eigenen Lösungsweg zu überprüfen. Dieses Self-Assessment kann auch formalisiert werden, indem die Studierenden die Aufgabe bekommen, die Aufgabenstellungen jeweils vor der Veröffentlichung der Musterlösung zu bearbeiten, dann mit der Musterlösung abzugleichen und anschließend ihre Lösung bei Bedarf zu überarbeiten.
- Der/die Lehrende bekommt durch die Musterlösungen einen Einblick, inwiefern die Studierenden die behandelten Inhalte/Konzepte bereits umsetzen können und wo sie noch Unterstützung benötigen.

Somit bietet die Erstellung einer Musterlösung die Möglichkeit, die Studierenden beim Erwerb der angestrebten Fachkompetenzen (Durchführen einer statistischen Analyse und Darstellen der Ergebnisse) effektiv zu unterstützen.

Anwendungsmöglichkeiten

Die Erstellung von Musterlösungen als Prüfungsform ist am besten geeignet für Lehrveranstaltungen mit Aufgabenstellungen, für die es eine eindeutige Lösung gibt (well-defined problems). Allerdings kann die Methode auch gewinnbringend bei Aufgabenstellungen mit ill-defined problems eingesetzt werden: Der in der Musterlösung gewählte Lösungsweg ist in diesem Fall nicht als einzige korrekte Lösung anzusehen, sondern als einer von vielen möglichen Lösungswegen.

Die Erstellung von Musterlösungen lässt sich auch im Rahmen von E-Learning- und Blended-Learning-Szenarien einsetzen. Beispielsweise können die lehrveranstaltungsinterne Veröffentlichung der Musterlösung und das (Peer-) Feedback über ein Learning-Management-System erfolgen.

Die Erstellung von Musterlösungen kann sowohl als formatives als auch als summatives Assessment eingesetzt werden. Durch das Feedback durch den/die Lehrende/-n eignet es sich besonders gut für formatives Feedback. Es sollte allerdings vermieden werden, sowohl formative als auch summative Zwecke gleichzeitig damit zu verfolgen (Biggs & Tang 2011, S. 196).

Anwendungsbeispiel aus der Hochschulpraxis
Ich setze die Erstellung von Musterlösungen in meinen Lehrveranstaltungen meist als formatives Assessment ein. Am besten eignen sich für den Einsatz meine Übungen im Bereich Statistiksoftware. Die Studierenden erlernen in diesen Übungen innerhalb eines Semesters die Anwendung einer Statistiksoftware (Stata oder SPSS) für einfache uni- und bivariate statistische Analysen. Beispielsweise erstellen sie Häufigkeitstabellen, Kreuztabellen, Mittelwertvergleiche und Diagramme basierend auf einem kleinen Datensatz, der zu Beginn des Semesters gemeinsam erstellt wird.

Zu Beginn des Semesters können sich die Studierenden im Learning-Management-System (OLAT) für einen der Sitzungstermine eintragen, zu dem sie dann eine Musterlösung erstellen. Die Musterlösungen können meist in Tandems erarbeitet werden, da von den 20 Teilnehmenden im Lauf des Semesters 10 Musterlösungen erstellt werden müssen. Ab der zweiten Sitzung des Semesters erhalten die Studierenden jede Woche Übungsaufgaben, die sie während der Sitzungen und in der Zeit zwischen den Sitzungen bearbeiten. Zu den Aufgaben der zweiten Sitzung erstelle ich eine Musterlösung und präsentiere diese in der dritten Sitzung. Hierbei gebe ich den Studierenden Hinweise, wie die Musterlösungen in dieser Lehrveranstaltung aufgebaut sein sollen. Ab der dritten Sitzung übernehmen dann die Studierenden die Erstellung der Musterlösungen und schicken mir im Lauf der Woche einen Entwurf zu. Dazu gebe ich ein ausführliches Feedback (meist per E-Mail). Anschließend schicken die Studierenden mir die Musterlösung erneut zu bis alle vorhandenen Fehler korrigiert wurden. Zu Beginn der darauffolgenden Sitzung laden die Studierenden ihre Musterlösung im Forum der Lehrveranstaltung in OLAT hoch, sodass alle anderen Teilnehmenden der Übung Zugriff auf die Musterlösung haben. Anschließend präsentieren die Musterlöser/-innen ihre Musterlösung bzw. stehen für Fragen ihrer Kommiliton/inn/en zur Verfügung.

Grenzen und mögliche Stolpersteine

Da die Musterlösungen lehrveranstaltungsintern veröffentlicht werden, müssen die Studierenden sich bemühen, alle Fehler in den vorläufigen Versionen der Musterlösung zu korrigieren. Dazu sind bei Bedarf mehrere Feedbackschleifen nötig. Die Studierenden sind an eine solche Arbeitsweise meist nicht gewöhnt und müssen daher manchmal wiederholt aufgefordert werden, auch schon weit fortgeschrittene Versionen ihrer Musterlösung erneut zu überarbeiten. Dieser Korrekturprozess kann länger dauern als die Zeit, die bis zur lehrveranstaltungsinternen Veröffentlichung zur Verfügung steht. In diesen Fällen kann die Musterlösung auch als vorläufige Version veröffentlicht werden, die anschließend noch überarbeitet wird.

⊃ Tipp

Lassen Sie sich vom erhöhten Arbeitsaufwand, den Sie als Lehrende/-r bei dieser Prüfungsform haben, nicht abschrecken! Sie bekommen dadurch wertvolle Einblicke in die Arbeits- und Denkweise der Studierenden.

Literatur

Biggs, J. & Tang, C. (2011). *Teaching for Quality Learning at University. What the student does* (4. Aufl.). Maidenhead: McGraw-Hill/Society for Research into Higher Education/Open University Press.

Collins, A., Brown, J. S. & Newman, S. E. (1989). Cognitive Apprenticeship: Teaching the Crafts of Reading, Writing, and Mathematics. In L. B. Resnick (Hrsg.), *Knowing, learning and instruction. Essays in the honour of Robert Glaser*. Hillsdale, NJ: Erlbaum.

33 Objektive strukturierte praktische/klinische Prüfung

Marc Dilly

Kurzbeschreibung	Objektive strukturierte praktische/klinische Prüfungen (engl. Objective Structured Practical/Clinical Examination [OSPE/OSCE]) dienen der Kontrolle klinisch-praktischer Fertigkeiten in medizinischen Fächern. In der Prüfung sollen mittels klinisch-praktischer Prüfungsstationen Kompetenzen wie klinische Handlungsentscheidungen, kommunikative Fertigkeiten bis hin zu ethischen Haltungen abgebildet werden.	
Form	praktisch	
Kompetenzen	Fachkompetenz	
	Methodenkompetenz	
	Sozialkompetenz	
Gruppengröße	kleine Gruppe	< 20 Studierende
	mittlere Gruppe	20–50 Studierende
	große Gruppe	> 50 Studierende
Dauer der Durchführung	1–3 Stunden	
Studentischer Workload	5–50 Stunden	
Semesterbegleitend durchführbar?	ja	
Durchführungsort	allgemein ein Gebäude/Raum mit der Möglichkeit, mehrere räumlich angrenzende Prüfungsräume einzurichten und zu einer Art Rundlauf miteinander zu verbinden, z. B. in einem Simulationszentrum, Lernlabor, Klinik, Aula etc.	

Beschreibung der Prüfungsform

Objektive strukturierte praktische/klinische Prüfungen (engl. Objective Structured Practical/Clinical Examination [OSPE/OSCE]) dienen der Kontrolle klinisch-praktischer Fertigkeiten in medizinischen Fächern. In der Prüfung sollen mittels klinisch-praktischer Prüfungsstationen Kompetenzen wie klinische Handlungsentscheidungen, kommunikative Fertigkeiten bis hin zu ethischen Haltungen abgebildet werden. Die OSCE wurde vor mehr als 40 Jahren in der Humanmedizin als ein standardisiertes, objektives und zuverlässiges Prüfungsformat zur Bewertung von klinischen Fertigkeiten entwickelt (Harden & Gleeson, 1979). Dabei sollen Objektivität, Validität und Reliabilität durch eine hohe Anzahl an Prüfungsstationen (typischerweise 10–20) mit standardisierten Aufgabenstellungen und Prüfungschecklisten mit zumeist einem Prüfenden pro Station garantiert werden. Bei den Checklisten können sowohl dichotome Items (ja/nein) als auch eine Skalierung (engl. „Global Rating Scale") verwendet werden (Read, Bell, Rhind & Hecker 2015).

Anwendungsmöglichkeiten
Mittlerweile ist das Prüfungsformat in vielen medizinischen Berufsfeldern verbreitet und etabliert (Nikendei & Jünger 2006). Aufgrund des hohen personellen und zeitlichen Aufwands wird das Prüfungsformat häufig summativ und seltener formativ eingesetzt. Die Möglichkeit einer zeitnahen und konkreten Rückmeldung kann im Anschluss an eine absolvierte Prüfungsstation oder am Ende eines gesamten Durchganges erfolgen (Kaplan, Greenfield & Ware, 1989). Die Prüfung besteht aus in einem Kreislauf (Zyklus) angeordneten Prüfungsstationen, durch die alle Prüflinge zeitgleich rotieren und eine Vielzahl von Prüfungsaufgaben absolvieren. Jeder Prüfling hat an den standardisierten Stationen exakt die gleiche Zeit zum Erfassen der Aufgabenstellung und Bearbeitung der Aufgabe. Anschließend geht er zur nächsten Station, bis der Zyklus an Prüfungsstationen abgeschlossen ist. Dabei ergibt sich die Gesamtdauer der Prüfung aus der Anzahl der Prüfungsstationen multipliziert mit der Dauer pro Prüfungsstation (z. B. sechs Minuten pro Prüfungsstation inkl. einer Minute zum Wechsel zur nächsten Station bei 10 Prüfungsstationen ergibt eine Gesamtprüfungsdauer von 60 Minuten bei 10 Prüflingen und 10 Prüfer/inn/en). Für grundlegende praktische Fähigkeiten (z. B. Anziehen von sterilen Handschuhen) kann eine Dauer von fünf bis sechs Minuten angenommen werden, bei sehr komplexen Aufgabenstellungen besonders mit Aspekten einer Patienteninteraktion (z. B. Erhebung eines Vorberichtes, körperliche Untersuchung, Diagnose und Behandlungsplan erstellen) können mitunter 10–20 Minuten zur Bearbeitung der Aufgabenstellung erforderlich sein.

Der typische Ablauf an einer Prüfungsstation sieht vor, dass dem Prüfling ein Szenario aus dem Praxisalltag schriftlich vorgestellt wird. Nachdem dieses Szenario gelesen wurde, beginnt er/sie mit der Bearbeitung der Aufgaben, welche am Ende des Szenarios eindeutig formuliert zu finden sind. Hierbei können die Aufgaben einen Fokus sowohl auf klinisch-praktische Fertigkeiten als auch kommunikative Fertigkeiten und Haltungen haben. Klassische Beispiele aus der Medizin sind die venöse Blutentnahme, Blutdruckmessung oder die Aufnahme eines Patientenvorberichtes. Dabei können die Aufgabenstellungen mithilfe von Simulatoren und Modellen oder mittels standardisierter Patienten bzw. Patientenbesitzern (= in der Tiermedizin übliche Bezeichnung) geprüft werden. Die Auswahl der Themen und Aufgabenstellungen an den einzelnen Prüfungsstationen sollte repräsentativ für die klinischen Kompetenzen und auf die intendierten Lernzielergebnisse bzw. Lehrinhalte abgestimmt sein. Die gesamte OSCE sollte daher anhand einer „Blaupause (*blueprint*)" aus Lernzielergebnissen und Kompetenzbereichen für jede Prüfungsstation vorab geplant werden, um sicherzustellen, dass alle Prüfungsziele abgebildet werden (Davis, Ponnamperuma, McAleer & Dale, 2006). Der einfachste Abgleich kann mittels einer zweidimensionalen Matrix erfolgen, wobei eine Achse des *blueprints* die zu testenden Kompetenzen darstellt und die andere Achse die Problem- oder Aufgabenstellungen (Newble 2004).

Anwendungsbeispiel aus der Hochschulpraxis

Im Rahmen einer Untersuchung zum Erwerb von klinisch-praktischen Fertigkeiten in der Tiermedizin wurde an der Stiftung Tierärztliche Hochschule Hannover eine Lehrintervention mit den Themenschwerpunkten Chirurgie, Anästhesie, Röntgen/Ultraschall, Innere Medizin und Kommunikation in einem Lehr- und Trainingszentrum (Skills Lab) durchgeführt (Engelskirchen, Ehlers, Kirk, Tipold & Dilly 2017). Am Ende der einwöchigen Lehrintervention fand eine Prüfung im OSCE-Format statt. Es wurde eine Auswahl von 15 Prüfungsstationen der trainierten Fertigkeiten aus den oben genannten Themenschwerpunkten (Abb. 1) mittels Checklisten (dichotome Items) überprüft. Vor der ersten Teilnahme erhielten alle Prüfer/-innen eine ausführliche Einweisung in das Prüfungsformat sowie eine gezielte Schulung an der jeweiligen Station bzw. Checkliste.

Während der Prüfung standen den Studierenden sechs Minuten zum Erfassen der Aufgabenstellung und Durchführung der Fertigkeit an jeder Prüfungsstation zur Verfügung. Aufgrund unterschiedlich langer Wege zwischen den Stationen wurden für den Wechsel von einer zur nächsten Station jeweils eineinhalb Minuten eingeplant. Nach Abschluss der OSCE erhielten die Studierenden ein Gruppenfeedback sowie die Möglichkeit über die Eindrücke während der Prüfung zu sprechen.

Dieses für medizinische Studienfächer etablierte Prüfungsformat könnte auch auf andere Studiengänge (z. B. Ingenieurs- oder Naturwissenschaften) übertragen werden. Voraussetzung hierfür wären die Erstellung eines *blueprints* und Prüfungsstationen mit Checklisten zur Überprüfung von prozeduralem Wissen, Fertigkeiten und dessen Anwendung in einem konkreten Kontext bzw. Szenario.

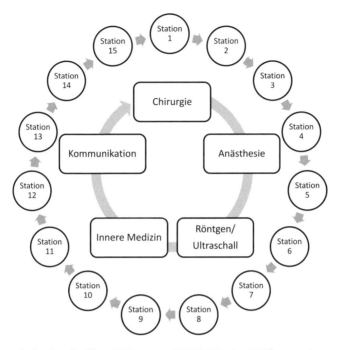

Abb. 1: Beispielhafter Rundlauf bzw. Zyklus einer OSPE/OSCE mit 15 Prüfungsstationen

Grenzen und mögliche Stolpersteine

Zur Gewährleistung einer hohen Reliabilität, Objektivität und Standardisierung dieses Prüfungsformates sind ressourcenintensive Maßnahmen erforderlich. Neben der notwendigen Infrastruktur (z. B. ausreichende Anzahl an Prüfungsräumen) müssen für alle Prüflinge die erforderlichen Prüfungsmaterialien in ausreichender Anzahl vorhanden sein, um einen reibungslosen Ablauf gewährleisten zu können. Im Vorfeld müssen die Prüfungsszenarien mit dem erstellten *blueprint* abgeglichen und mit allen Prüferinnen und Prüfern bzw. der Prüfungskommission abgestimmt werden. Eine entscheidende Rolle spielt die hohe Anzahl an Prüferinnen und Prüfern (für jede Prüfungsstation eine/einen Prüferin/Prüfer). Im Rahmen einer Qualitätssicherung sollten alle Prüferinnen und Prüfer vor der Prüfung eine Einweisung bzw. Schulungen an der jeweiligen Station erhalten. Damit verbunden ist ein hoher organisatorischer und motivationaler Aufwand von Seiten der Prüferinnen und Prüfer. Es ist ratsam den hohen Aufwand an Personal und Material mit den verbundenen Vorteilen (hohe Reliabilität, Validität, Objektivität) des Prüfungsformates zu kommunizieren. Neben allen Vorteilen dieses objektiven und standardisierten Prüfungsformates bleibt zu bedenken, dass die zu Prüfenden „lediglich" nach den Kriterien der Checklisten geprüft und bewertet werden, d.h. es werden die Anwendung von Wissen und (vor allem) Fertigkeiten in einem konkreten Szenario und Kontext geprüft. Eine Kombination mit weiteren Prüfungsformaten im Sinne einer kompetenzorientierten Prüfung ist in Betracht zu ziehen und erscheint vielversprechend.

⊃ Tipp
- Checklisten mit „Global Rating Scales" führen zu einer höheren Reliabilität und Validität als Checklisten mit dichotomen Items.
- Der zeitliche und organisatorische Aufwand zur Vor-/Nachbereitung und Durchführung der Prüfung ist erheblich und sollte nicht unterschätzt werden!
- Eine große Anzahl an Prüflingen macht mehrere Prüfungsrunden erforderlich.

Literatur

Davis, M. H., Ponnamperuma, G. G., McAleer S. & Dale, V. H. M. (2006). The Objective Structured Clinical Examination (OSCE) as a determinant of veterinary clinical skills. *Journal of Veterinary Medical Education, 33* (4), 578–587.

Engelskirchen, S., Ehlers, J., Kirk, A., Tipold, A. & Dilly, M. (2017). Effektive Vorbereitung in einem „Clinical Skills Lab" auf die klinische Tätigkeit am Beispiel der Klinik für Kleintiere der Stiftung Tierärztliche Hochschule Hannover. Unveröffentlichte Arbeit (*under review*). *Tierärztliche Praxis.*

Harden, R. M. & Gleeson, F. A. (1979). Assessment of clinical competence using an objective structured clinical examination (OSCE). *Medical education, 13* (1), 39–54.

Kaplan, S. H., Greenfield, S. & Ware J.E. (1989). Assessing the effects of physician-patient interactions on the outcomes of chronic disease. *Medical Care, 27* (3), 110–127.

Newble, D. (2004). Techniques for measuring clinical competence: objective structured clinical examinations. *Medical Education, 38* (2), 199–203.

Nikendei, C. & Jünger, J. (2006). OSCE – praktische Tipps zur Implementierung einer klinisch-praktischen Prüfung. *GMS Zeitschrift für Medizinischen Ausbildung, 23* (3), Doc47. Verfügbar unter: http://bit.ly/2AehOyK [03.11.2017].

Read, E. K., Bell, C. Rhind, S. & Hecker, K. G. (2015). The use of global rating scales for OSCEs in veterinary medicine. *PLoS One, 10* (3). doi.org/10.1371/journal.pone.0121000.

34 Paper Review

Nadine Stahlberg

Kurzbeschreibung	Das Paper Review ist eine schriftlich zu bewältigende (Prüfungs-)Leistung, bei der ein Fachartikel (Paper) zusammengefasst und kritisch reflektiert wird. Die Art des Papers wird von der prüfungsberechtigten Person festgelegt. Ebenso die Kriterien, nach der das Review verfasst werden soll (u. a. Umfang, Inhaltsaspekte).	
Form	schriftlich	
Kompetenzen	Fachkompetenz	
	Methodenkompetenz	
	Selbstkompetenz	
Gruppengröße	Einzelperson	1 Student/-in
	kleine Gruppe	< 20 Studierende (2–4 Studierende)
Dauer der Durchführung	Der Bearbeitungszeitraum richtet sich nach dem Umfang des Reviews und ist davon abhängig, ob die Prüfung semesterbegleitend oder in der vorlesungsfreien Zeit durchgeführt wird – in der Regel zwei–vier Wochen.	
Studentischer Workload	je nach Umfang des Reviews 20–30 Arbeitsstunden	
Semesterbegleitend durchführbar?	ja	
Durchführungsort	Die Studierenden verfassen das Review eigenständig in häuslicher Arbeit.	

Beschreibung der Prüfungsform

Ein Paper Review ist die schriftliche Auseinandersetzung mit einem wissenschaftlichen Fachzeitschriftenartikel (Paper). Zentraler Bestandteil ist die kritisch-reflektierende Besprechung und Diskussion des Textes mit einer eigenen Stellungnahme. Entsprechend werden nicht nur wesentliche Inhalte zusammengefasst, sondern die Aussagen und Darstellungen reflektiert und beurteilt. Das Review zeigt anderen Leserinnen und Lesern, wie diese die Inhalte des Papers einschätzen können. Es setzt sich aus folgenden wesentlichen Bestandteilen zusammen (vgl. Frank, Haacke & Lahm 2007, S. 184):

- einer präzisen Zusammenfassung des Inhalts (Beschreibung des Themas und Überblick über Zielsetzungen, Fragestellungen, Methoden, Argumentationsverlauf und Schlussfolgerungen),
- einer Einordnung des Textes in den wissenschaftlichen Kontext und
- einer kritischen Evaluation des Inhalts.

Das Verfassen eines Paper Reviews setzt voraus, dass die Schreibenden den Text genau lesen und sich detailliert mit dem Gelesenen auseinandersetzen. Hierzu mag es erforderlich sein, dass weitere Bezugstexte gelesen werden, um zu einer angemessenen und begründeten Stellungnahme zu kommen. Die Prüfungsleistung zielt darauf ab, dass Studierende ...

- sich vertieft mit konkreten fachlichen Inhalten auseinandersetzen und ein vertieftes Verständnis über Zusammenhänge entwickeln,
- Inhalte in die Gesamtthematik einer Lehrveranstaltung einordnen,
- Forschungsstände aufarbeiten,
- Inhalte, Methoden, Ergebnisse, Schlussfolgerungen anderer bewerten und damit kritisches Denken und Beurteilungsfähigkeit entwickeln und
- fremde Argumentationen sowie eigene Stellungnahmen schlüssig darstellen (Zusammenfassen, Paraphrasieren und Argumentieren).

Insgesamt erwerben die Studierenden durch die Kontextualisierung und Bewertung der Inhalte anspruchsvolle Fähigkeiten – insbesondere fachlicher und methodischer Art, aber auch auf der persönlichen Ebene.

Anwendungsmöglichkeiten

Der Einsatz eines Paper Reviews als Prüfungsleistung bedarf einer guten Vorbereitung durch den Prüfenden bzw. die Prüfende. Dazu gehört nicht nur, dass eine Übersicht über geeignete Literatur zusammenzustellen ist, aus der die Studierenden ein Paper zum Review auswählen können. Auch müssen Kriterien für den Inhalt und den Aufbau des Reviews erarbeitet und für die Studierenden transparent gemacht werden. Da es sich beim Verfassen eines Reviews um eine komplexe und anspruchsvolle Aufgabe handelt, ist es sinnvoll, die Studierenden bei der Bewältigung durch konkrete vorbereitende Übungen zu unterstützen: Bewährt hat sich das Kommentieren von Texten mit wechselnden Perspektiven („der wohlwollende Leser" vs. „der kritische Leser") und anschließender Partner- oder Gruppendiskussion. Wird ein kurzer Text ausgewählt und der zu schreibende Kommentar auf eine halbe Seite oder max. 3 bis 4 Aspekte begrenzt, lässt sich diese Übung direkt in die Lehrveranstaltung integrieren (ca. 30–45 Minuten). Zudem können konkrete Hilfestellungen, bspw. in Form einer Einführung in hilfreiche Lesestrategien (für Anregungen vgl. Lange 2013) oder durch das Anbieten von Leitfragen (vgl. Abschnitt Anwendungsbeispiel), gegeben werden. Nicht zuletzt müssen Angaben zum erwarteten Umfang des Reviews und zum Bearbeitungszeitraum gemacht werden (je Umfang ca. 2–4 Wochen).

Im Bearbeitungszeitraum arbeiten die Studierenden weitgehend eigenständig an der Aufgabe, jedoch sollte die prüfende Person für Nachfragen und Beratung zur Verfügung stehen. Nach der Abgabe müssen die Texte bewertet werden. Hier unterstützt ein konkretes Bewertungsraster bei der Vergabe gerechter Noten.

In der Nachbereitungsphase sollten die Studierenden ein Feedback erhalten, damit sie ihre Schreibkompetenz sowie ihre Fähigkeiten zum kritischen Denken und wissenschaftlichen Argumentieren weiterentwickeln können.

Die fertigen Reviews könnten den Kommilitonen und Kommilitoninnen präsentiert oder (online) zur Verfügung gestellt werden. Auch eine Veröffentlichung für externe Interessierte ist denkbar.

Das Paper Review kann als Einzel- oder als Gruppenprüfung durchgeführt werden. Die Vorteile des Schreibens in der Gruppe bestehen darin, dass die anspruchsvolle Aufgabe im Austausch gemeistert werden kann und dass die Gruppe ihre Ansätze und ihr entstehendes Produkt selbst kontrolliert. Ein Nachteil liegt in der Erschwernis der Bewertung von Gruppenarbeiten. Da Zeit für das Bewerten der Texte und das Feedback eingeplant werden muss, kann es bei großen Lehrveranstaltungen sinnvoll sein, Gruppenleistungen zu prüfen.

Anwendungsbeispiel aus der Hochschulpraxis

Der Einsatz dieser Prüfungsform hat sich insbesondere in vertiefenden Masterveranstaltungen bewährt, die eine überschaubare Gruppengröße (etwa 15–40 Studierende) haben und das Kernthema aus verschiedenen Perspektiven beleuchten (z. B. eine im 2. Mastersemester stattfindende Veranstaltung zu *Information Technology Security*). Die Studierenden suchen sich zu Beginn der Lehrveranstaltung aus einer vorgegebenen Literaturliste einen Text aus, zu dem sie ihr Review verfassen möchten. In größeren Gruppen arbeiten die Studierenden zu zweit. Bei den Texten handelt es sich um Studien, die das in der Lehrveranstaltung behandelte Thema vertiefen bzw. aus unterschiedlichen Blickwinkeln betrachten oder die spezifische Aspekte beleuchten.

Um die Arbeitsorganisation sowie das Verfassen des Reviews zu erleichtern, werden nicht nur die Bewertungskriterien transparent gemacht, sondern auch konkrete Leitfragen ausgegeben (in Anlehnung an das Learning Center der University of New South Wales und das Writing Center der University of North Carolina):

Inhalt:
- Mit welchem Thema beschäftigt sich das Paper?
- Welche These oder welches Hauptargument wird in dem Paper vertreten?
- Welches Ziel wird im Text verfolgt? Inwiefern wird das Ziel erreicht?

Einordnung in das Forschungsfeld/Bedeutung für das Forschungsfeld:
- Was trägt der Text zum aktuellen Wissens- bzw. Forschungsstand bei? (u. a. Theorien, Daten, Praxisbezüge)
- In welchem Zusammenhang steht der Text mit anderen Studien oder Untersuchungen im Diskurs?
- Was fehlt bzw. wird nicht genannt? Ist dies problematisch?
- Stehen die Aussagen im Widerspruch zu Informationen, die Sie anderen Büchern etc. entnommen haben?

Methode/Ansatz:
- Nach welchem Ansatz wird vorgegangen (z. B. analytisch/deskriptiv, qualitativ/quantitativ …)?
- Wie ist die Methode zu bewerten?
- Welche Ergebnisse werden erzielt? Wie sind die Ergebnisse einzuschätzen?
- Welcher Bezugsrahmen wird für die Ergebnisdiskussion verwendet?

Argumentation:
- Inwiefern ist die Argumentation stimmig und überzeugend?
- Welche Belege und Begründungen werden herangezogen? Sind sie überzeugend? Warum bzw. warum nicht?
- Welche Schlussfolgerungen werden gezogen? Sind diese Schlussfolgerungen berechtigt bzw. begründet?

Am Ende werden die Reviews allen Beteiligten online zur Verfügung gestellt. Langfristig ist es geplant, die drei besten Reviews auf der Institutshomepage oder über den OER-Bereich der Bibliothek zu veröffentlichen.

Grenzen und mögliche Stolpersteine

Das Verfassen eines Paper Reviews ist eine anspruchsvolle Aufgabe. Der Einsatz eignet sich daher eher im fortgeschrittenen Studium. Hilfreich ist es, bereits in der Präsenzveranstaltung Raum zum Experimentieren zu geben und die kritische Auseinandersetzung mit Texten gemeinsam zu üben.

➲ Tipp

Nutzen Sie die Authentizität der Aufgabenstellung. Wenn Studierende ein Ziel vor Augen haben, bspw. die Veröffentlichung der Rezensionen auf der Institutshomepage oder gar in einer Fachzeitschrift, erhöht das ihre Motivation – und damit oft auch die Qualität der Produkte.

Literatur
Frank, A., Haacke, S. & Lahm, S. (2007). *Schlüsselkompetenzen: Schreiben in Studium und Beruf.* Stuttgart: Metzler.
Lange, U. (2013). *Fachtexte lesen – verstehen – wiedergeben.* Paderborn: Schöningh.
Learning Center der University of New South Wales. *Some General Criteria for Evaluating Texts.* Verfügbar unter: http://bit.ly/2hJ97nH [02.10.2017].
Writing Center der University of North Carolina. *Book Reviews.* Verfügbar unter: http://unc.live/2idU6Ou [02.10.2017].

35 Pecha Kucha

Germo Zimmermann

Kurzbeschreibung	„Pecha Kucha" (ぺちゃくちゃ) ist japanisch und bedeutet so viel wie „Stimmengewirr". Es werden 20 (PowerPoint-)Folien, die nach jeweils 20 Sekunden automatisch wechseln, präsentiert. Eine Pecha Kucha dauert damit insgesamt 6:40 Minuten. Zudem ist auf jeder Folie im Idealfall nur ein Foto oder eine grafische Darstellung zu sehen. Auf Text oder umfassende Statistiken wird – wenn möglich – verzichtet.
Form	mündlich
Kompetenzen	Fachkompetenz Methodenkompetenz Sozialkompetenz
Gruppengröße	Einzelperson, Gruppen bis max. 4 Studierende
Dauer der Durchführung	10–30 Minuten
Studentischer Workload	20 Stunden
Semesterbegleitend durchführbar?	ja
Durchführungsort	Hörsaal, Seminarraum, Theaterbühne, Audimax

Beschreibung der Prüfusngsform

Pecha Kuchas wurden 2003 von Astrid Klein und Mark Dytham für Präsentationen von Architektenentwürfen entwickelt (www.pechakucha.org). Das Vortragsformat basiert auf einem einfachen Konzept: Es werden 20 (PowerPoint-)Folien, die nach jeweils 20 Sekunden automatisch wechseln, mündlich präsentiert (Gesamtzeit 6:40 Minuten). Jede Folie besteht lediglich aus einem Bild und wenig Text. Auf umfassende Statistiken oder Text sollte verzichtet werden. Damit zwingt das Format die Vortragenden zu einer guten Vorbereitung, Analyse und zu präzisen Aussagen, die die relevanten Aspekte des Themas anhand von Bildern explizieren. Als Prüfungsformat sind Pecha Kuchas als formative und summative Prüfung anwendbar. Ebenso kann die Prüfung als Einzel- oder Gruppenprüfung durchgeführt werden (Teamgröße 2 bis max. 4 Studierende). Der multimodale Ansatz unterstützt die Übermittlung mündlich präsentierter Informationen. Dabei zeigen aktuelle Studien, dass Pecha Kuchas sowohl in unterschiedlichen wissenschaftlichen Disziplinen als auch bei Studierenden verschiedener Leistungsniveaus zum Einsatz kommen (Tomsett & Shaw 2014; Anderson

& Williams 2012). Beyer (2011) konnte zeigen, dass die Qualität der studentischen Präsentationen gesteigert werden konnte. In theoretischer Perspektive korrespondiert der Ansatz mit dem SECI-Modell (Nonaka, Toyama & Hirata 2008). Daraus lassen sich vier Lernphasen ableiten (vgl. Lethonen 2011, S. 471), die konkrete Empfehlungen für die Umsetzung in der Praxis ermöglichen: Nach einer Einführung in das Format seitens der Lehrenden erfolgen

1. eine individuelle Bearbeitung des wissenschaftlichen Fachthemas auf Grundlage von Literatur und eigenem Vorwissen. In dieser Phase informieren sich die Studierenden anhand der offiziellen Internetseite über die unterschiedlichen Einsatzmöglichkeiten einer Pecha Kucha.
2. Sodann folgt die Präsentation der Pecha Kucha vor anderen Lernenden im Seminar. Dazu ist es hilfreich zur Vorbereitung ein Storyboard[1] zu verwenden, das bei der Zuordnung der Inhalte und Themen zu den einzelnen Folien hilft. Mitchell empfiehlt für eine wissenschaftliche Pecha Kucha eine Aufteilung der 20 Folien (vgl. Abb. 1).
3. In der anschließenden Diskussion geben die Zuhörenden konstruktives Peer-Feedback. Dazu kann eine Bewertungsmatrix zur Anwendung kommen, die unterschiedliche Dimensionen der Pecha Kucha analysiert und bewertet (vgl. Abb. 2).
4. Eine individuelle Reflexion über das Thema und die neuen Erkenntnisse, Anfragen und Probleme, die in eine überarbeitete Version der Pecha Kucha münden, bereitet auf die abschließende Prüfung vor.

Eine Pecha Kucha lebt davon, dass geeignete Bilder verwendet werden, die die Inhalte und Metaphern idealerweise zum Ausdruck bringen. Neben eigens erstellten Fotos finden sich im Internet Bilddatenbanken mit Creative-Commons-Lizenz (vgl. http://bit.ly/2lvyWYC).

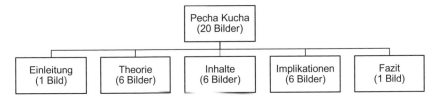

Abb. 1: Mögliche Struktur einer Pecha Kucha
Quelle: Eigene Grafik angepasst nach http://bit.ly/2gHMrrr

---

1 Das Storyboard, die PowerPoint-Vorlage und die Bewertungsmatrix finden sich unter http://bit.ly/2zrum5v.

Anwendungsmöglichkeiten

Als summatives Prüfungsformat können Pecha Kuchas komprimiert in ein neues Themengebiet einführen. Auf diese Weise wird geprüft, inwiefern die theoretischen und empirischen Erkenntnisse eines Grundlagentextes verstanden und inhaltlich adäquat präsentiert werden können. Gleiches gilt für den Einsatz des Formats als Protokoll zu einer Lehreinheit bzw. für Kurzreferate. Darüber hinaus können Buch- oder Filmbesprechungen, Projektvorstellungen, Darstellungen von Design- oder Architektenentwürfen sowie Projektberichten als Pecha Kucha präsentiert und geprüft werden. Zur Vorbereitung auf eine Pecha-Kucha-Prüfung sollten im Seminar unterschiedliche Szenarien zur Übung und zum Peer-Feedback angeboten werden. Da es sich um ein schnell zu erlernendes Format handelt, ist der Einsatz in unterschiedlichen wissenschaftlichen Disziplinen denkbar. Sofern die technischen Voraussetzungen dafür geschaffen sind, ist das Format auch im E-Assessment einsetzbar: Entweder wird die Pecha Kucha im Vorfeld aufgenommen und lediglich als Video zur Bewertung eingereicht (pre-recorded screencast) oder eine Livepräsentation im Videochat ermöglicht.

Anwendungsbeispiel aus der Hochschulpraxis

An der CVJM-Hochschule in Kassel haben wir Pecha Kuchas im Kontext des Praxissemesters als formatives Prüfungsformat eingeführt. Unsere Studierenden

		5 Punkte	4 Punkte	3 Punkte	2 Punkte	1 Punkt
Vorbereitung	Das **Thema** der Pecha Kucha ist klar und präzise formuliert und wird gut argumentiert.					
	Die **Bildauswahl** unterstützt den Inhalt optimal. Die Bildsprache (Metapher) passt zum Thema.					
	Der **Inhalt** ist aus fachwissenschaftlicher Sicht korrekt dargestellt und mit Quellen belegt.					
Durchführung	Die Präsentation hat eine klare **Eröffnung** und ein resümierendes **Fazit**. Das **Timing** ist stimmig.					
	Die Auswahl des **Vokabulars** und der **Sprache** ist verständlich, die **Intonation** ist passend.					
	Die **Körpersprache** unterstützt den Vortrag, es wird **Augenkontakt** gehalten.					

Abb. 2: Bewertungsmatrix für eine Pecha Kucha
Quelle: http://bit.ly/2if1XLK

sind für sechs Monate in einer intensiven Praxisphase, die es in einem Zwischenseminar zu reflektieren gilt und die mit einem schriftlichen Bericht und einer mündlichen Prüfung abschließen. Für das Zwischenseminar bereiten die Studierenden eine (unbenotete) Pecha Kucha zur Präsentation in einer Kleingruppe vor. Im Anschluss werden die Erfahrungen diskutiert. Dazu bietet es sich an, am Ende bis zu drei konkrete Fragen oder Diskussionspunkte zu explizieren, die gemeinsam besprochen werden. Das Format hat sich hier als angemessen erwiesen, da die Studierenden in kurzer Zeit eine komprimierte Darstellung unterschiedlicher Handlungsfelder der Sozialen Arbeit präsentieren und präsentiert bekommen und auf diese Weise ihre eigene Einsatzstelle reflektieren. Insgesamt bietet dies eine notwendige Vorbereitung für die mündliche Abschlussprüfung (benotet), in der eine überarbeitete Version der Pecha Kucha als Einstiegspräsentation zum Einsatz kommt.

Grenzen und mögliche Stolpersteine

Grenzen ergeben sich ähnlich wie bei Referaten für all jene Studierenden, die Schwierigkeiten in der mündlichen Präsentation haben bzw. für die es eine Herausforderung darstellt, vor Gruppen zu sprechen. Darüber hinaus ist die Präsentation unter Zeitdruck herausfordernd, zumal die Folien automatisch wechseln. Hier besteht die Gefahr, dass Vortragende „aus dem Konzept" kommen. Daher ist es besonders wichtig, dass die Studierenden auf die Präsentationen sowie die praktische Anwendung und das Feedback kontinuierlich vorbereitet werden.

⊃ Tipp

Geben Sie Studierenden die Chance im Laufe des Semesters Pecha Kuchas kontinuierlich zu üben!

Literatur

Anderson, J. & Williams, S. (2012). Pecha Kucha for Lean and Sticky Presentations in Business Classes. *Working Paper Series*, 12–03. Verfügbar unter: http://bit.ly/2l0BMYK [02.10.2017].
Beyer, A. M. (2011). Improving Student Presentations: Pecha Kucha and just plain Powerpoint. *Teaching of Psychology*, 38 (2), 122–126.
Lehtonen, M (2011). Communicating competence through Pechakucha presentations. *Journal of Business Communication*, 48 (4), 464–481.
Nonaka, I., Toyama, R. & Hirata, T. (2008). *Managing flow: A process theory of the knowledge-based firm*. Houndmills: Palgrave Macmillan.
Tomsett P. M. & Shaw, M. R. (2014). Creative classroom experience using Pecha Kucha to encourage ESL use in undergraduate business courses: A pilot study. *International Multilingual Journal of Contemporary Research*, 2 (2), 89–108.

36 Planspiel

Nathali T. Jänicke

Kurzbeschreibung	Ein Planspiel ist eine Lernform, bei der Studierende aktiv in eine simulierte Unternehmenswelt einsteigen, mit ihren Handlungen und Entscheidungen diese mitgestalten und dabei unterschiedliche Lernprozesse durchlaufen. Bei der formativen Beurteilung im Planspiel werden die Spiel-Zwischenergebnisse, Reaktionen der Teilnehmenden untereinander und Rückmeldungen der Spielleitung herangezogen. Bei der summativen Beurteilung werden das Spiel-Endergebnis, Abschlusspräsentation, Abschlussbericht bzw. Beratungskonzept benotet. Eine Kombination beider Varianten stellt ein Portfolio, Lerntagebuch oder -protokoll dar.
Form	schriftlich
	mündlich
	praktisch
Kompetenzen	Fachkompetenz
	Methodenkompetenz
	Sozialkompetenz
	Selbstkompetenz
Gruppengröße	kleine Gruppe < 20 Studierende
	mittlere Gruppe 20–50 Studierende
	große Gruppe > 50 Studierende
Dauer der Durchführung	12 Stunden
Studentischer Workload	36 Stunden
Semesterbegleitend durchführbar?	ja
Durchführungsort	Seminarräume bis 60 Plätze

Beschreibung der Prüfungsform

Das Planspiel stellt eine Lernform dar, in der die Teilnehmer/-innen aktiv in einer Simulation der Wirklichkeit mitwirken und so erlebnisorientiert neues Wissen und Können erwerben (vgl. Capaul & Ulrich 2010, S. 17; Holzbaur 2007, S. 2). Hierbei werden neben Fachkompetenz, Wissen, Problemlösungs- und Managementtechniken auch die soziale Kompetenz und Übernahme von Verantwortung geschult. Als methodische Quellen der Planspielmethode gelten die Simulation, das Spiel, das Rollenspiel und die Fallstudie, die je nach Planspielart unterschiedlich stark ausgeprägt sind (vgl. Capaul & Ulrich 2010, S. 20–23).

In der Regel umfasst ein Planspiel drei Phasen (vgl. Capaul & Ulrich 2010, S. 17f.; Holzbaur 2007, S. 5 u. 29). In der Einführungsphase (Briefing) wird den Teilnehmer/-innen eine fiktive Situation vorgestellt, die ein vereinfachtes Abbild einer speziell ausgewählten, realen oder hypothetischen Konstellation darstellt. Dazu werden die Spielregeln, Ziele, Rollen und Ausgangslage dieser „simulierten Realität" vermittelt. Darin „tauchen" die Teilnehmer/-innen in der Spielphase ein: Sie planen, verhandeln und entscheiden, um die Ausgangssituation zu ändern und für die kommende Spielrunde die Konsequenzen ihrer Handlungen zu erfahren. Nach in der Regel vier Runden gehen sie in die Abschlussphase (Debriefing), in der das Gelernte reflektiert und auf die Realität übertragen werden soll.

Das Planspiel als Prüfungsform bietet verschiedene Möglichkeiten einer formativen und einer summativen Beurteilung. Bei der formativen Variante erfolgt eine Beurteilung unmittelbar und situationsgerecht im Lernprozess (vgl. Metzger 2011, S. 387; Wildt & Wildt 2011, S. 29). Im Planspiel bezieht sich die Beurteilung auf die Spielrundenergebnisse (Planspiel-Zwischenergebnisse) selbst, die Reaktionen der eigenen Gruppenmitglieder im Spielprozess und die Rückmeldungen der Spielleitung ggf. mit unterstützenden Lernmaterialien. Charakteristisch für diese Variante ist, dass keine Benotung erfolgt, um den Prozess des Kompetenzzuwachses nicht zu hemmen. Eine summative Beurteilung erfolgt am Ende eines Lernprozesses zur Leistungsbewertung des Gesamtergebnisses. Zur Bewertung können das Planspiel-Endergebnis, eine Abschlusspräsentation der einzelnen Gruppen, ein individueller oder gemeinsamer Abschlussbericht und/ oder die Erstellung eines Beratungskonzepts im Rahmen einer Klausur herangezogen werden. Bei dieser Variante wird eine Benotung der Gesamtleistung vorgenommen.

Die Benotung des Planspiel-Endergebnisses gilt als problematisch, da der „Planspielcharakter" beeinträchtigt wird (vgl. Birgmayer 2011, S. 45). Wenn die Teilnehmer/-innen befürchten müssen, dass ein schlechtes Abschneiden im Planspiel mit einer schlechten Note bestraft wird, werden diese sich nur eingeschränkt auf das Spiel einlassen und eher defensiv agieren. Der Handlungs- und Entscheidungsspielraum würde nicht genutzt, denn Lernprozesse erfolgen insbesondere durch schlechte Ergebnisse. Wenn das Planspiel-Endergebnis in die Benotung einbezogen werden soll, bietet sich eine Kombination mit weiteren Elementen wie Abschlusspräsentation und -bericht an. Dieses wird in der Hochschulpraxis auch umgesetzt (vgl. Schaper & Hilkenmeier 2013, S. 108f.).

Vielfach sind in Prüfungsordnungen Klausuren als einzige Prüfungsform zugelassen. In diesem Fall kann ein unbekanntes Planspielergebnis als Aufgabenstellung in der Klausur für ein schriftliches Beratungskonzept genommen werden. Die Studierenden schlüpfen in die Rolle einer Beratungsgesellschaft, analysieren das Ergebnis und geben Handlungsempfehlungen für zukünftige Entscheidungen.

Als Kompromiss zwischen formativem und summativem Prüfen können ein Portfolio, Lerntagebuch oder -protokoll zum Einsatz kommen (vgl. Birgmayer 2011, S. 45; Wildt & Wildt 2011, S. 34–42). Darin werden der Lernprozess und Kompetenzzuwachs dokumentiert, und diese können am Ende benotet werden.

Anwendungsmöglichkeiten

Es gibt sehr unterschiedliche Varianten von Planspielen: offene und geschlossene, Brettspiele, Software-unterstützte Spiele, etc. Sie sind in allen Fächern vorstellbar, in denen „vor allem solche Situationen simuliert (werden), die sich dem schnellen Verstehen, Erfahren oder Einschätzen entziehen, weil sie intransparent, zu komplex oder unbestimmt eintreten bzw. aktuell nicht gegeben sind, also in der realen Arbeitspraxis nur schwer dargestellt werden können" (Blötz 2015, S. 14). Eine sehr häufig eingesetzte Variante sind software-unterstützte Unternehmensplanspiele (vgl. Rathje 2013, S. 209).

Die summative Prüfungsform hängt sehr davon ab, welche Möglichkeiten in der Prüfungsordnung zur Verfügung stehen. Bei der formativen Beurteilung kann ein E-Assessment zum Einsatz kommen, in dem über eine Lernplattform unterstützende Materialien und die Planspielergebnisse eingestellt werden. Im Briefing werden die Lernziele kommuniziert, damit im Debriefing eine Reflexion über die Zielerreichung erfolgen kann.

Anwendungsbeispiel aus der Hochschulpraxis

An der Jade Hochschule in Wilhelmshaven setze ich im ersten Semester in den Grundlagen der BWL das Software-unterstützte Unternehmensplanspiel WIWAG der Joachim-Herz-Stiftung ein (vgl. Ströller 2015). Ein Markt in WIWAG setzt sich aus drei bis fünf Unternehmen zusammen, die ähnliche Produkte anbieten und miteinander im Wettbewerb stehen. Je Markt habe ich zwischen 12 und 30 Wirtschaftsstudierende. Lernziel ist, Zusammenhänge der betrieblichen Funktionsbereiche zu verstehen und Änderungen zielorientiert zu bewirken. Die Studierenden schlüpfen in die Rollen von Vorstandsmitgliedern einer Aktiengesellschaft und treffen bis zu 37 Entscheidungen pro Spielrunde. In der geschlossenen Lernplattform „Moodle" stelle ich u. a. die Planspiel-Zwischenergebnisse und die Zukunftsaussichten für das zu planende Geschäftsjahr zur Verfügung.

In der Klausur erfolgt eine summative Beurteilung, indem ein schriftliches Beratungskonzept für ein fiktives Vorstandsmitglied verfasst werden muss. Die Studierenden erhalten einen unbekannten Geschäftsbericht und erstellen anhand von Leitfragen eine Analyse und Handlungsempfehlungen: „Der neue CMO sitzt vor dem Geschäftsbericht zum Jahr 11 und soll für das kommende Jahr 12, in dem sich eine Krise ankündigt, den Verkaufspreis festlegen. Verfassen Sie bitte als Unternehmensberater(in) ein Beratungskonzept für den CMO. Zeigen Sie bitte anhand von zwei Zahlen aus dem Bericht auf, welche Strategie das Unternehmen verfolgt und welche drei Maßnahmen es zukünftig einleiten sollte. Erläutern Sie, an welchen drei konkreten Größen sich eine Preisfindung orientiert und welche Größe vom Unternehmen beeinflussbar ist. Geben Sie bitte drei konkrete Handlungsempfehlungen zur Beeinflussung dieser Größe und erklären kurz die erwarteten Auswirkungen. Geben Sie zum Schluss bitte eine konkrete Handlungsempfehlung für einen Preis."

Grenzen und mögliche Stolpersteine

Grenzen dieser Prüfungsform sind insofern gesetzt, als dass die Anzahl der Studierenden nicht zu klein sein darf und die Rahmenbedingungen der Prüfungsordnung zu beachten sind. Es hängt von der Qualifikation und Erfahrung der Kursleitung ab, wie stark die Studierenden zum Mitmachen aktiviert und deren Lernprozesse unterstützt werden. Insbesondere bei sehr heterogenen Gruppen dürfen einzelne Teilnehmer/-innen nicht über- oder unterfordert werden.

➲ Tipp

Planspiele sind interaktive Lernformen, die auch der Spielleitung viel Spaß machen, aber der Aufwand zur Vorbereitung, Durchführung und Prüfung ist nicht zu unterschätzen.

Literatur

Birgmayer, R. (2011). Planspielleistungen beurteilen – ein Widerspruch? In S. Hitzler, B. Zürn & F. Trautwein (Hrsg.), *Planspiele – Qualität und Innovation. Neue Ansätze aus Theorie und Praxis* (S. 39–56). Norderstedt: Books on Demand.

Blötz, U. (2015). Grundzüge einer Planspieldidaktik. In U. Blötz (Hrsg.), *Planspiele und Serious Games in der beruflichen Bildung: Auswahl, Konzepte, Lernarrangements, Erfahrungen – aktueller Katalog für Planspiele und Serious Games* (5. überarb. Aufl., S. 13–69). Bonn: BIBB.

Capaul, R. & Ulrich. M. (2010). *Planspiele – Simulationsspiele für Unterricht und Training* (2. aktual. Aufl.). Altstätten: Tobler.

Holzbaur, U. (2007). Spielend lernen – spielend lehren – Planspiele in der Hochschullehre. In B. Berendt, H.-P. Voss & J. Wildt (Hrsg.), *Neues Handbuch Hochschullehre: Lehren und Lernen effizient gestalten* (Artikel D 4.2).Stuttgart: Raabe.

Metzger, C. (2011). Kompetenzorientiert prüfen – Herausforderungen für Lehrpersonen. In O. Zlatkin-Troitschanskaia (Hrsg.), *Stationen empirischer Bil-*

dungsforschung: Traditionslinien und Perspektiven (S. 383–394). Wiesbaden: VS Verlag für Sozialwissenschaften.

Rathje, B. (2013). Unternehmensplanspiele. In A. Beyer & B. Rathje (Hrsg.), *Methodik für Wirtschaftswissenschaftlicher – Neue Lehr- und Prüfmethoden für die Praxis* (S. 209–219). München: Oldenbourg.

Schaper, N. & Hilkenmeier, F. (2013). *Umsetzungshilfen für kompetenzorientiertes Prüfen*. HRK-Zusatzgutachten. Verfügbar unter: http://bit.ly/2zMldVb [02.10.2017].

Ströller, P. (2015). Unternehmensplanspiel in einer Massenveranstaltung. In S. Behrends, G. Hilligweg, M. Kirspel, T. Kirstges & S. Kull (Hrsg.), *Jahresband 2015 des Fachbereichs Wirtschaft*. Berlin: Lit-Verlag.

Wildt, J. & Wildt, B. (2011). Lernprozessorientiertes Prüfen im „Constructive Alignment". Ein Beitrag zur Förderung der Qualität von Hochschulbildung durch eine Weiterentwicklung des Prüfungssystems. In B. Berendt, H.-P. Voss & J. Wildt (Hrsg.), *Neues Handbuch Hochschullehre: Lehren und Lernen effizient gestalten* (Artikel H 6.1). Stuttgart: Raabe.

37 Portfolioprüfung

Antonia Scholkmann & Daniela Lund

Kurzbeschreibung	Eine Portfolioprüfung ist ein personalisiertes Prüfungsformat. Geprüft wird die Reflexionsfähigkeit von Studierenden, bezogen auf die eigene Entwicklung im Hinblick auf einen konkreten Reflexionsgegenstand in einem festgelegten und im Portfolio dokumentierten Zeitraum. Bewertet wird die Reflexionstiefe, die im Prüfungsgespräch erreicht wird.
Form	mündlich
Kompetenzen	Fachkompetenz (Methodenkompetenz) Selbstkompetenz
Gruppengröße	Einzelperson 1 Student/-in
Dauer der Durchführung	30–45 Minuten
Studentischer Workload	20–30 Stunden für die prüfungsgemäße Aufbereitung selbst ausgewählter Teile des Portfolios
Semesterbegleitend durchführbar?	nein
Durchführungsort	in einem kleinen Raum, der die Möglichkeit zur Visualisierung bietet.

Beschreibung der Prüfungsform

Eine Portfolioprüfung ist ein individuelles Prüfungsformat, das die Reflexionsfähigkeit der Studierenden in den Fokus nimmt. Hintergrund für diese Form der Prüfung ist die Erkenntnis, dass in vielen akademischen Berufsbildern der Arbeitsalltag von einer Abfolge nicht eindeutiger, d. h. dilemmatischer und ambivalenter Situationen bestimmt wird (Helsper 2006; Schütze 2000). Diese, so die Annahme, können nur durch Reflexion zufriedenstellend gelöst werden, d. h. durch die Einnahme einer kritisch-rationalen Haltung und Betrachtung der eigenen Eindrücke und Erlebnisse (Schön 1983). In der Portfolioprüfung zeigen Studierende, dass sie über diese wichtige Zukunftskompetenz verfügen, die auch die in bildungspolitischen Dokumenten vielfach geforderte Verbindung zwischen wissenschaftlichem Denken und konkreter beruflicher Praxis darstellt (z. B. Wissenschaftsrat 2015).

Die Portfolioprüfung selbst findet im Rahmen eines Gesprächs statt, das zwischen einer halben und einer Dreiviertelstunde dauert. In einem Praxisfeld gemachte und dokumentierte Erfahrungen oder erstellte Produkte dienen als Basis für die Prüfung. Methodisches *Know-how* zur Reflexion unterschiedlicher Handlungsoptionen auf der Grundlage verschiedener Denkmodelle (z. B. Kommunikationsmodelle nach Schulz von Thun oder Cohn) erhalten die Studierenden in einem die Praxisphase begleitenden Seminar. Die Anwendung dieser Denkmodelle auf die eigenen Arbeiten oder die eigenen Erfahrungen ermöglicht es den Studierenden, neue und vielseitige Perspektiven auf die erlebte Situation zu entwickeln. Der Inhalt des Reflexionsgegenstandes wird darüber hinaus auch theoretisch, vor dem Hintergrund fachlicher Wissensstände, betrachtet. Dadurch dient die Vorbereitung auf die Portfolioprüfung auch der Weiterentwicklung der Fachkompetenz der reflektierenden Person.

Traditionell finden Portfolioprüfungen in künstlerischen sowie in pädagogischen Studiengängen Anwendung (z. B. in der Lehrerbildung, in der sozialen Arbeit oder in hochschuldidaktischer Aus- und Weiterbildung, vgl. Ziegelbauer & Gläser-Zikuda 2016).

Anwendungsmöglichkeiten

Diese Prüfungsform eignet sich besonders für Seminarformate, die mit einem Praktikum oder einer Praxisphase des Studiums verbunden sind, da die Studierenden so Gelegenheit haben, diese konkreten Erfahrungen aus der Praxis zu reflektieren und in ihrem Portfolio zu dokumentieren. In einem praktikumsbegleitenden Seminar können von Seiten der Seminarleitung Reflexionsimpulse sukzessive in den Prozess des Portfolioschreibens eingebracht werden (vgl. Ittner & Hascher 2016).

Grundlegend für den Erfolg einer Portfolioprüfung ist die Reflexionsfähigkeit der Studierenden (vgl. z. B. Leonhard 2016). Im vorbereitenden Seminar sollte erarbeitet werden, wie in der Portfolioarbeit Reflexionstiefe erlangt werden kann. Hilfreich sind dabei sowohl Reflexionsübungen als auch Kriterien zur Beurteilung von Reflexionstiefe (Keller 2015).

Eine Reflexion gewinnt an Tiefe, wenn es gelingt, von der deskriptiven Ebene unter Einbezug der in der reflektierten Situation vorhandenen emotionalen Komponenten hin zu einer kritisch-reflexiven Haltung zu kommen. Hier zeigt die reflektierende Person, dass sie bereit und in der Lage ist, ihre eigenen impliziten Überzeugungen auf den Prüfstand zu stellen und unterschiedliche Perspektiven einzunehmen.

Anwendungsbeispiel aus der Hochschulpraxis

An der Universität Hamburg findet im Studiengang Lehramt an Beruflichen Schulen im zweiten und dritten Mastersemester das Kernpraktikum statt (vgl. z. B. Tramm, Fahland & Naeve-Stoß 2012). Die Studierenden sind zehn Monate an einer beruflichen Schule und verbringen dort einen großen Teil ihrer Studienzeit. Sie sammeln in diesem Rahmen intensive Praxiserfahrungen in ihrem angestrebten Beruf. Begleitet wird das Kernpraktikum unter anderem durch das Reflexionsseminar, das alle zwei Wochen stattfindet. Es bietet den Raum, erlebte (Unterrichts-)Situationen gemeinsam zu reflektieren, kollegial zu beraten und wissenschaftlich zu fundieren, sowohl pädagogisch als auch didaktisch. Die Studierenden sind gehalten, während ihres Praktikums ein Portfolio zu führen, das aus einem persönlichen und einem seminaröffentlichen Teil besteht. Ziel der Portfolioarbeit ist der Erwerb einer vertieften Reflexionsfähigkeit.

Um diese geht es in der Portfolioprüfung. Zur Vorbereitung auf die Prüfung wählen die Studierenden im hier vorgestellten Fall drei Reflexionsanlässe aus, die sie in jeweils einem sogenannten Basistext verschriftlichen. Unter Basistext wird dabei ein Text im Umfang von zwei Din-A4-Seiten verstanden, in dem eine erlebte Situation bzw. ein Aspekt der Situation reflektiert wird. Beschreibende Texte und Anschauungsmaterial finden sich gegebenenfalls im Anhang an den Text. Die Prüfenden bereiten sich auf der Grundlage der Basistexte gemeinsam auf jede Prüfung einzeln vor. Das Prüfungszeitfenster sieht ungefähr zehn Minuten pro Reflexionsthema vor.

Bewertet wird im Anschluss die Reflexionstiefe basierend auf einem eigens entwickelten Bewertungsschema. Dieses beinhaltet z. B. die Kategorien Aspektreichtum der Reflexion, Theoriebezug der Reflexion, Begründungsniveau, selbstkritische Perspektive sowie die Strukturiertheit der Argumentation und die sprachliche Klarheit und Präzision (Riebenbauer & Naeve-Stoß 2013).

Grenzen und mögliche Stolpersteine

Portfolioarbeit und die resultierende Portfolioprüfung sind für Studierende eine mit Unsicherheiten verbundene Prüfungsform, denn sie widersprechen der oft in Leistungsprüfungen geforderten Logik von richtigen oder falschen Antworten. Vielmehr zählen der Grad der Reflexionsfähigkeit und die Reflexionstiefe. Wichtig ist von Beginn an eine hohe Transparenz bezüglich der Erwartungen und der Beurteilungskriterien. Außerdem müssen die Studierenden im Rahmen des Vorbereitungsseminars daran heran geführt werden, wie sie die geforderte Reflexionstiefe erreichen. Dies bedeutet insgesamt einen erhöhten Betreuungsaufwand vor der eigentlichen Prüfung, um Unsicherheiten zu reduzieren und genug Zeit für die Einnahme einer Metaperspektive einzuräumen, bei der über die Reflexion an sich nachgedacht wird.

Aufgrund des entwicklungs- und lernorientierten Charakters eignen sich Portfolioprüfungen nicht zur summativen Wissensprüfung. Auch sollten Portfolio-Prüfungen nicht angestrebt werden, wenn keine ausreichenden Reflexionsanlässe (beispielsweis durch fehlende Praxiserfahrungen) gegeben sind. Um die Studierenden für die Portfolioarbeit und die anschließende Prüfung zu motivieren, ist es außerdem nötig, diese mit einer dem *Workload* angemessenen Menge an Kreditpunkte zu versehen.

⮕ Tipp
Bewährt hat sich die Durchführung einer Simulationsprüfung, in der die Studierenden gegenseitig ihre Reflexionsfähigkeit über ihre Basistexte einschätzen.

Literatur
Helsper, W. (2006). Pädagogisches Handeln in den Antinomien der Moderne. In H.-H. Krüger & W. Helsper (Hrsg.), *Einführungskurs Erziehungswissenschaft* (S. 15–34). Opladen: Budrich.

Ittner, D. & Hascher, T. (2016). Zur Rolle des Feedbacks für das Lehren und Lernen mit Portfolios im Hochschulkontext. In S. Ziegelbauer & M. Gläser-Zikuda (Hrsg.), *Portfolio als Innovation in Schule, Hochschule und LehrerInnenbildung* (S. 13–26). Bad Heilbrunn: Klinkhardt.

Keller, M. (2015). Reflektieren gut gemacht. Von Empirie zu Denkangeboten. In M. Honegger, D. Ammann & T. Herrmann (Hrsg.), *Schreiben und Reflektieren. Denkspuren zwischen Lernweg und Leerlauf* (S. 107–123). Bern: hep.

Leonhard, T. (2016). Reflexion im Portfolio. In S. Ziegelbauer & M. Gläser-Zikuda (Hrsg.), *Portfolio als Innovation in Schule, Hochschule und LehrerInnenbildung* (S. 45–58). Bad Heilbrunn: Klinkhardt.

Riebenbauer, E. & Naeve-Stoß, N. (2013). Studierst du noch oder reflektierst du schon? *wissenplus, 5-12/13,* 31–36. Verfügbar unter: http://bit.ly/2yQgovV [02.10.2017].

Schön, D. A. (1983). *The reflective practitioner: how professionals think in action.* New York: Basic Books.

Schütze, F. (2000). Schwierigkeiten bei der Arbeit und Paradoxien des professionellen Handelns: ein grundlagentheoretischer Aufriß. *Zeitschrift für qualitative Bildungs-, Beratungs- und Sozialforschung, 1 (2000),* 49–96.

Tramm, T., Fahland, B. & Naeve-Stoß, N. (2012). Das Hamburger Kernpraktikum – ein innovativer Ansatz zur Verknüpfung von Praxis- und Forschungsorientierung in der Lehrerbildung. In Bundesarbeitskreis der Seminar- und Fachleiter (Hrsg.), *45. Seminartag Jena, 1/2012* (S. 105–117). Baltmannsweiler: Schneider Hohengehren.

Wissenschaftsrat (2015). *Empfehlungen zum Verhältnis von Hochschulbildung und Arbeitsmarkt* (Bd. II). Bielefeld.

Ziegelbauer, S. & Gläser-Zikuda, M. (Hrsg.). (2016). *Das Portfolio als Innovation in Schule, Hochschule und LehrerInnenbildung: Perspektiven aus Sicht von Praxis, Forschung und Lehre.* Bad Heilbrunn: Klinkhardt.

38 Poster

Annika Ohle

Kurzbeschreibung	Die Prüfungsform „Wissenschaftliches Poster" stellt eine Mischform aus schriftlicher und mündlicher Leistungsüberprüfung dar. Die Herausforderung, Inhalte auf zentrale Aspekte zu reduzieren, setzt tiefgreifende Fachkompetenz voraus, während die selbstständige Vorbereitung und die mündliche Präsentation Methoden- und Sozialkompetenz erfordern.
Form	schriftlich
	mündlich
Kompetenzen	Fachkompetenz
	Methodenkompetenz
	Sozialkompetenz
Gruppengröße	Einzelperson 1 Student/-in
	kleine Gruppe < 20 Studierende
Dauer der Durchführung	abhängig von der jeweiligen Prüfungsordnung bzw. Modulbeschreibung; in der Regel 15–30 Minuten.
Studentischer Workload	20–40 Stunden zur Postererstellung und Vorbereitung der Präsentation; Näheres regeln die Prüfungsordnungen und Modulhandbücher.
Semesterbegleitend durchführbar?	ja
Durchführungsort	geräumiger Seminarraum mit Möglichkeiten zum Aufhängen der Poster; alternativ kann das Poster per Beamer an die Wand projiziert werden.

Beschreibung der Prüfungsform

Das wissenschaftliche Poster ist eine für Studierende und Lehrende effiziente Möglichkeit der Ergebnispräsentation und eine attraktive Alternative zu klassischen Prüfungsformaten wie Klausur oder mündlicher Prüfung. Einsatzmöglichkeiten bieten sich im Rahmen von Seminaren, in denen unterschiedliche Inhalte von Studierenden erarbeitet werden sollen oder auch als Form der Präsentation eigener (Forschungs-)Arbeiten. Zweck und Aufbau eines wissenschaftlichen Posters unterscheiden sich deutlich von dem eines – allgemein mit dem Begriff „Poster" assoziierten – dekorativen Posters (Pauli & Buff 2005). Der besondere Anspruch dieser Prüfungsform liegt darin, Inhalte auf das Wesentliche zu reduzieren und in einer gut strukturierten, an das Zielpublikum angepassten Form zu präsentieren. Im Idealfall ist das Produkt selbsterklärend.

In der *Vorbereitung* müssen zunächst Kriterien für die inhaltliche und grafische Gestaltung des Posters sowie für die abschließende mündliche Posterpräsentation festgelegt werden. Im Allgemeinen folgt der Aufbau eines wissenschaftlichen Posters dem forschungslogischen Ablauf, der sich auch in den Überschriften auf dem Poster widerspiegeln sollte (Döring & Bortz, 2016):

1. Theoretischer Hintergrund, (Forschungs-)Ziele des Posters
2. Ableitung von (Forschungs-)Fragen, die im Poster thematisiert werden
3. Darstellung der Methodik zur Beantwortung der Fragen
4. Präsentation der Ergebnisse
5. Diskussion der Ergebnisse, Verortung in Gesamtkontext

Je nach Thema, Forschungsansatz und Stand der Arbeit können diese Punkte mehr oder weniger intensiv ausgearbeitet werden. Neben diesen inhaltlichen Eckpunkten ist die Vermittlung grafischer Gestaltungsgrundlagen (z. B. Schriftgrößen, Verhältnis von Text und Abbildungen, Auswahl und Einsatz von „Eye-Catchern") wichtig. Hierzu gibt es vielfältige Handreichungen in der Literatur (z. B. Boullata & Mancuso 2007; Hey 2011). Für die praktische Umsetzung müssen Studierende die notwendige Software zur Postererstellung (z. B. Microsoft PowerPoint, Publisher, Adobe Photoshop) anwenden können und Grundlagen des wissenschaftlichen Präsentierens beherrschen.

In der *Durchführung* erarbeiten die Studierenden zunächst in Einzelarbeit oder Kleingruppen das Thema, erstellen das Poster und bereiten die mündliche Präsentation vor, wobei die Orientierung am Zielpublikum berücksichtigt werden sollte. Je nach Vorgaben von Prüfungsordnung oder Modulhandbuch bereiten sich die Studierenden auch auf eine Diskussion („Verteidigung") des Posterinhalts vor. Den Abschluss bildet dann die mündliche Präsentation, in der die Studierenden die Inhalte zusammenfassend frei vortragen und mit dem Publikum diskutieren.

Zur *Nachbereitung* der Posterpräsentation erhalten die Studierenden kriteriengeleitete Rückmeldung. Nach Überarbeitung des Posters können die finalen Produkte der Gesamtgruppe über Lernplattformen zugänglich gemacht werden.

Die optimale Kleingruppengröße für die Postererstellung und -präsentation sollte drei Studierende nicht überschreiten, um eine angemessene Beteiligung an inhaltlicher und grafischer Gestaltung gewährleisten zu können. Aufgrund der fachunabhängigen Kriterien zur Postergestaltung ist diese Prüfungsform fächerübergreifend einsetzbar. Wichtig ist dabei die Transparenz dieser Kriterien und der Qualitätsabstufungen, insbesondere wenn es sich um eine benotete Prüfungsleistung handelt.

Anwendungsmöglichkeiten

Die Erstellung und Präsentation eines wissenschaftlichen Posters bieten die Möglichkeit der Entwicklung und Erfassung von a) Fachkompetenz durch die nötige Reduktion der Inhalte, b) Methodenkompetenz hinsichtlich selbstreguliertem Arbeitens (Pauli & Buff 2005), des Umgangs mit Software, grafischer Gestaltung und wissenschaftlichen Präsentierens und c) sozialer Kompetenz, da Inhalte und Präsentation an ein Zielpublikum angepasst und ggf. in Gruppen erarbeitet werden.

Die Erstellung der Poster am Computer erlaubt eine dauerhafte Sicherung und Bereitstellung der Arbeitsergebnisse für Studierende und ermöglicht auch eine schnelle und effiziente Rückmeldeprozedur durch die Dozentin/den Dozenten.

Anwendungsbeispiel aus der Hochschulpraxis

In meinem Seminar „Wissenschaftsdidaktik" thematisiere ich zunächst den klassischen Aufbau wissenschaftlicher Arbeiten, der sich später auch in der Struktur des Posters wiederfindet. Daran anschließend übe ich mit den Studierenden die inhaltliche Reduktion, die oft eine zentrale Herausforderung darstellt, indem drei Kernaussagen des Themas und verschiedene Postertitel formuliert werden. Die Einführung in die für die Postererstellung relevante Software nimmt im Vergleich dazu wenig Zeit in Anspruch; ein größerer Fokus wird hingegen auf das Vermitteln und Einüben von Präsentationstechniken gelegt (u. a. Lobin 2012; Renz, 2013). Die Richtlinien und Kriterien für die formale und inhaltliche Postergestaltung und -präsentation werden gemeinsam mit den Studierenden literaturbasiert erarbeitet und bilden die Grundlage für formative und summative Rückmeldungen.

Grenzen und mögliche Stolpersteine

Unterschiedliche Konnotationen von Begriffen in Wissenschafts- und Alltagskontext müssen bedacht und thematisiert werden, wie beispielsweise die Diskussion als Fazit in der Wissenschaft oder als Arbeitsauftrag in Seminarausgestaltungen. Besonders für die wissenschaftliche Diskussion sind klare Kriterien und ein positives Lernklima in der Gruppe essenziell. Der Druck von Postern ist ein Kostenfaktor, der berücksichtigt werden muss; alternativ kann das Poster auch elektronisch präsentiert werden.

⊃ Tipp

Nutzen Sie reale Forschungsposter als Anschauungs- und Diskussionsmaterial; zeigen Sie dabei sehr gute wie auch optimierungswürdige Beispiele. Es bietet sich auch an, das Poster als Präsentationsform im wissenschaftlichen Kontext zu diskutieren (u. a. Ruhl 2011) und (falls möglich) einen Bezug zum späteren beruflichen Umfeld der Studierenden herzustellen. Darüber hinaus kann die Inszenierung der Posterpräsentation im Stil einer wissenschaftlichen Konferenz anschaulich und motivierend wirken (siehe dazu auch Kapitel 39).

Literatur

Boullata, J. I. & Mancuso, C. E. (2007). A "How-To" Guide in Preparing Abstracts and Poster Presentations. *Nutrition in Clinical Practice, 22* (6), 641–646.

Döring, N. & Bortz, J. (2016). Ergebnispräsentation. In N. Döring & J. Bortz (Hrsg.), *Forschungsmethoden und Evaluation in den Sozial- und Humanwissenschaften* (S. 785–804). Berlin, Heidelberg: Springer.

Hey, B. (2011). *Präsentieren in Wissenschaft und Forschung*. Berlin, Heidelberg: Springer.

Lobin, H. (2012). *Die wissenschaftliche Präsentation. Konzept – Visualisierung – Durchführung*. Stuttgart: utb.

Pauli, C. & Buff, A. (2005). Postergestaltung in der Lehre. *Beiträge zur Lehrerbildung, 23* (3), 371–381.

Renz, K.-C. (2013). *Das 1 x 1 der Präsentation*. Wiesbaden: Springer Fachmedien.

Ruhl, K. (2011). *Das Poster in der Wissenschaft. Zum Stellenwert des Posters in der Nachwuchsförderung am Beispiel der Universität Koblenz-Landau*. Gießen: Verlag Johannes Herrmann.

39 Posterkonferenzen

Christian Decker

Kurzbeschreibung	Die klassische Form der Ergebnispräsentation in Seminaren ist das Referat. Diese Prüfungsleistung aktiviert zumeist nur die Referierenden und kann die Zuhörer in eine passive Rolle zwingen. Das Anfertigen von akademischen Postern und das Präsentieren derselben auf studentischen Posterkonferenzen können eine Alternative zum Referateseminar darstellen.
Form	schriftlich
	mündlich
	praktisch
Kompetenzen	Fachkompetenz
	Methodenkompetenz
	Sozialkompetenz
Gruppengröße	Einzelperson 1 Student/-in
	kleine Gruppe < 20 Studierende
Dauer der Durchführung	10–20 Minuten: Präsentation des Posters
	120–180 Minuten: Posterkonferenz
Studentischer Workload	30–180 Arbeitsstunden
Semesterbegleitend durchführbar?	ja
Durchführungsort	Hörsaal, Seminarraum, Foyer

Beschreibung der Prüfungsform

Bei einem Poster handelt es sich um ein „größeres, plakatartig aufgemachtes, gedrucktes Bild" (Duden). Poster werden primär in physischer Form als Plakat präsentiert (zur Postererstellung siehe vertiefend Kapitel 38). Alternativ oder ergänzend lassen sich Poster in elektronischer Form verbreiten. In einem wissenschaftlichen Kontext werden akademische Poster zumeist auf Konferenzen und Tagungen vorgestellt, um Arbeitsergebnisse von abgeschlossenen, laufenden oder geplanten Forschungsvorhaben zu präsentieren und mit dem Publikum in einen fachlichen Austausch bzw. in einen kritischen Diskurs einzutreten.

Im Rahmen von Lehrveranstaltungen lassen sich Poster als alternative Prüfungsform einsetzen (Decker 2016; siehe auch Kapitel 38). Einerseits können Poster zur originären Dokumentation und Präsentation der Ergebnisse eines akademischen Arbeitsauftrags dienen. Andererseits lassen sich Poster zur ergänzenden Aufbereitung der Arbeitsergebnisse eines bereits anderweitig dokumentierten intellektuellen Prozesses (z. B. einer Hausarbeit) einsetzen. Im letztgenannten Fall kann das Poster als Derivat einer Hausarbeit bzw. als zusammenfassendes Thesenpapier der zugrunde liegenden schriftlichen Ausarbeitung interpretiert werden.

Bei einer Poster-Session (Posterkonferenz) handelt es sich um eine „Veranstaltung, bei der die Arbeiten von Wissenschaftlern anhand von Bildern, Plakaten, Schautafeln o. ä. vorgestellt werden" (Duden). Analog lassen sich studentische Poster auf studentischen Posterkonferenzen präsentieren (Decker 2016). Neben den Studierenden können weitere hochschulinterne und hochschulexterne Gäste zur Posterkonferenz eingeladen werden. Die Posterkonferenz kann in den Räumlichkeiten der Hochschule oder auch außerhalb derselben durchgeführt werden.

Bei einer hinreichend großen Teilnehmendenzahl können die Studierenden dazu angehalten werden, sich neben ihren Postern zu positionieren, um etwaige Fragen interessierter Besucher sowie insbesondere der Prüfenden zu beantworten. Hierdurch wird der Charakter des Posters als Substitut des Referates betont. Alle Studierenden werden potenziell (simultan) aktiviert.

Für den Fall, dass die Zahl der eingeladenen Besucher zu klein ist oder nur die Studierenden einer Lehrveranstaltung an einer Posterkonferenz teilnehmen, kann alternativ ein „Gallery Walk" durchgeführt werden. Dabei schreiten die Studierenden mit den Lehrenden die Poster gemeinsam ab. Zu jedem Poster können Fragen gestellt werden, um mit den jeweiligen Autoren der Poster in eine Diskussion einzutreten. Auch hierbei wird der Charakter des Posters als Substitut für das Referat deutlich.

Anwendungsmöglichkeiten

Die Prüfungsform Posterkonferenz ist fächerübergreifend einsetzbar. Einzelne Fachdisziplinen haben Standards bzw. Empfehlungen für den Aufbau von Postern erarbeitet (Nicole & Pexman 2013; siehe auch Kapitel 38). Prüfende müssen abwägen, ob derartige Standards eine hilfreiche Unterstützung für die Studierenden darstellen oder eher den kreativen Prozess der Postergestaltung beeinträchtigen.

Das Anfertigen von Postern setzt technische Kenntnisse (Software) voraus und sollte durch Poster-Workshops und/oder durch E-Learning-Tutorials begleitet werden (Decker 2016).

Anwendungsbeispiel aus der Hochschulpraxis

Ich setze die Prüfungsformen Poster und Posterkonferenz u. a. im zweiten Fachsemester eines partiell englischsprachigen Bachelorstudiengangs im Rahmen des

Moduls „Academic research and writing" ein (Decker 2017). Es handelt sich um eine erste systematische Einführung in das wissenschaftliche Arbeiten in englischer Sprache (Decker & Werner 2016). Die Prüfungsleistung setzt sich u. a. aus einer Hausarbeit, einem Poster und der Teilnahme an einer Posterkonferenz zusammen. Das Poster wird als integraler Bestandteil der Hausarbeit betrachtet, wobei es einen Notenanteil von ca. 20 % aufweist. Die erfolgreiche Teilnahme an der Posterkonferenz wird mit „bestanden" oder „nicht bestanden" bewertet und geht somit nicht (direkt) in die Endnote ein. Den Studierenden sollen hierdurch etwaige Ängste bei der erstmaligen Präsentation vor einem größeren Publikum genommen werden.

In der ersten Hälfte des Semesters erwerben die Studierenden die nötigen theoretischen und handwerklichen Grundlagen des wissenschaftlichen Arbeitens, um in der zweiten Semesterhälfte ein individuell zugewiesenes Thema im Wege einer Hausarbeit zu bearbeiten. Nach Abgabe der Hausarbeit erfolgt das Anfertigen eines korrespondierenden Posters, das in der letzten Woche des Semesters auf einer hochschulöffentlichen „Student Research Poster Conference" zu präsentieren ist. Alle Themen lassen sich unter ein semesterindividuell festgelegtes Oberthema subsumieren, sodass sich bei entsprechender Hängung der einzelnen Poster für die Besucher und die Studierenden ein roter Faden ergibt. Oftmals erfassen Studierende nach eigenem Bekunden erst am Tag der Posterkonferenz den Wert des eigenen Beitrags zur kollektiven Gesamtleistung der Kohorte.

Sowohl die Lehrenden als auch die Studierenden wählen die aus ihrer Sicht besten drei Poster des Semesters aus. Die Poster werden unabhängig von der eigentlichen Benotung jeweils mit einer Urkunde gewürdigt, die durch das Dekanat überreicht wird. Durch die feierliche Übergabe der Urkunden sowie die Dokumentation in Bild und Ton wird die Veranstaltung nochmals aufgewertet (HAW Hamburg 2014).

Grenzen und mögliche Stolpersteine

Erfahrungsgemäß besteht die Gefahr, dass Studierende das Poster und dessen Präsentation auf einer Posterkonferenz als ‚lästige Pflichtübung' empfinden, wenn diese Prüfungsformen als nicht benotete Studienleistungen eingesetzt werden. Es empfiehlt sich daher zumeist, auf die Benotungsrelevanz hinzuweisen.

Eine der Herausforderungen beim Erstellen eines Posters liegt in der Visualisierung der Inhalte. Grafische Elemente und Bilder können bei einem adäquaten Einsatz zu einer verbesserten Rezeption der Inhalte beitragen. Ein Problem kann nun darin liegen, dass die Studierenden urheberrechtlich geschützte Inhalte aus dem Internet kopieren, um damit die Visualisierung in ihrem Poster zu unterstützen. In diesem Kontext ist es wichtig, die Studierenden für die Aspekte des Copyrights zu sensibilisieren und auf die Möglichkeiten der gemeinfreien Beschaffung von grafischen Elementen und Bildern hinzuweisen. Das Anfertigen großformatiger und farbiger Poster in den Formaten DIN A0 oder DIN A1 kann zu Druckkosten führen, die das Budget einzelner Studierender übersteigt. Die Druckkosten sollten daher grundsätzlich von der Hochschule getragen werden. Für den Fall, dass kein hochschulseitiges Budget bereitgestellt werden kann, können die Poster ersatzweise in elektronischer Form virtuell im Learning-Management-System präsentiert oder per Beamer projiziert werden.

⮕ **Tipp**
Achten Sie darauf, dass Poster und Posterkonferenzen in der Studien- und Prüfungsordnung als erlaubte Prüfungsformen definiert sind. Ist dies nicht der Fall, können nach Absprache mit dem Prüfungsausschuss das Poster als integraler Bestandteil einer Hausarbeit und die Präsentation desselben auf einer Posterkonferenz als Referat qualifiziert werden.

Literatur

Decker, C. (2016). Die Posterkonferenz als hochschuldidaktische Methode und Alternative zum Referat. In B. Berendt, A. Fleischmann, N. Schaper, B. Szczyrba & J. Wildt (Hrsg.), *Neues Handbuch Hochschullehre* (Artikel G1.2). Berlin: Raabe.

Decker, C. (2017). Forschendes Lernen in Aktion: Studierende präsentieren ihre Arbeitsergebnisse. *Die Neue Hochschule*. 1, 4.

Decker, C.; Werner, R. (2016). *Academic research and writing. A concise introduction*. Frankfurt am Main: iCADEMICUS.

Duden (2017). *Stichwort Poster*. Verfügbar unter: http://bit.ly/2gHFun2 [02.10.2017].

Duden (2017). *Stichwort Poster-Session*. Verfügbar unter: http://bit.ly/2wZ951g [02.10.2017].

HAW Hamburg (2014). *Der kompetenzorientierte Einsatz des „Inverted Classroom Model" im Modul „Academic research and writing"*, Interview mit Christian Decker und Philip Schenk (Video). Verfügbar unter: http://bit.ly/2kS2Evp [02.10.2017].

Nicole, A. & Pexman, P. (2013). *Displaying your Findings: A Practical Guide for Creating Figures, Posters, and Presentations* (6. Aufl.). Washington DC: APA.

40 Protokoll einer Seminareinheit

Lena Niekler

Kurzbeschreibung	Das Protokoll einer Seminareinheit oder Seminarprotokoll ist eine schriftliche Dokumentation. Verlauf und Ergebnisse einer Seminarsitzung werden sprachlich knapp, präzise und sachlich in strukturierter Form schriftlich fixiert.
Form	schriftlich
Kompetenzen	Fachkompetenz Methodenkompetenz
Gruppengröße	Einzelperson 1 Student/-in
Dauer der Durchführung	im Rahmen einer Seminareinheit, d. h. üblicherweise 90 Minuten
Studentischer Workload	20–30 Arbeitsstunden
Semesterbegleitend durchführbar?	ja
Durchführungsort	Seminarraum / Hörsaal sowie bei Exkursionen

Beschreibung der Prüfungsform

Das Protokoll einer Seminareinheit eignet sich als Prüfungsform dazu, das im Rahmen eines Seminars diskursiv erarbeitete Wissen schriftlich zu fixieren sowie komprimiert und systematisch wiederzugeben. Zu diesem Zweck wird beim wissenschaftlichen Seminarprotokoll üblicherweise auf eine Kombination aus Verlaufsprotokoll und Ergebnisprotokoll zurückgegriffen. Im Protokoll sind folglich sowohl zentrale Inhalte und Ergebnisse einer Seminareinheit als auch die Erkenntniswege, die diesen zugrunde liegen, enthalten.

Bezogen auf die formale Gestaltung umfasst das Seminarprotokoll in der Regel die drei folgenden Bestandteile:

- Protokollkopf: Im „Kopf" werden der Name der Hochschule, der Seminarname und die Seminarleitung sowie der Name des Protokollanten bzw. der Protokollantin, das Datum und das Thema der Seminareinheit genannt.
- Protokolltext: In einem ausformulierten Text im Tempus Präsens werden die zentralen Inhalte der Seminareinheit sachlich, knapp und präzise dokumentiert. Um eine neutrale Schilderung zu ermöglichen, wird auf eigene Interpretationen und Wahrnehmungen verzichtet. Zur Strukturierung des Textes werden Überschriften und Hervorhebungen verwendet. Der Umfang des Protokolls beträgt üblicherweise nicht mehr als zwei DIN-A4-Seiten.

- Anhang: Literaturangaben, Beispiele und Folien, auf die im Seminar verwiesen wurde, können zur Vervollständigung der Seminardokumentation angefügt werden.

Unter dem Seminarprotokoll sind das Datum der Erstellung und die Unterschrift des Protokollanten bzw. der Protokollantin anzufügen.

Wenn das Protokoll als Prüfungsform angewandt wird, sind zu Seminarbeginn folgende organisatorische Absprachen mit den Studierenden zu treffen: Abhängig von der Anzahl der Studierenden werden eine oder mehrere Personen pro Sitzung ein Protokoll führen. Die Studierenden werden informiert, welche Seminareinheit ihrer Prüfungsleistung zugrunde liegt, und erfahren, nach welchen Kriterien die Bewertung erfolgen wird. Des Weiteren obliegt es den verantwortlichen Prüferinnen und Prüfern, den gewünschten Umfang, das Abgabedatum sowie die Schwerpunktlegung (Verhältnis von Verlaufs- und Ereignisprotokoll) abzustimmen. Auf dieser Grundlage können die Studierenden in der von ihnen zu protokollierenden Seminareinheit die erforderlichen Mitschriften anfertigen und im Anschluss das Protokoll erstellen.

Anwendungsmöglichkeiten

Das Seminarprotokoll kann sowohl zu Seminareinheiten selbst als auch zu Exkursionen, die im Rahmen des Studiums stattfinden, angefertigt werden. Prüfungsordnungen sehen häufig eine Kombination aus Seminarprotokoll und anderen Prüfungsformen vor, was im Sinne des Constructive Alignment als höhere Differenzierung positiv zu werten ist. Als Prüfungsleistung stellen Studierende z. B. ein Portfolio bestehend aus Protokoll, Essay und kommentierter Textzusammenfassung zusammen (vgl. Universität Kiel 2014, S. 3).

Bezogen auf die gewünschten Lernergebnisse kann das Seminarprotokoll grundsätzlich fünf Funktionen übernehmen (vgl. Schindler 2011, S. 42f.):
- die Dokumentation von Sitzungsinhalten und Sitzungsverlauf, die es allen am Diskurs Beteiligten sowie den nicht anwesenden Studierenden ermöglicht, die Seminareinheit nachzuvollziehen;
- die Aufbereitung von Wissen, da eine komprimierte Darstellung der Seminarinhalte und eine Klärung von offenen Fragen vorgenommen werden;
- Seminarprotokolle fungieren – ähnlich einem Reader oder Folien zum Seminar – als Literatur, die zur Rekapitulation der Seminarinhalte und damit zur Vorbereitung für weitere Prüfungssituationen dienen kann;
- zur Kontrolle, da Lehrende am Protokoll überprüfen können, welche Inhalte verstanden wurden und wo unter Umständen noch Unklarheiten bestehen;

- zum Einüben der Verschriftlichung mündlicher Inhalte, da das Seminarprotokoll die Unterscheidung zwischen Wichtigem und Unwichtigem sowie die Gewichtung, Strukturierung und angemessene Formulierung von Seminarinhalten erfordert.

Als Prüfungsform ermöglicht das Seminarprotokoll eine vertiefende Auseinandersetzung mit Grund- und Spezialwissen aus dem eigenen Fachgebiet, da die Inhalte des Seminars nicht nur dokumentiert, sondern auch verstanden und entsprechend aufbereitet werden müssen. Das Erstellen einer Mitschrift während der Seminareinheit stellt zunächst einmal eine kognitiv anspruchsvolle Aufgabe dar. Des Weiteren hilft das Schreiben von Protokollen Studierenden dabei Kompetenzen zu entwickeln, die auch über das Studium hinaus von Bedeutung sind. Vor allem der präzise Sprachstil des Protokolls wird in einer Vielzahl beruflicher Kontexte benötigt.

Anwendungsbeispiel aus der Hochschulpraxis

In der Praxis nutze ich das Protokoll einer Seminareinheit in meiner Lehrveranstaltung „Altes Testament: Geschichte Israels". Die Studierenden werden in der ersten Seminareinheit im Gespräch und mithilfe eines Handouts über die Planungen des Seminars, die Prüfungsleistung und meine Anforderungen informiert. Anschließend erfolgt die eigenständige Vorbereitung und die Mitschrift des Protokolls wird angefertigt. In der Seminareinheit zum Thema „Zeit der Landnahme und Richterzeit" sind dabei beispielsweise der einführende Vortrag zur Epoche, eine Gruppenarbeit und -präsentation zu den Landnahmemodellen sowie eine Diskussion zur Amphiktyoniehypothese zu protokollieren und mit der entsprechenden Literatur zu ergänzen. Bei Rückfragen bin ich als Ansprechpartnerin erreichbar. Außerdem biete ich den Studierenden an, ihr Protokoll in der nachfolgenden Woche im Seminar durchzusprechen, sodass eine sprachliche Überarbeitung und inhaltliche Korrekturen noch vorgenommen werden können. Als Bewertungskriterien dienen mir die formale Gestaltung (Form, Sprachstil, Orthografie), die inhaltliche Richtigkeit sowie die Gewichtung der einzelnen Inhalte im Protokoll.

Grenzen und mögliche Stolpersteine

Beim Erstellen eines Seminarprotokolls „stolpern" Studierende über Probleme, die im Zusammenhang mit der inhaltlichen, sprachlichen und formalen Gestaltung stehen. Um formale Schwierigkeiten zu reduzieren, ist es ratsam die Prüfungsform des Protokolls mit dem erforderlichen Aufbau in einer kurzen Einführung zu erläutern. Im Idealfall haben die Studierenden das Seminarprotokoll in einer Einführung zum wissenschaftlichen Arbeiten thematisiert, sodass nur eine Wiederholung nötig ist. Des Weiteren ist es hilfreich, exemplarisch Protokolle aus früheren Semestern zur Verfügung zu stellen. Sprachliche Schwierigkeiten (z. B. wortwörtliche Übernahme gesprochener Sprache) können durch das Angebot der Protokollbesprechung in einer Überarbeitung reduziert werden. Problemen hinsichtlich der inhaltlichen Gestaltung kann durch die Struktur und Moderation des Seminars entgegengewirkt werden – für Studierende sollte ein „roter Faden" erkennbar werden, auf den sie sich im Protokoll beziehen können. Finden verschiedene Methoden (Vortrag, Gruppenarbeit, Referat, Diskussion usw.) in einer Seminareinheit Verwendung, erleichtert dies das Dokumentieren einzelner thematischer Aspekte.

⊃ **Tipp**
Klare Vorgaben für die Studierenden und eine Seminarplanung, die einen abwechslungsreichen Diskurs ermöglicht, sind entscheidend.

Literatur
Schindler, K. (2011). *Klausur, Protokoll, Essay.* Paderborn: Ferdinand Schöningh.
Universität Kiel (2014). *Fachprüfungsordnung (Satzung) der Philosophischen Fakultät.* Verfügbar unter: http://bit.ly/2xK0q7u [02.10.2017].

41 Prüfungsgespräch mit Poster-Präsentation

Dagmar Killus & Sabrina Kulin

Kurzbeschreibung	Mündliche Prüfungen haben Potenzial: Über die Abfrage von Wissen hinaus bieten sie die Möglichkeit, eine Gesprächssituation zu schaffen, in der Wissen zu verschiedenen Teilbereichen vernetzt, reflektiert, kritisch diskutiert und auf Beispiele angewendet werden kann. Im Folgenden wird eine Variante einer mündlichen Prüfung vorgestellt, die ein Prüfungsgespräch mit einer von den Studierenden vorbereiteten Posterpräsentation kombiniert.
Form	mündlich
Kompetenzen	Fachkompetenz
	Methodenkompetenz
Gruppengröße	Einzelperson — 1 Student/-in
	kleine Gruppe — Erfahrungen mit Teamprüfungen
Dauer der Durchführung	ca. 0,5 Stunden
Studentischer Workload	ca. 60 Stunden
Semesterbegleitend durchführbar?	ja
Durchführungsort	Einzelbüro

Beschreibung der Prüfungsform

Mündliche Prüfungen bieten – jenseits der reinen Abfrage von Wissen – vielfältige Möglichkeiten für eine tiefergehende und nachhaltige Auseinandersetzung mit einem Thema. Dieses Potenzial entfalten mündliche Prüfungen nicht zwangsläufig. Dafür müssen vielmehr bestimmte Merkmale erfüllt sein. Welche Merkmale kennzeichnen nun das Prüfungsgespräch mit Posterpräsentation? Im Einzelnen:

- Die Aufgabenstellung soll verschiedene kognitive Niveaustufen abdecken und dabei insbesondere die Vernetzung von Wissen sowie einen Transfer auf konkrete Beispiele unterstützen.
- Die Erreichung der verschiedenen Niveaustufen soll durch eine Visualisierung mittels Poster methodisch angeregt und unterstützt werden.
- Mit Rücksicht auf die unterschiedlichen Interessen und Ausgangslagen der Studierenden (z. B. persönliche Anliegen aufgrund vorausgegangener schulpraktischer Erfahrungen) sollen individuelle Schwerpunktsetzungen ermöglicht werden ebenso wie Freiheiten in der Aufgabenbearbeitung.

Anwendungsmöglichkeiten

Die skizzierte Prüfungsform ermöglicht es den Studierenden, sich Themengebiete entsprechend selbst gewählter Schwerpunkte selbstständig zu erschließen. Über die Wiedergabe von Faktenwissen und darauf bezogenen Begriffen hinaus wird die Erklärung von Zusammenhängen, der Transfer des Wissens auf konkrete Beispiele und Problemstellungen sowie das Entdecken neuer Zusammenhänge und deren Bewertung erwartet (vgl. z. B. Taxonomie von Bloom, 1976). Daraus ergeben sich Anforderungen für die *Vorbereitung*, *Durchführung* und *Nachbereitung* der Prüfung:

Vorbereitung: Die Studierenden sollen die Aufgabenstellung relativ früh, d. h. noch während des Semesters, in schriftlicher Form erhalten. Sinnvoll sind mehrere Teilfragen, die jeweils auf unterschiedliche kognitive Niveaustufen fokussieren (siehe ‚Bloom'sche Taxonomie' im vorherigen Abschnitt). Die Aufgabenstellung soll es den Studierenden gleichzeitig ermöglichen, aus größeren Themenfeldern, die im Seminar behandelt wurden, Teilaspekte auszuwählen. Zusätzlich zu der Aufgabenstellung sollen die Studierenden daraus abgeleitete Bewertungskriterien erhalten, denen jeweils Punkte zugeordnet sind. Die maximal zu erreichende Punktzahl hängt von dem Schwierigkeitsgrad einer Teilaufgabe ab. Daraus können die Studierenden Hinweise auf Gewichtungen und Erwartungen ableiten. Die Präsentation der erarbeiteten Ergebnisse erfolgt auf einem Poster. Darauf sollen vor allem Begriffe, Konzepte, Beispiele und eigene Schlussfolgerungen derart visualisiert werden, dass Zusammenhänge zwischen den einzelnen Bestandteilen deutlich werden.

Durchführung: Zunächst sollen die Studierenden die Möglichkeit haben, individuelle Schwerpunktsetzungen zu begründen und die Logik der Visualisierung auf dem Poster zu erklären. Die Studierenden können dadurch gleich zu Beginn, aber auch bei späteren Nachfragen gemäß der eigenen Denkstrukturen antworten. In dem sich anschließenden Prüfungsgespräch können engere und vor allem weitere Prüfungsfragen gezielt eingesetzt werden: z. B. Rückfragen stellen, Begründungen erfragen, Präzisierung komplexer Zusammenhänge an einem Beispiel verlangen, weiterführende Fragen stellen oder neue Informationen geben (vgl. Walzik 2015, S. 62). Durch die Fragen strukturiert und lenkt die Prüferin/der Prüfer das Prüfungsgespräch. Dabei ist auch darauf zu achten, den Studierenden den größeren Redeanteil einzuräumen.

Nachbereitung: Auf Basis der Bewertungskriterien einschließlich der zugeordneten Punkte lässt sich der Lernstand (Note oder „bestanden"/„nicht bestanden") ermitteln. Die abschließende Bewertung hängt letztlich davon ab, wie gut eine Studentin/ein Student Wissen zu den gewählten Themen wiedergeben und erläutern kann (Fachkompetenz), und wie gut sie oder er in der Lage ist, dieses

Wissen zu vernetzen, auf Probleme anzuwenden und daraus Lösungen und Entscheidungen abzuleiten (Methodenkompetenz). Das Poster geht dabei nicht in die Bewertung ein. Es stellt vielmehr ein ‚Gerüst' dar: Den Studierenden hilft es, komplexe Sachverhalte einschließlich ihrer Zusammenhänge zur Darstellung zu bringen. Den Prüfenden hilft es, in der Prüfung einen ‚roten Faden' zu verfolgen sowie flexibel auf die jeweils individuellen Schwerpunktsetzungen und Denkstrukturen der Studierenden einzugehen.

Anwendungsbeispiel aus der Hochschulpraxis
Mündliche Prüfungen zum Abschluss eines Moduls sind am Arbeitsbereich ‚Schulpädagogik & Schulforschung' (Universität Hamburg) seit mehreren Jahren fester Bestandteil neben weiteren Prüfungsformen. Die skizzierte Prüfungsform – das Prüfungsgespräch mit Posterpräsentation – soll nun an einem Beispiel veranschaulicht werden.

Seminar und Aufgabenstellung zur Prüfungsvorbereitung:
Der Arbeitsbereich ‚Schulpädagogik & Schulforschung' bietet regelmäßig Seminare mit dem Titel ‚Schule und Schulentwicklung' an. Dabei werden drei Schwerpunkte gesetzt: 1) Den Ausgangspunkt bilden aktuelle bildungspolitische Reforminitiativen (konkret: Gestaltung von Ganztag oder von Inklusion). 2) Daran anschließend werden Grundlagen der Schulentwicklung erarbeitet, wobei Schulentwicklung verstanden wird als bewusste und systematische Weiterentwicklung von Einzelschulen. 3) Der Fokus liegt im Weiteren auf konkreten Strategien, die Schulentwicklungsprozesse in Gang setzen und unterstützen können (z. B. Lehrer/innen/kooperation, schulinterne Evaluation oder Schulinspektion). Die Studierenden können *eine* Reforminitiative und *eine* Strategie auswählen. Die Grundlagen der Schulentwicklung müssen *alle Studierenden* in ihre Vorbereitung einbeziehen. Die *Aufgabenstellung* lautet: Welche Herausforderungen sind mit der von Ihnen gewählten Reforminitiative verbunden? Inwieweit ist die von Ihnen gewählte Strategie der Schulentwicklung in der Lage, diese Herausforderungen zu bewältigen? Welches Potenzial für die bewusste und systematische Entwicklung von Einzelschulen ergibt sich daraus? Das Prüfungsgespräch dauert ca. 20 Minuten.

Wie ein Student diese Aufgabenstellung bearbeitet hat, zeigt das folgende Poster:

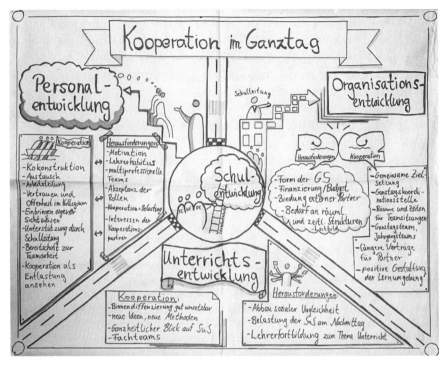

© Kevin Klüver

Grenzen und mögliche Stolpersteine

Prüfungsbespräche mit Poster-Präsentation bieten einerseits Potenzial für eine tiefergehende und nachhaltige Auseinandersetzung mit einem Thema, andererseits können insbesondere beim Prüfungsgespräch Hürden auftreten, die bewältigt werden müssen:

1) Damit die Studierenden an die eigenen Denkstrukturen anknüpfen können, empfiehlt sich als Einstieg in die Prüfung eine Frage bzw. Aufgabenstellung der folgenden Art: „Zunächst möchte ich Sie bitten, die Logik Ihres Posters kurz zu erklären."

2) Wenn die Studierenden ihr Poster sehr detailliert wiedergeben bzw. vorlesen, ist es ratsam, sie behutsam zu ‚unterbrechen' und die Präsentation in ein Prüfungsgespräch zu überführen (z. B. „Wie könnte eine Kooperation zwischen Regellehrkräften und Sonderpädagoginnen/-pädagogen im inklusiven Unterricht konkret aussehen? Fällt Ihnen hierzu ein Beispiel ein?").

3) Fällt es den Studierenden schwer, von sich aus höhere kognitive Niveaustufen zu erreichen, so kann dies durch Fragen unterstützt werden, die auf Zusammenhänge zwischen Themengebieten und die Anwendung von Wissen zielen („Welches Potenzial hat die von Ihnen beschriebene Kooperation für die systematische Entwicklung von Einzelschulen?").
4) Umgekehrt sollen die Studierenden in der Prüfung zeigen, dass sie über grundlegendes Wissen in Form von Begriffen, Fakten und Theorien verfügen. Insbesondere dann, wenn dies auf den Postern zu kurz kommt, können entsprechende Fragen helfen („Können Sie Ihre Ausführungen in der theoretischen Literatur verorten, die sich auf verschiedene Formen von Kooperation bezieht?"). Letzteres schließt auch Fragen zu konkreten Quellen und Autor/innen mit ein.

⊃ Tipp
Poster, auf denen die Studierenden ihre Überlegungen und Erkenntnisse visualisieren und die sie mit in die mündliche Prüfung bringen, ermöglichen Ihnen als Prüfer/in, individuell auf die Studierenden einzugehen – und zwar auch dann noch, wenn im Prüfungsalltag viele Prüfungen aufeinander folgen.

Literatur
Bloom, B. S. (1976). *Taxonomie von Lernzielen im kognitiven Bereich*. Weinheim u. Basel: Beltz.
Walzik, S. (2015). *Kompetenzorientiert prüfen: Leistungsbewertung an der Hochschule in Theorie und Praxis*. Opladen u. Toronto: Barbara Budrich.

42 Reflexionsbericht

Angela Sommer

Kurzbeschreibung	Reflexionsberichte entstehen im Nachgang zu von den Studierenden selbst durchgeführten berufspraktischen Handlungssituationen. Sie enthalten eine kompakte Beschreibung und anschließende Reflexion der gemachten Erfahrungen, erkannten Lernherausforderungen und Entwicklungsfelder. Somit sind sie primär für formative Prüfungen und besonders in höheren Mastersemestern oder weiterbildenden Studiengängen geeignet und stellen eine konstruktive Verbindung zwischen Lernzielen, studentischer Aktivität und Prüfung dar.	
Form	schriftlich	
Kompetenzen	Fachkompetenz	
	Methodenkompetenz	
	Sozialkompetenz	
	Selbstkompetenz	
Gruppengröße	Einzelperson	1 Student/-in
	kleine Gruppe	< 20 Studierende
	mittlere Gruppe	20–50 Studierende
	große Gruppe	> 50 Studierende
Dauer der Durchführung	0,5–2 Stunden Korrekturaufwand pro Reflexionsbericht	
Studentischer Workload	5–25 Stunden	
Semesterbegleitend durchführbar?	ja	
Durchführungsort	Gesprächs- und Übungsanlässe im beruflichen Feld, studentisches Arbeitszimmer	

Beschreibung der Prüfungsform

Reflexionsberichte stellen eine kompakte und unter spezifischen Aspekten (s.u.) aufbereitete Reflexion beruflicher Handlungssituationen dar. In zahlreichen Lehrveranstaltungen, v.a. in höheren Mastersemestern und weiterbildenden Studiengängen steht das Einüben beruflichen Handelns im Mittelpunkt. Dies können 1. Simulationen im Seminar oder 2. praktische Handlungssituationen im beruflichen Feld als nachgelagerte Übungssituationen (siehe Tab. 1) sein. Sie zielen auf Lernziele auf der Handlungsebene wie etwa „anwenden können", „erproben" oder „reflektieren". Neben der Durchführung gehört somit die Reflexion über die gemachten Erfahrungen zur studentischen Aktivität. Ein solcher Reflexionsbericht erfordert eine kompakte Zusammenfassung der Handlung, eine gebündelte

Beschreibung der gemachten Erfahrungen und Beobachtungen, eine Bewertung sowie Schlussfolgerungen für die weitere Praxis und Lernentwicklung. Reflexionsberichte unterstützen daher in besonderem Maß die Anforderung aus dem Constructive Alignment. Lehrveranstaltung, studentische Aktivität und Prüfung stellen ein konstruktives Ergänzungsverhältnis dar und stärken damit die didaktische Funktion von Prüfungen als Entwicklungsmöglichkeit und Lernchance.

Entscheidend ist, die erwartete Gliederung dieser spezifischen Textsorte im Seminar bekannt zu geben (Müller & Schmidt 2009, S. 33). Selbstreflektierende Texte entfalten ihre Wirkkraft besonders in formativen Kontexten (im Sinne einer Rückmeldung ohne Benotung). Sie können jedoch auch für summative Prüfungen eingesetzt werden, wenn den Studierenden die Anforderungen und Bewertungskriterien vorab bekannt sind.

Wird eine Praxissituation im Seminar simuliert (z. B. ein Beratungsgespräch als Rollenspiel), dann sollten Mitstudierende und Lehrende unmittelbar danach Feedback geben. Hier gilt es bereits die Unterscheidung zwischen Wahrnehmen, Interpretieren und Bewerten einzuüben (Schulz von Thun 2004, S. 72). Bei nachgelagerten Übungen liegt das Feedback bei den Lehrenden.

Anwendungsmöglichkeiten

Dieses Prüfungsformat eignet sich für jede Art von Lehrveranstaltungen, in denen das berufspraktische Handeln im Fokus steht. Das reicht von im Seminar simulierten Gesprächen über Lehrproben bis hin zu ausgelagerten Übungssituationen an anderen Lernorten.

Tab. 1: Beispiele für praktische Handlungssituationen, die einer Reflexion bedürfen

Professionelle Übungssituationen:	Studiengänge:
Eltern- und Fördergespräche in Kindergarten, Schule, Jugendeinrichtung	Erziehungswissenschaft, Sozialpädagogik
Vortrag, Seminar in der Erwachsenenbildung	Erziehungswissenschaft und Fachstudien
Beratung, Coaching, Therapiestunde	Erziehungswissenschaft, Sozialpädagogik, Psychologie
Aktivitäten unter professioneller Anleitung wie etwa die Rechtsberatung oder Unternehmensberatung (Service-Learning)	Rechts- und Wirtschaftswissenschaften
Führung durch eine Ausstellung, Sammlung oder ein Museum	Museumspädagogik, kunst- und naturwissenschaftliche Studiengänge
Arzt-Patienten-Gespräch	Medizin

Für die Erstellung des Reflexionsberichts benötigen die Studierenden notwendigerweise Leitfragen. Die Leitfragen sollten so formuliert sein, dass sie zur vertiefenden Reflexion einladen und der Text nicht rein deskriptiv bleibt.

Beispiele für Leitfragen:
1. eher deskriptiv:
- Wie sind Sie bei der Planung vorgegangen und welche Überlegungen lagen zugrunde?
- Wo, wie und mit wem haben Sie die Handlungssituation durchgeführt?
- Was ist Ihnen besonders gut gelungen?
- Was hat nicht geklappt?
- Was fiel Ihnen leicht?
- Was fiel Ihnen schwer?

2. vertiefend-reflexiv:
- Was würden Sie im Nachhinein betrachtet anders machen, wie und warum?
- Welche Erklärungen haben Sie dafür, dass etwas nicht gelungen ist? Wie lässt sich das vor dem Hintergrund der Seminararbeit und -literatur erklären? Welche Rückschlüsse ziehen Sie daraus?
- Welche zentralen Erkenntnisse haben Sie aus dieser Praxissituation gewonnen?
- Was nehmen Sie sich daraufhin für Ihr Weiterlernen / Ihre berufliche Praxis vor?
- Wo und wie könnten Sie weiter üben?

Die Erarbeitung, was eine gelungene Praxissituation und den dazugehörigen Reflexionsbericht ausmacht, kann bereits in die Lehrveranstaltung integriert werden. Und nicht immer müssen nur die Lehrenden die Berichte lesen. So lassen sich Peer-Feedback-Verfahren etablieren, in denen die Studierenden die Texte gegenseitig lesen. Hierfür können E-Learning-Plattformen genutzt werden, wenn sie als geschlossener Raum nur von den Studierenden selbst bearbeitet werden können. Die Lehrenden erhalten die überarbeiteten Reflexionsberichte erst anschließend, versehen sie mit individuellem Feedback und bewerten sie abschließend. In der Bewertung sollten nicht die gemachten Fehler oder Auslassungen benotet werden, sondern vielmehr ob es den Studierenden gelingt, darüber angemessen nachzudenken und – auch theoriegeleitete – Rückschlüsse zu ziehen.

Anwendungsbeispiel aus der Hochschulpraxis

Ich setze Reflexionsberichte sowohl im weiterbildenden Master of Higher Education (MoHE) als auch im grundständigen erziehungswissenschaftlichen Studium an der Universität Hamburg im Nachgang zu Seminaren ein, in denen Gesprächsführungs- und Beratungskompetenzen eingeübt werden. Die Studierenden führen praktische (Beratungs-)Gespräche durch und nehmen in der ca. fünfseitigen Reflexion eine Meta-Position ein, aus der heraus sie die Gesprächskontexte und -abläufe zunächst beschreiben und dann ihre Rolle, Erfolge und Schwierigkeiten reflektieren. In meinem Feedback fokussiere ich methodische Aspekte und füge individuell zugeschnittene Verbesserungsvorschläge sowie Literaturempfehlungen an, die sie in ihrer Professionalisierung unterstützen sollen.

Grenzen und mögliche Stolpersteine

Ähnlich wie bei der Portfolioarbeit stellen reflektierende Texte für manche Studierende und Fachkulturen eine besondere Herausforderung dar. Studierende in geistes- und erziehungswissenschaftlichen Fächern sind darin eher geübt als Studierende in naturwissenschaftlichen, wirtschafts- oder rechtswissenschaftlichen Studiengängen. Letztere benötigen daher besonders dringend klare Vorgaben und Leitfragen sowie genaue Hinweise darauf, was von ihnen erwartet und was bewertet wird – und was nicht. Außerdem ist die Bewertung reflexiver Texte anspruchsvoll, weshalb dieses Format primär für formative Prüfungen geeignet ist. Andernfalls besteht die Gefahr, dass die Studierenden dazu neigen, sich in besonders gutem Licht darstellen zu wollen und Hindernisse oder Probleme zu verschweigen. Dem kann entgegen gewirkt werden, indem Leitfragen und Bewertungskriterien vorab bekannt gegeben oder sogar im Seminar gemeinsam entwickelt werden.

⊃ Tipp

Wer reflektiert, darf „ICH" schreiben. Diese Textsorte lebt von der Reflexion der gemachten Erfahrungen für die professionelle Weiterentwicklung und erlaubt nicht nur sondern erfordert geradezu, dass die Verfassenden sich selbst in den Blick nehmen und dies durch ihre Wortwahl ausdrücken.

Literatur

Müller, A. & Schmidt, B. (2009). Prüfungen als Lernchance: Sinn, Ziele und Formen von Hochschulprüfungen. *Zeitschrift für Hochschulentwicklung, 4* (1), 23–45. Verfügbar unter: http://bit.ly/2zrkJUr [02.10.2017].

Schulz von Thun, F. (2004). *Miteinander Reden 1. Störungen und Klärungen. Allgemeine Psychologie der Kommunikation.* Reinbek bei Hamburg: Rowohlt.

43 Rezension
Arnd Holdschlag

Kurzbeschreibung	Eine Rezension, wie sie in der Wissenschaft z. B. als Buchbesprechung oder Gutachten in einem Peer-Review-Prozess bei Publikationen üblich ist, eignet sich als Prüfungsform insbesondere (aber nicht nur) bei Lektürekursen. Sie fördert verschiedene Kompetenzen und ermöglicht nicht nur die Erfassung der Lese- und Verständniskompetenz, sondern auch der Fähigkeit zur Bewertung, Kritik und Argumentation.
Form	schriftlich
Kompetenzen	Fachkompetenz
	Methodenkompetenz
	Selbstkompetenz
Gruppengröße	Einzelperson 1 Student/-in
Dauer der Durchführung	ca. 15 min pro Rezension (Lesedauer der/ des Lehrenden)
Studentischer Workload	ca. 4 bis 8 Arbeitsstunden je nach Textumfang und Lese-/Arbeitstempo der/des Geprüften
Semesterbegleitend durchführbar?	ja
Durchführungsort	variabel

Beschreibung der Prüfungsform

Im Wissenschaftsbetrieb ist die Begutachtung anderer Arbeiten in vielfältiger Form üblich, z. B. als Gutachten von Forschungsanträgen, Abschlussarbeiten, Reviews von Buch- und Aufsatzentwürfen oder in der Lehre etwa von Hausarbeiten. Rezensionen sind generell wichtig für die Rezeption wissenschaftlicher Publikationen, schärfen den Blick auf die aktuellen Debatten, sowie auf die Vielfalt der Textsorten und können auch als Einstieg in das wissenschaftliche Publizieren aufgefasst werden (Hauthal 2007). Rezensionen können die Selbstdisziplin (Selbstkompetenz) bei der Beschäftigung mit einem wissenschaftlichen Werk und die Entwicklung von reflektierten Qualitätskriterien befördern, den Blick für Strukturen schärfen und die Fähigkeit zu konzisen Zusammenfassungen erhöhen (Hannig & Kümper 2012, S. 14). Um Kritikäußerung und präzises wissenschaftliches Schreiben erlernen zu können, erscheint eine stärkere Integration solcher gutachterlichen Stellungnahmen als Prüfungsform in der Hochschullehre sinnvoll. Die Lernziele können dabei auf hohem Anforderungsniveau rangie-

ren, denn Rezensionen als Prüfung vermögen der Bloom'schen Taxonomie zufolge folgende (Bewertungs-)Fähigkeiten zu erfassen (Rapp 2014, S. 16):
- qualitative oder quantitative Urteile abgeben,
- konstruktive Kritik üben, sowie
- Darstellung und Verteidigung einer Meinung.

Unter der Bezeichnung „Rezension" finden sich vornehmlich Buch- oder Aufsatzbesprechungen in Fachzeitschriften, die als Vorbild für diese alternative schriftliche Prüfungsform dienen können. Da in Forschung und Lehre mit verschiedenen Textsorten gearbeitet wird, bietet sich die Besprechung auch ganz unterschiedlicher Beiträge durch die Geprüften an. Dabei ist es wichtig, Gehalt, Umfang und Anforderungskriterien an die in der Regel einzeln zu verfassende Rezension vorab klar zu kommunizieren, da es verschiedene Rezensionsformen gibt. Allgemein beinhalten Rezensionen als „Metanarrative" zwei Elemente, die in der Prüfungsleistung wiederzufinden sein sollten: a) die kondensierte Wiedergabe des Inhalts des besprochenen Werkes und b) eine entsprechende Bewertung (Hannig & Kümper 2012, S. 7). Die aufzustellenden Anforderungskriterien sollten die Frage beantworten: „Was macht eine gute Rezension aus?" Leitfäden zur Erstellung von Rezensionen finden sich verschiedene (z. B. Hannig & Kümper 2012, S. 78 f.). Darüber hinaus müssen Kriterien für die Bewertung dieser Prüfungsleistung durch die Kursleitung entwickelt werden.

Anwendungsmöglichkeiten

Die Rezension als Prüfungsform ist in allen Disziplinen einsetzbar. Sie eignet sich insbesondere für fokussierte Lektüre-/Lesekurse, in denen regelmäßig mehrere Texte zu lesen und zu besprechen sind. Hier kann sie z. B. die episodische Hausarbeit am Ende einer Veranstaltung als schriftliche Prüfungsform ersetzen, indem periodisch, über den gesamten Kursverlauf verteilt, mehrere Rezensionen verfasst werden müssen. Dies befördert eine kontinuierliche inhaltliche Auseinandersetzung und streut den studentischen Workload. Ein weiterer Vorteil ist, dass mehrere Werkstücke der abschließenden Bewertung zugrunde liegen und somit Rückschlüsse auf die Lernprozesse gezogen werden können. Darüber hinaus haben solche Rezensionen eine wichtige Kontrollfunktion, die vergleichsweise sicher gewährleisten kann, dass Texte auch wirklich gelesen werden. Aber auch in von Lesekursen verschiedenen Seminarformen lässt sich die Rezension in unterschiedlichen Phasen des Kursverlaufs zur Sicherstellung einer Beschäftigung mit relevanter Literatur einsetzen. Da es, neben der Förderung der Lesekompetenz und kognitiven Erfassung wesentlicher Gehalte, um die Bewertung von Texten und das Üben von wissenschaftlicher Argumentation und Kritikäußerung geht, bietet sich diese Prüfungsform vorzugsweise in höheren Hochschulsemestern an (z. B. Masterstudiengänge). Rezensionen sind überdies für E-Learning-Formate gut geeignet.

Anwendungsbeispiel aus der Hochschulpraxis

Rezensionen setze ich praktisch in fokussierten Lesekursen ein, in denen in den meisten Sitzungen Texte besprochen werden. Neben weiteren Leistungsanforderungen (z. B. Impulspräsentation, Gruppenarbeit, Moderation) werden die Rezensionen als schriftliche Prüfungsleistungen als eine Grundlage für die Benotung herangezogen. Die jeweiligen Benotungen können gleich oder unterschiedlich gewichtet werden. Zu Beginn des Kurses werden die Studierenden über die Anforderungskriterien an die zu erstellenden Rezensionen, die jeweils qualitativ zu bewerten sind, informiert. Diese sollten enthalten:

- Vorstellung des Autors / der Autorin (Disziplin / Fachkultur, Arbeitsschwerpunkte etc.)
- Entstehungszusammenhang des Textes (z. B. Forschungsprojekte, Kooperationen)
- Textsorte (Buchkapitel, Lexikoneintrag, Zeitschriftenaufsatz, Working Paper, Projektbericht, Internetartikel, Website, Blogeintrag, Onlinevideo etc.)
- Thema bzw. Fragestellung des Textes
- Diskursive Einbettung des Textes (ggf. relevante wissenschaftliche Debatten)
- Aufbau des Textes (Struktur, Argumentationsstrang)
- Zusammengefasste Inhalte und zentrale Aussagen des Textes
- Diskussion und begründete Bewertung des Textes
- Eigenes Fazit (ggf. persönliche Situierung, eigene Erwartungen an den Text und [Nicht-]Erfüllung, offene Fragen)

Die Rezensionen müssen vor der jeweiligen Präsenzveranstaltung, bei der der entsprechende Text besprochen wird, verfasst werden. Gemeinhin werden sie auf einer E-Learning-Plattform bereitgestellt und ermöglichen somit auch eine Onlinediskussion. Die Rezensionen bilden ebenfalls einen Diskussionsgegenstand während der Präsenzveranstaltungen.

Grenzen und mögliche Stolpersteine

Rezensionen spielen als wissenschaftliche Texte in der Lehre meist eine untergeordnete Rolle und sind daher vielen Studierenden hinsichtlich Form und Inhalt weniger geläufig. Das Verfassen einer eigenen Rezension über einen wissenschaftlichen Text ist daher oft mit großen Unsicherheiten verbunden, insbesondere dadurch, dass aufgrund des Bewertungselements die Offenlegung einer eigenen Position erforderlich wird. Dies macht angreifbar – ein tendenziell sensibler Sachverhalt. Hieraus kann resultieren, dass sich Rezensionen auf die Wiedergabe von Inhalten des zu besprechenden Textes beschränken und eine eigene Meinung aus Unsicherheit über eine vermeintlich unzureichende Begründung zurückgehalten wird oder nur begrenzt affirmativ ist. Dem lässt sich begegnen, in dem vorab über diese mögliche Problematik kommuniziert und nach gangbaren Wegen hinsichtlich der entsprechenden Rezensionsbewertung gesucht wird. Eine Möglichkeit wäre beispielsweise, dass frühe Rezensionen noch nicht in die Bewertung einfließen und somit sanktionsfreie Übungsräume zum Ausprobieren geschaffen werden.

⊃ Tipp
Gute Rezensionen kann schreiben, wer viele Rezensionen liest. Ermutigen Sie die Studierenden daher zum Lesen von Rezensionen nicht nur zur (ergänzenden!) Rezeption von Wissenschaft, sondern auch zur Übung ihrer Bewertungs- und Kritikfähigkeit, sowie Schärfung der wissenschaftlichen Argumentationsweise, nicht zuletzt im Hinblick auf Abschlussarbeiten.

Literatur
Hannig, N. & Kümper, H. (2012). *Rezensionen: finden – verstehen – schreiben.* Schwalbach (Taunus): Wochenschau-Verlag.

Hauthal, J. (2007). Die Rezension als Einstieg ins wissenschaftliche Schreiben und Publizieren. In A. Nünning & R. Sommer (Hrsg.), *Handbuch Promotion. Forschung – Förderung – Finanzierung* (S. 205–210). Stuttgart, Weimar: Metzler.

Rapp, S. (2014). *Entscheidungshilfen zur Wahl der Prüfungsform. Eine Handreichung zur Prüfungsgestaltung.* Stuttgart (ZLW Working Paper 01/2014). Verfügbar unter: http://bit.ly/2goATJr [02.10.2017].

44 Schriftliche Problemfalldiskussion

Antonia Scholkmann

Kurzbeschreibung	Die schriftliche Problemfalldiskussion ist eine von mehreren möglichen Prüfungsleistungen im Kontext fallbasierter Lernarrangements. Insbesondere eignet sie sich als Leistungsnachweis beim Problembasierten Lernen (PBL). Die Studierenden verschriftlichen in Einzel- oder Gruppenarbeit die Diskussions- und Recherchearbeit zu einem authentischen Problemfall. Zusammen mit einem Feedback durch die Dozenten gilt diese Ausarbeitung als Alternative zu einem traditionellen Leistungsnachweis (z. B. Klausur).
Form	schriftlich
Kompetenzen	Fachkompetenz Methodenkompetenz Sozialkompetenz Selbstkompetenz
Gruppengröße	große Gruppe > 50 Studierende
Dauer der Durchführung	semesterbegleitend
Studentischer Workload	ca. 20–30 Stunden
Semesterbegleitend durchführbar?	ja
Durchführungsort	als Hausarbeit + Gruppenarbeit im Tutorium

Beschreibung der Prüfungsform

Die schriftliche Problemfalldiskussion ist eine Alternative zur summativen Wissensprüfung am Ende einer Veranstaltung (z. B. Klausur am Ende der Vorlesung). Sie bietet sich an in Kombination mit dem Einsatz von Problembasiertem Lernen (PBL, z. B. Barrows & Tamblyn 1980; siehe auch Kapitel 30 und 31). Beim PBL erwerben Studierende neues Wissen und neue Kompetenzen durch die Bearbeitung authentischer und für ein Fach paradigmatischer Problemfälle. Bei der Problemfalldiskussion verschriftlichen die Studierenden semesterbegleitend diese Fallbearbeitung(en) und reichen sie als Prüfungsleistung(en) ein. Dies kann als Einzel- oder Gruppenleistung (3–5 Personen) erfolgen. Die zu bearbeitenden Problemfälle sind mit den Inhalten der Veranstaltung verknüpft, so dass die dort vermittelten Inhalte für eine gelungene Problemfalldiskussion verwendet werden können und sollen.

Durch die Verschriftlichung der Arbeit zu authentischen Fragestellungen vertieft sich das Wissen zu den Themen der Veranstaltung. Dabei steht, anders als bei einer summativen Wissensprüfung (z. B. in einer Klausur) nicht die Vollständigkeit des erworbenen Wissens im Vordergrund, sondern die exemplarisch gezeigte Tiefe und Komplexität im Verständnis der Inhalte für eine authentische Fragestellung. Die Problemfallbearbeitung als Prüfungsleistung fokussiert damit das Tiefenlernen ('deep learning', z. B. Entwistle 2009; Dahlgren 1997).

Anwendungsmöglichkeiten

Die Problemfalldiskussion eignet sich für Veranstaltungen, die mit dem didaktischen Format Problembasiertes Lernen gestaltet werden. Optimaler Weise erfolgt der Lernprozess im Wechsel zwischen wissensvermittelnder Vorlesung und tutorenbegleiteten Gruppentreffen. In diesen diskutieren die Lernenden in Kleingruppen einen von der Lehrkraft bzw. einem Team von Lehrenden verfassten authentischen Problemfall nach einem strukturierten Vorgehen, der so genannten 7-Schritte-Methode (vgl. z. B. Weber 2007). Dazu klären Sie gemeinsam unklare Begriffe (Schritt 1), definieren die in der Fallgeschichte enthaltenden Probleme oder Teilprobleme (Schritt 2), sammeln mögliche Erklärungen zur Entstehung, Aufrechterhaltung und Lösung des Problems (Schritt 3), ordnen diese thematisch (Schritt 4) und identifizieren noch unklare Fragen (Schritt 5). Bis zur nächsten Tutoriumssitzung recherchiert jede/-r Studierende einzeln Antworten zu diesen Fragen (Schritt 6), diese werden im abschließenden Gruppengespräch hinsichtlich ihrer Qualität für die Bearbeitung der Problemstellung diskutiert (Schritt 7; vgl. auch Scholkmann 2016, S. 15ff.).

Die Problemfalldiskussion als Prüfungsleistung kann an zwei Schritten im PBL-Prozess eingesetzt werden: Entweder nach Schritt 6 zur Dokumentation der Rechercheergebnisse auf die noch unklaren Fragen (Variante A) oder nach Schritt 7 zur Dokumentation des erweiterten Wissenserwerbs durch die vertiefte Bearbeitung der Problemstellung (Variante B). Der Vorteil von Variante A ist eine größere Klarheit über die Aufgabenstellung ("Präsentieren Sie die Ergebnisse Ihrer Recherche zu den Fragen aus Schritt 5"); bei Variante B fallen die Ausarbeitungen jedoch erfahrungsgemäß komplexer und reichhaltiger aus, da hier stärker auf die Integration des Wissens zur Erklärung der Problemstellung(en) fokussiert wird. Die Abwägung, welche Variante gewählt wird, sollte im Sinne des Constructive Alignment je nach Lernziel getroffen werden.

Anwendungsbeispiel aus der Hochschulpraxis

In der Veranstaltung ‚Einführung in wissenschaftliches Arbeiten in der Berufs- und Wirtschaftspädagogik' im Studiengang Berufliche Bildung an der Universität Hamburg kommt die Problemfalldiskussion als Prüfungsleistung folgendermaßen zum Einsatz: Die Studierenden erhalten zu Beginn sowie in der Mitte des Semesters je einen authentischen Problemfall, den sie in Tutorien in Kleingruppen nach der 7-Schritte-Methode bearbeiten (vgl. Abb. 1). Die Prüfungsleistung in Form der Problemfalldiskussion besteht darin, die Ergebnisse dieses Prozesses entlang der 7-Schritte-Systematik zu verschriftlichen. Pro beteiligter Person ist dabei eine Mindestzahl von Textseiten vorgegeben (im vorliegenden Fall 1 Seite pro Person, einzeilig).

KW (Datum)	Vorlesung	Tutorium	Inhalt	Selbststudium
42(19.10.16)	X		Einführung und Überblick	
43(26.10.16)		X	Fall 1: Falldiskussion	Fall 1: Recherchieren und Vorbereiten
44 (02.11.16)	X		Wissenschaft und wissenschaftliches Arbeiten	
45 (09.11.16)		X	Fall 1: Ergebnisse besprechen	
46 (16.11.16)	X		Recherchieren, Ordnen, Lesen, Zitieren	Fall 1: Verschriftlichung (bis 21.12.2016)
47 (23.11.16)		X	Recherchieren, Ordnen, Lesen, Zitieren (von Tutoren gestaltet)	
48 (30.11.16)	X		Wissenschaftliches Schreiben (Gastreferent/-in)	
49(07.12.16)		X	Wissenschaftliches Schreiben (von Tutoren gestaltet)	
50 (14.12.16)	X		Forschungsmethoden	
51 (21.12.16)		X	Fall 2: Falldiskussion	Fall 2: Recherchieren und Vorbereiten
		Weihnachtspause		
02 (11.01.17)	X		Präsentieren und Diskutieren	
03 (18.01.17)		X	Fall 2: Ergebnisse besprechen/ Feedback zu den Ausarbeitungen Fall 1	
04(25.01.17)	X		Selbstorganisation und Selbstmanagement	Fall 2: Verschriftlichung (bis 28.02.2016)
05(01.02.17)	X		Response-Vorlesung: Fragen an die Dozentin	

Abb. 1: Schematischer Veranstaltungsablauf für das WiSe 2016/17 (© Scholkmann 2017)

Die Bewertung der Ausarbeitungen erfolgt als formative Rückmeldung entlang der inhaltlichen Aspekte (1) Vollständigkeit der Teile und logische Anordnung, (2) Falltitel, Zusammenfassung und Problemstellung, (3) Brainstorming und

Strukturierung der Ideen, (4) Recherchefragen und deren Beantwortung, (5) Erweiterte Problemdiskussion, (6) Reflexion des Arbeitsprozesses. Zusätzlich werden auch die formalen Aspekte (Wortwahl und Satzbau; Wissenschaftlichkeit der verwendeten Quellen; Layout und Umfang der Ausarbeitung) bewertet. Zu jeder Kategorie erfolgt die Rückmeldung auf einem Bewertungsbogen in den Kategorien „sehr gut"/„vollständig umgesetzt", „gut"/„überwiegend umgesetzt", „genügend"/„teilweise umgesetzt" oder „ungenügend"/„nicht oder nur im Ansatz umgesetzt" (vgl. Abb. 2). Die Bewertungskategorien wurden bewusst nicht direkt am Notenschema orientiert, um den formativen Aspekt der Rückmeldung und damit die inhaltliche Arbeit zu betonen.

Bewertungsschema

Schriftliche Ausarbeitung zur Veranstaltung: **43-116 Einführung in wissenschaftliches Arbeiten in der Berufs- und Wirtschaftspädagogik (WiSe 2016_17)**

Bewertung für:
1. Student/-in_____; Matrikel-Nr._____
2. Student/-in_____; Matrikel-Nr._____
3. Student/-in_____; Matrikel-Nr._____
4. Student/-in_____; Matrikel-Nr._____
5. Student/-in_____; Matrikel-Nr._____

Titel des bearbeiteten Falls: _____

a) Inhaltliche Qualität der Arbeit

1. Vollständigkeit der Teile und logische Anordnung			
☐ ungenügend	☐ genügend	☐ gut	☐ sehr gut
„nicht oder nur im Ansatz"	„teilweise"	„überwiegend"	„vollständig"
Falltitel, Zusammenfassung und Problemstellung, Brainstorming und Strukturierung der Ideen, Recherchefragen und deren Beantwortung, erweiterte Problemdiskussion und Reflexion sind nicht oder nur im Ansatz vorhanden und nachvollziehbar und kohärent angeordnet.	Falltitel, Zusammenfassung und Problemstellung, Brainstorming und Strukturierung der Ideen, Recherchefragen und deren Beantwortung, erweiterte Problemdiskussion und Reflexion sind teilweise vorhanden und nachvollziehbar und kohärent angeordnet.	Falltitel, Zusammenfassung und Problemstellung, Brainstorming und Strukturierung der Ideen, Recherchefragen und deren Beantwortung, erweiterte Problemdiskussion und Reflexion sind überwiegend vorhanden und nachvollziehbar und kohärent angeordnet.	Falltitel, Zusammenfassung und Problemstellung, Brainstorming und Strukturierung der Ideen, Recherchefragen und deren Beantwortung, erweiterte Problemdiskussion und Reflexion sind vollständig vorhanden und nachvollziehbar und kohärent angeordnet.
2. Falltitel, Zusammenfassung und Problemstellung			
☐ ungenügend	☐ genügend	☐ gut	☐ sehr gut
„nicht oder nur im Ansatz"	„teilweise"	„überwiegend"	„vollständig"
Die Bearbeitung wird nicht oder nur im Ansatz erkennbar durch **Titel** und eine **Zusammenfassung des Falls** eingeleitet.	Die Bearbeitung wird teilweise erkennbar durch eine **Zusammenfassung des Falls** eingeleitet.	Die Bearbeitung wird überwiegend erkennbar durch **Titel** und eine **Zusammenfassung des Falls** eingeleitet.	Die Bearbeitung wird erkennbar durch **Titel** und eine **Zusammenfassung des Falls** eingeleitet.
Es wird keine oder eine nur im Ansatz klare **Problemstellung** oder es werden Teilprobleme genannt; diese nimmt/nehmen keinen oder nur ansatzweise Bezug auf die **Fallgeschichte** und ist/sind nicht oder nur im Ansatz **im Rahmen der Veranstaltungsinhalte relevant**.	Es wird eine teilweise klare **Problemstellung oder es werden Teilprobleme ge**nannt; diese nimmt/nehmen nur teilweise Bezug auf die **Fallgeschichte** und ist/sind teilweise **im Rahmen der Veranstaltungsinhalte relevant**.	Es wird eine überwiegend klare **Problemstellung oder es werden Teilprobleme** genannt; diese nimmt/nehmen überwiegend Bezug auf die **Fallgeschichte** und ist/sind überwiegend **im Rahmen der Veranstaltungsinhalte relevant**.	Es wird eine klare **Problemstellung oder es werden Teilprobleme genannt**; diese nimmt/nehmen Bezug auf die **Fallgeschichte** und ist/sind **im Rahmen der Veranstaltungsinhalte relevant**.

Abb. 2: Ausschnitt Bewertungsschema Fallbearbeitung (© Scholkmann 2017)

Die eingereichten Fallbearbeitungen werden von der Dozentin begutachtet; die Rückmeldung erfolgt über den Feedbackbogen und ggf. ergänzend durch eine weitere schriftliche oder mündliche Rückmeldung. Ein Minimalstandard definiert, in wie vielen Aspekten zumindest die Kategorie „genügend" erreicht sein muss, um die Ausarbeitung als „bestanden" zu bewerten.

Das beschriebene Vorgehen orientiert sich eng an dem eines erprobten Vorläuferprojekts im Studiengang Lehramt Kindergarten und Primarstufe an der Pädagogischen Hochschule Fachhochschule Nordwestschweiz (PH FHNW; vgl. Scholkmann & Küng 2016; Küng, Scholkmann & Ingrisani 2012). Hier wurde die Problemfallbearbeitung, obwohl in der gleichen Form durchgeführt, allerdings nicht als abschließender (Modul-)Leistungsnachweis eingesetzt, sondern als semesterbegleitende Studienleistung.

Grenzen und mögliche Stolpersteine

Die schriftliche Problemfalldiskussion ist eine „weiche" Prüfungsform, bei der es keine endgültige Kontrolle über die Leistung Einzelner gibt. Ein Ersatz „traditioneller" Wissensprüfungen durch das genannte Vorgehen erfordert daher, die Studierenden als Partner/-innen im Lernprozess ernst zu nehmen und den internen Dynamiken der Arbeitsgruppen zu vertrauen, die „Trittbrettfahrer/-innen" selbstständig und mithilfe der Tutor/-inn/en zur Mitarbeit anzuhalten.

⮕ Tipp

Vertrauen Sie darauf, dass selbst bei nur exemplarisch angewendeten Wissen im Rahmen einer Fallbearbeitung noch mehr „hängen bleibt" als beim „Bulimie-Lernen"!

Literatur

Barrows, H. S. & Tamblyn, R. M. (1980). *Problem-based Learning. An approach to medical education.* New York: Springer Pub. Co.

Dahlgren, L.-O. (1997). Learning Conceptions and Outcomes. In F. Marton, D. Hounsell & N. Entwistle (Hrsg.), *The Experience of Learning* (S. 23–38). Edinburgh: Scottish Academic Press.

Entwistle, N. (2009). *Teaching for understanding at university: Deep approaches and distinctive of thinking.* Basingstoke: Palgrave Macmillan.

Küng, M., Scholkmann, A. & Ingrisani, D. (2012). Problem-based Learning: Normative Ansprüche und empirische Ergebnisse. In S. Keller & U. Bender (Hrsg.), *Aufgabenkulturen* (S. 266–280). Seelze: Klett Kallmeyer.

Scholkmann, A. (2016). Forschend-entdeckendes Lernen. (Wieder-)Entdeckung eines didaktischen Prinzips. In B. Berendt, A. Fleischmann, N. Schaper, B. Szczyrba & J. Wildt (Hrsg.), *Neues Handbuch Hochschullehre* (Artikel 3.17). Berlin: Raabe.

Scholkmann, A. & Küng, M. (2016). Studentischer Kompetenzerwerb durch Problembasiertes Lernen. Reflexion von Evaluationsergebnissen im Spiegel existierender Vergleichsdaten. *Zeitschrift für Evaluation, 15* (1), 60–82.

Weber, A. (2007). *Problem-based learning: Ein Handbuch für die Ausbildung auf der Sekundarstufe II und der Tertiärstufe* (2., überarb. Aufl.). Bern: hep.

45 Schriftliche Reflexion
Ina S. Gray

Kurzbeschreibung	Im Rahmen der schriftlichen Reflexion beantworten Studierende Fragestellungen zu einzelnen Themenbereichen der im Semester behandelten Themen. Der Fokus der Fragestellungen liegt auf der persönlichen Sicht auf diese, auf eigenen Erfahrungen mit diesen Themen bzw. der Bedeutung dieser für das eigene Leben und/oder für die berufliche Zukunft.
Form	schriftlich
Kompetenzen	Fachkompetenz (Sozialkompetenz [je nach Fragestellung]) Selbstkompetenz
Gruppengröße	Einzelperson 1 Student/-in kleine Gruppe < 20 Studierende
Dauer der Durchführung	Entwicklung der Fragestellungen: < 1 Stunde Feedback/Bewertung/Korrektur: 15–45 Minuten pro Arbeit
Studentischer Workload	je nach Aufgabenstellung 30 Minuten bis zu mehreren Stunden.
Semesterbegleitend durchführbar?	ja
Durchführungsort	ortsunabhängig

Beschreibung der Prüfungsform

Aufgabe der Studierenden ist es, einen thematischen (Teil-)Bereich schriftlich zu reflektieren und das im Unterricht entstandene und durch die Arbeit an der schriftlichen Aufgabe zu vertiefende Wissen durch Aktivierung einer persönlichen Meinung/Einstellung nachhaltiger zu verankern. Während der Vorbereitungsaufwand für die Lehrenden sich auf die Entwicklung der Fragestellungen beschränkt, müssen für den Feedback- und Bewertungsprozess – je nach Modulanforderungen und zu Grunde gelegten Bewertungskriterien – zwischen 15 und 45 Minuten pro Arbeit eingeplant werden. Entsprechend eignet sich die schriftliche Reflexion eher für kleinere Gruppen.

Diese Prüfungsform basiert auf Grundannahmen des Konstruktivismus, der die Lernenden mit ihren individuellen Konstrukten der Realität und der selbstgesteuerten Aneignung von Wissen in den Vordergrund des Lernprozesses stellt. Durch Anregung zum eigenen Denken, Formulieren und Tun sowie durch die wahrgenommene Bedeutung eines Themas für das eigene Leben, wird eine entscheidende Voraussetzung für den nachhaltigen Lernerfolg geschaffen (vgl. Gieseke 2009; Faulstich & Zeuner 2008; Frenzel, Götz & Pekrun 2009; Op 't Eynde & Turner 2006; Rotthoff 2002; Siebert 2009).

Anwendungsmöglichkeiten
Die schriftliche Reflexion eignet sich zum einen für sozialwissenschaftliche Themenbereiche, in denen die studentische Selbstkompetenz gefördert werden soll; zum anderen kann sie in fremdsprachlichen Modulen angewendet werden, wo sie neben der Selbstkompetenz auch die aktive Auseinandersetzung mit der Zielsprache (Vokabular, Syntax, Grammatik, Genre) unterstützt. Sie kann
- sowohl semesterbegleitend als auch im Rahmen eines designierten Prüfungszeitfensters stattfinden;
- den Themenbereich an sich oder die (fremd-)sprachliche Kompetenz in den Mittelpunkt stellen oder beide Bereiche in Bezug auf die Fragestellung und die Bewertungskriterien kombinieren;
- analog oder digital gestellt und bearbeitet werden;
- für sich stehen oder mit anderen Prüfungselementen zu einer alternativen Prüfungsleistung kombiniert werden.

Je nach Art und Schwerpunkt des Moduls sind diverse Bewertungskriterien anwendbar, die miteinander kombiniert und anhand der Modulschwerpunkte und Lernziele unterschiedlich gewichtet werden können. Beispielhaft seien folgende Kriterien zu nennen:
- Aufbau
- thematische Tiefe
- korrekte Beschreibung von oder Bezug auf Fachkonzepte(n)
- korrekte Verwendung von Fachbegriffen
- sprachliche Richtigkeit

Anwendungsbeispiel aus der Hochschulpraxis
Die schriftliche Reflexion findet Anwendung in (wahl-)obligatorischen Fachenglisch-Seminaren im Sprachenzentrum der Hochschule Wismar. Zu jedem im Semester behandelten Themenbereich (ca. 4–5) wird den Studierenden eine Fragestellung zur Verfügung gestellt, die – abhängig vom Studiengang und den dem Modul zugewiesenen Credit Points – in einem Umfang von einer halben bis zwei DIN A4-Seiten schriftlich bearbeitet werden soll. Die Auswahl des Themenbereiches bzw. der Fragestellung bleibt den Studierenden überlassen. Die schriftliche Reflexion kann jederzeit während des Semesters eingereicht werden, mit einer Abgabefrist gegen Ende der Vorlesungszeit. Durch diese semesterbegleitende Anwendung, im Zuge derer sich der Feedback- und Bewertungsprozess auf 10 bis

13 Wochen erstreckt, ist das Arbeitsvolumen gut zu handhaben. Feedback und Bewertung erfolgen ebenfalls schriftlich.

Im Folgenden werden zwei konkrete Beispiele aus der Praxis dargestellt:
Studiengang: Wirtschaftsrecht, Bachelor
Modul: Business Communication, obligatorisch

Thema A: Übersicht über einzelne Rechtsgebiete im britischen Common Law-System
Aufgabenstellung: Wählen Sie eines der behandelten Rechtsgebiete aus. Beschreiben Sie es kurz in eigenen Worten und gehen Sie darauf ein, welche Aspekte für Sie von besonderem Interesse sind. Könnten Sie sich vorstellen, in diesem Bereich beruflich tätig zu werden? Warum/warum nicht?

Thema B: Arbeitsrecht und Gleichstellung
Aufgabenstellung: Können Sie die Behauptungen einiger Frauen nachvollziehen, es existiere nach wie vor eine sogenannte „gläserne Decke" oder sind Sie der Ansicht, dass heutzutage Chancengleichheit im Berufsleben herrscht? Was sind Ihre Argumente für oder gegen die Einführung von Frauenquoten für die Vorstandsetagen von großen Unternehmen?

Aufgrund der fremdsprachlichen Ausrichtung der Module erfolgt die Bewertung auf Basis von zwei Kriteriengruppen: Inhalt und Sprache. Im Einzelnen gliedert sich das Bewertungsraster wie folgt:

	Punkte
I. Inhalt	
a. Ist der Text informativ? Werden diverse wichtige und aktuelle thematische Aspekte beleuchtet?	_/5
b. Was ist das konzeptionelle Niveau der Diskussion? Wie originell ist die dargebotene Perspektive?	_/5
c. Verfügt der Text über eine klare und logische Struktur?	_/3
II. Sprache	Punkte
a. Wird fachspezifisches Vokabular angemessen und richtig verwendet? Wie groß ist die Bandbreite des verwendeten Vokabulars?	_/4
b. Sind Fehler (Rechtschreibung, Syntax, Grammatik) auf ein dem Sprachniveau entsprechendes Minimum beschränkt?	_/4
c. Werden eigene Formulierungen verwendet? Ist der Sprachstil dem Thema angemessen? Ist der Text flüssig geschrieben?	_/4

Gesamtpunktzahl: 25

In der Praxis des Sprachenzentrums der Hochschule Wismar ist die schriftliche Reflexion eine Teilleistung der alternativen Prüfungsleistung, die darüber hinaus einen mündlichen Teil (bspw. ein studentisches *mini tutorial*, eine Poster- oder eine herkömmliche Präsentation) sowie in manchen Modulen noch eine kurze schriftliche Prüfung umfasst.

⮕ Tipp
Es ist immer wieder überraschend zu sehen, mit welchem hohen Maß an Leidenschaft sich so mancher Studierende im Rahmen dieser Aufgabe ans Werk macht und wie durchdacht und tiefgründig eine Vielzahl der Antworten sind. Derartige Arbeiten machen den Feedbackprozess geradezu zu einem Genuss.

Literatur
Faulstich, P. & Zeuner, C. (2008). *Erwachsenenbildung*. Weinheim und München: Juventa Verlag.
Frenzel, A. C., Götz, T. & Pekrun, R. (2009). Emotionen. In E. Wild & J. Möller (Hrsg.): *Lehrbuch Pädagogische Psychologie*. Heidelberg: Springer.
Gieseke, W. (2009). *Lebenslanges Lernen und Emotionen: Wirkungen von Emotionen auf Bildungsprozesse aus beziehungstheoretischer Perspektive*. Bielefeld: Bertelsmann.
Op 't Eynde, P. & Turner, J. E. (2006). Focusing on the Complexity of Emotion Issues in Academic Learning: A Dynamical Component Systems Approach. *Educational Psychology Review (18)*, 361–376.
Rotthoff, T. (2002). Schritt für Schritt. Ein Weg zur erfolgreichen Planung von Lehrveranstaltungen. *Neues Handbuch für Hochschullehre: Lehren und Lernen effizient gestalten, B 1.6* (2280706).
Siebert, H. (2009). *Didaktisches Handeln in der Erwachsenenbildung: Didaktik aus konstruktivistischer Sicht*. Augsburg: ZIEL.

46 Semesterbegleitende Aufgaben

Natalie Enders & Martin Aßmann

Kurzbeschreibung	Um die Prüfungslast am Semesterende zu reduzieren sowie einen kontinuierlichen Lernzuwachs anzuregen und zu dokumentieren, werden im Semesterverlauf einzelne Aufgaben verteilt. Vorteile liegen in vielfältigen Einbindungsmöglichkeiten der einzelnen Aufgaben in das Seminargeschehen, Nachteile in einem höheren Koordinationsaufwand für Studierende und Dozierende.
Form	schriftlich
	mündlich
	praktisch
Kompetenzen	Fachkompetenz
	Methodenkompetenz
	Sozialkompetenz
	Selbstkompetenz
Gruppengröße	kleine Gruppe < 20 Studierende
	mittlere Gruppe 20–50 Studierende
Dauer der Durchführung	beliebig
Studentischer Workload	Der aus allen Aufgaben zusammengesetzte Workload sollte sich aus den Vorgaben der jeweiligen Prüfungsordnung und/oder dem ECTS-Leitfaden ergeben.
Semesterbegleitend durchführbar?	ja
Durchführungsort	ortsunabhängig. Je nach Gestaltung sowohl in der Präsenzzeit als auch in der Selbstlernphase möglich.

Beschreibung der Prüfungsform

Die Grundidee semesterbegleitender Aufgaben besteht in der Aufteilung einer Studien- und/oder Prüfungsleistung in Einzelaufgaben, die von den Studierenden kontinuierlich während des Semesters bearbeitet werden (Enders & Aßmann 2016) und eignet sich für den Einsatz in Seminarveranstaltungen kleiner bis mittlerer Größe mit bis zu 35 Studierenden. Neben einer gleichmäßigen Verteilung der Arbeitsstunden wird eine fortwährende Beschäftigung mit den Veranstaltungsinhalten angeregt sowie die Prüfungslast am Semesterende reduziert. Die Kalkulation des Workload für die Aufgaben erfolgt dabei unter Berücksichtigung aller Anforderungen, die im Rahmen der Lehrveranstaltung an die Studierenden gestellt werden. Für die Berechnung der Arbeitsstunden empfiehlt sich ein Blick in die Prüfungsordnung sowie den ECTS-Leitfaden (Europäische Gemeinschaft 2015).

Um die Teilnehmenden auf diese Arbeits- und Prüfungsform vorzubereiten, ist es wichtig, die Konditionen für den erfolgreichen Leistungserwerb in der Einführungssitzung transparent darzustellen. An diesem Termin sollte ebenfalls die Verteilung der Aufgaben erfolgen, damit Studierende und Dozierende Planungssicherheit haben. Dementsprechend müssen Anzahl, Art und Umfang der Aufgaben von der Seminarleitung im Voraus ausgearbeitet werden. Bearbeiten alle Studierenden dieselben Aufgaben, ist es ausreichend, die Anforderungen und Abgabetermine zu kommunizieren.

Sind von den Seminarteilnehmer/-inne/n unterschiedliche Aufgaben zu bearbeiten, bieten sich zwei Vergabeverfahren[1] an: Eine Verlosung der Teilaufgaben erfolgt schnell und fair, berücksichtigt jedoch keine individuelle Wahlfreiheit. Alternativ kann ein Punktesystem verwendet werden, bei dem Studierende eine zuvor festgelegte Mindestanzahl von Aufgaben bearbeiten müssen, die sie selbst aus einem vorgegebenen Aufgabenpool auswählen können. Hierbei sollten deutlich mehr Aufgaben als zu vergebende Punkte bereitgestellt werden.

Anwendungsmöglichkeiten

Eine Passung zwischen den Aufgaben, Seminarthemen und Lehr-/Lernzielen im Sinne des Constructive Alignment (siehe Einleitung) ist zwingend erforderlich. Es können sowohl schriftliche oder mündliche als auch praktische Prüfungsformen eingesetzt werden, deren Kombination besonders sinnvoll ist, um Fähigkeiten ganzheitlich zu erfassen (vgl. Sacher 2014, Kap. 3). Neben kognitiven Fähigkeiten und Fertigkeiten (Anderson & Krathwohl 2001) können auch die affektive (Bloom, Krathwohl & Masia 1984) oder die psychomotorische Zieldimension (Harrow 1972) abgeprüft werden.

Bei einer Zusammenfassung der Einzelaufgaben zu einer Gesamtleistung muss darauf geachtet werden, dass die Teilleistungen gleich gewichtet sind, um Unterschiede in Schwierigkeiten und Workload zu vermeiden. Die einzelnen Aufgaben können entweder direkt in der Veranstaltung bearbeitet oder in die Vor- oder Nachbereitungszeit verlegt werden. Auch eine Kombination ist möglich. Einige Beispiele veranschaulichen die vielfältigen Umsetzungsmöglichkeiten:

- Die Studierenden erarbeiten spezifische Fragestellungen, die als Diskussionsgrundlage dienen (z. B. kritische Aspekte oder Praxisbezug).
- Für schriftliche Aufgaben bieten sich Textzusammenfassungen oder Protokolle zu Diskussionen und Arbeitsergebnissen an.

---

1 Ein weiteres Vergabeverfahren wird im Anwendungsbeispiel beschrieben.

- Für mündliche Aufgaben sind kurze Zusammenfassungen oder Moderationen von Gruppendiskussionen geeignet.
- Praktische Aufgaben lassen sich über den Aufbau und die Durchführung eines Experiments oder mithilfe von Rollenspielen umsetzen.
- Anhand von Fallbeispielen können Bewertungen vorgenommen und Lösungsansätze erarbeitet werden.
- Möglichkeiten für den E-Learning-Einsatz sind über Wikis, Foren oder ein Online-Quiz gegeben.

Anwendungsbeispiel aus der Hochschulpraxis

In einem Seminar für Lehramtsstudierende nutzen wir das Konzept, um eine Auseinandersetzung mit Grundlagentexten anzuregen. Die Studienleistung setzt sich aus der Bearbeitung mehrerer Fragen zusammen, welche von den Studierenden zu Semesterbeginn aus einem Fragenkatalog ausgewählt werden können. Zu Veranstaltungsbeginn liegt das Augenmerk auf der transparenten Darstellung des Konzepts sowie der Festlegung der Abgabemodalitäten. Zur Aufgabenverteilung verwenden wir doodle.com/de. Um eine Gleichverteilung der Teilleistungen über mehrere Sitzungen und Studierende zu erreichen, geben wir folgende Richtlinien zur Aufgabenauswahl vor: Die Studien-/Prüfungsleistung setzt sich aus vier unterschiedlichen Teilleistungen zusammen, wobei die Anzahl der Aufgaben pro Sitzung limitiert ist. Bei einem Seminar mit 20 Teilnehmenden können die Wahloptionen so begrenzt werden, dass sich bei zehn Terminen acht unterschiedliche Aufgaben ergeben, die in der jeweiligen Sitzung genutzt werden können. Die Teilaufgaben werden vor den entsprechenden Sitzungen eingereicht, sodass wir Unklarheiten rechtzeitig erkennen. Hierdurch wird die Vorbereitung auf die Sitzungen erleichtert. Die Ergebnisse werden zur Bereicherung der entsprechenden Sitzungen eingebunden.

Grenzen und mögliche Stolpersteine

Eine zentrale Hürde besteht in der Aufgabenentwicklung: Die Prüfungsform lässt sich nur dann sinnvoll einsetzen, wenn auch die Seminarthemen die Konstruktion hinreichend vieler Teilaufgaben ermöglichen. Es ist dringend davon abzuraten, Arbeitsaufträge zu entwickeln, die lediglich einen Selbstzweck erfüllen und das Seminargeschehen nicht bereichern. Daher stößt man mit einer größeren Anzahl an Studierenden schnell an die Grenzen der Umsetzbarkeit, insbesondere wenn jede einzelne Aufgabe Feedback erfordert.

Des Weiteren ist zu beachten, die verbindliche Einhaltung von Abgabeterminen mit den Studierenden direkt zu Beginn zu thematisieren. Es muss deutlich werden, dass die sorgfältige Erledigung der Aufgaben sowie die Einhaltung von

Fristen Teil der Studienleistung sind und in der Verantwortung der Studierenden liegen. Konsequenzen für nicht eingehaltene Fristen oder ungenügend bearbeitete Aufgaben müssen durch die Seminarleitung festgelegt und kommuniziert werden.

⊃ Tipp
- Entwickeln Sie mehrere Aufgaben mit unterschiedlichem Schwierigkeitsgrad. Nutzen Sie dazu vorgegebene Frageanfänge (z. B. King, 1992), um verschiedene Stufen der kognitiven Dimension voneinander abzugrenzen.
- Sorgen Sie für Transparenz des Konzepts. Klären Sie mit den Studierenden Fragen der Auswahlmöglichkeiten, Abgabemodalitäten und Zusammensetzung der Gesamtleistung.
- Bei einem größeren Seminar können Sie schnell den Überblick über die bereits erbrachten Leistungen verlieren. Eine strukturierte Koordination der Aufgabenverteilung sowie eine sorgfältige Dokumentation der Abgabe(n) ist daher unverzichtbar.
- Achten Sie auf das Verhältnis zwischen Aufwand und Nutzen dieses Konzepts für Ihre Lehrveranstaltung.

Literatur
Anderson, L.W. & Krathwohl, D.R. (2001). *A taxonomy for learning, teaching, and assessing. A revision of Bloom's taxonomy of educational objectives*. New York: Longman.

Bloom, B.S., Krathwohl, D.R. & Masia, B.B. (1984). *Taxonomy of educational objectives. The classification of educational goals. Book 2. Affective Domain*. New York: Longman.

Enders, N. & Aßmann, M. (2016). Bearbeitung von semesterbegleitenden Aufgaben als Möglichkeit zur Erbringung einer Studien- und/oder Prüfungsleistung in Hochschulseminaren. *HDS Journal, 1/2016*, 28–32. Verfügbar unter: http://bit.ly/2gCXu1y [02.10.2017].

King, A. (1992). Facilitating Elaborative Learning Through Guided Student-Generated Questioning. *Educational Psychologist, 27* (1), 111–126.

Europäische Gemeinschaft. (2015). *ECTS-Leitfaden*. Luxembourg: Amt für amtliche Veröffentlichungen der europäischen Gemeinschaften.

Harrow, A J (1972). *A taxonomy of the psychomotor domain. A guide for developing behavioral objectives*. New York: David McKay.

Sacher, W. (2014). *Leistungen entwickeln, überprüfen und beurteilen. Bewährte und neue Wege für die Primar- und Sekundarstufe* (6., überarb. und erw. Aufl). Bad Heilbrunn: Klinkhardt.

47 Seminarsitzungen vorbereiten – durchführen – reflektieren

Angelika Paseka

Kurzbeschreibung	Das hier vorgestellte Prüfungsformat für Seminarsitzungen will einen inhaltlichen und methodisch-didaktischen Lernzuwachs anbahnen, indem Sitzungen von Studierenden vorbereitet, durchgeführt und reflektiert werden. Dabei kommen verschiedene Formen von Feedback zum Einsatz, die einen Blick auf drei Perspektiven (Inhalt, Lernprozess, vorbereitete Lernumgebung) ermöglichen.
Form	schriftlich
	mündlich
	praktisch
Kompetenzen	Fachkompetenz
	Methodenkompetenz
	Sozialkompetenz
	Selbstkompetenz
Gruppengröße	kleine Gruppe < 20 Studierende
Dauer der Durchführung	1,5 Stunden pro Sitzung
Studentischer Workload	30 Stunden (ein Leistungspunkt)
Semesterbegleitend durchführbar?	ja
Durchführungsort	Seminarraum bzw. Nachbesprechungsraum

Beschreibung der Prüfungsform

Die meisten Prüfungsordnungen verlangen für die bestandene Teilnahme an Seminaren sogenannte Studienleistungen. Ein Prüfungsformat, das sich für eine unbenotete Studienleistung eignet, ist die Vorbereitung, Durchführung und Reflexion einer Seminarsitzung. Im Fokus stehen dabei inhaltliches *und* methodisch-didaktisches Wissen und Können. Die Studierenden haben die Aufgabe, eine Sitzung im Rahmen des Seminarschwerpunkts zu gestalten. Dazu ist von einem Team zu je zwei bis drei Personen aus einem Themenpool ein Thema zu wählen und mithilfe der vorbereiteten Literatur zu bearbeiten. Dies geschieht in Form einer schriftlich vorzulegenden „Sachanalyse". Für die Sitzung muss im Anschluss ein methodisches Konzept entwickelt und verschriftlicht werden, das aus folgenden Teilen besteht: Lernziele auf drei Anforderungsstufen (reproduzieren, erklären, Transfer herstellen), vorbereitende Lese- und Rechercheaufträge für die Seminarteilnehmenden, Entwicklung von kognitiv anregenden Aufgaben für die Sitzung, Einsatz von verschiedenen Sozialformen, Einholen eines abschließenden Feedbacks bei den Studierenden.

Anwendungsmöglichkeiten

Dieses Prüfungsformat ermöglicht es den Studierenden, sich in vielfältiger Weise unter Berücksichtigung von zentralen Ergebnissen der Lernforschung zu erproben. Es ist daher v.a. für solche Studiengänge geeignet, in denen pädagogische Schwerpunkte gesetzt werden.

- Die Aufgabenstellung, die Gestaltung einer Sitzung zu einem ausgewählten Thema in einem Team von zwei bis drei Personen, ist kognitiv anregend und herausfordernd, weil nicht auf fertige Lösungen zurückgegriffen werden kann (Hattie 2013).
- Vorwissen und Interessen der Studierenden finden Berücksichtigung, weil sie sich das Thema aus einem vorhandenen Pool wählen können, ebenso können sie die Schwerpunktsetzung ihrer Sitzung selbst bestimmen.
- Die Studierenden werden zu Lehrenden (reziprokes Lernen, Hattie 2013) und sind gefordert folgende Aspekte zu berücksichtigen: überprüfbare Lernziele ausarbeiten, Arbeitsaufträge formulieren, die klar und verständlich sind, und Unterstützung geben (Peer-Tutoring, Hattie 2013).
- Die Studierenden werden in ihrem Lernprozess durch eine vorbereitete Umgebung unterstützt und durch die Seminarleitung sowie – sofern verfügbar – durch Tutorinnen und Tutoren beraten.
- Die Studierenden erhalten Feedback (schriftlich, mündlich) von verschiedenen Personen: durch die Seminarleitung, die Tutorinnen und Tutoren, die Studierenden, die an der Sitzung teilnehmen. Dabei lernen sie verschiedene Dimensionen von Feedback kennen (Winter 2016).
- Das Feedback richtet sich primär auf die Aufgabe bzw. das Produkt sowie auf den Prozess (Hattie & Timperley 2007).

Anwendungsbeispiel aus der Hochschulpraxis

Der Arbeitsbereich Schulpädagogik & Schulforschung an der Universität Hamburg führte dieses Prüfungsformat für Bachelor-Studierende im erziehungswissenschaftlichen Teil der Lehrerausbildung ein. Die derzeitige Praxis wird im Folgenden skizziert.

Vorbereiten: Den Studierenden steht für die Vorbereitung der Sitzungsgestaltung – dem ersten Pfeiler ihrer Studienleistung – Material in einem vorbereiteten „educommsy-Raum", einer Plattform der Universität Hamburg, zur Verfügung. Dazu gehören: die zu bearbeitende Literatur, ein Leitfaden zum Verfassen von

Sachanalyse und Sitzungskonzept sowie Hinweise zur Formulierung von Lernzielen, zur Sitzungsgestaltung, zum Ablaufplan und zu den Feedbackregeln.

Durchführen: Etwa drei Wochen vor der Sitzung beginnen die Studierenden sich in das ausgewählte Sitzungsthema einzulesen und in gemeinsamer Arbeit eine Sachanalyse (Umfang: drei bis vier Seiten) anzufertigen. Diese wird zwei Wochen vor dem Sitzungstermin in elektronischer Form an die Seminarleitung geschickt. Die Studierenden erhalten binnen ein bis zwei Tagen eine schriftliche Rückmeldung per E-Mail. Diese bezieht sich zum einen auf die inhaltlichen Aspekte entsprechend den Vorgaben (Einordnung des Themas, Verknüpfung der Literaturquellen, Begriffsklärungen, Forschungsbefunde, Kontrastierungen, offene Fragen), zum anderen auf formale Aspekte, um den akademischen Schreibstil zu fördern (Klarheit des Aufbaus, Nutzung einer Fachsprache, Quellennachweis). Danach überlegen sich die Studierenden einen Schwerpunkt für ihre Sitzungsgestaltung und bringen erste Entwürfe in eine Vorbesprechung mit der Seminarleitung oder den Tutorinnen oder Tutoren mit. Die Studierenden stellen ihre Lernziele, die Arbeitsaufträge, den Aufbau, die gewählten Sozialformen sowie die Feedbackmethode für die Rückmeldung vor und begründen ihre Wahl. Das Gespräch dient dazu, die Studierenden im Hinblick auf die Umsetzung der Ergebnisse der Lernforschung zu beraten. Fünf Tage vor der Sitzung werden Vorbereitungsaufgaben an die anderen Studierenden versendet. Die überarbeitete Sachanalyse und das fertige Konzept werden am Tag der Sitzung vorgelegt.

Reflektieren in der Peer Group (1): Die Sitzungsgruppe sowie jene Studierende, die die nächste Sitzung gestalten, die Tutorin bzw. der Tutor und die Seminarleitung treffen einander nach der Sitzung. In dieser Nachbesprechung erhalten die Studierenden Feedback zu ihrer Sitzungsgestaltung. Dazu gibt es klare Regeln und einen vorher bekannt gemachten Ablauf (Ziele, Ablauf, Aufgabenstellungen, Feedbackmethode). Am Ende erhält die nächste Sitzungsgruppe Tipps für deren Sitzungsgestaltung bzw. den Weg dorthin.

Individuelles *Reflektieren* (2): Alle Studierende sammeln während des Semesters ihre Aufgaben und Recherchen, geben diese in eine Mappe und ergänzen ein Resümee entlang von zwei Fragen: *Was* habe ich gelernt? *Wie* habe ich gelernt?

Kollektives *Reflektieren* (3): Am Ende der Lehrveranstaltung werden die Lernerfahrungen der Studierenden auf Basis von zwei Fragen gesammelt: Was hat beim Lernen geholfen? Die Ergebnisse werden mit jenen lernförderlichen Merkmalen verglichen, die sich in der Hattie-Studie als zentral herauskristallisiert haben.

Zusammenfassend lässt sich erkennen, dass mit diesem Prüfungsformat Lernprozesse initiiert werden können, die sich – in Anlehnung an Argyris und Schön (1999) – als „Schleifen" („loops") darstellen lassen.

1. Schleife: Schulpädagogische Inhalte
2. Schleife: Eigene Lernprozesse
3. Schleife: Didaktisches Arrangement und Organisation („vorbereitete Umgebung")

© Paseka

Grenzen und mögliche Stolpersteine

Die Erfahrungen mit diesem Prüfungsformat haben dazu geführt, dass das Konzept im Arbeitsbereich mehrmals überarbeitet wurde, um es in eine gut handhabbare Form zu bringen. Dennoch gibt es einige Stolpersteine, die es zu beachten gilt, v.a. wenn die Seminare eine hohe Teilnehmer*innenzahl haben. Das kann sich nachteilig auf die Zusammenarbeit in den Teams auswirken, weil diese dann arbeitsteilig vorgehen und damit der Prozess von der inhaltlichen Vorbereitung hin zur Durchführung und Reflexion nicht mehr von allen Studierenden durchlaufen wird. Ebenso kann die Übernahme von (Mit)Verantwortung in der gesamten Lehrveranstaltung sinken. Wenn keine Tutorinnen oder Tutoren zur Verfügung stehen, ist die vorbereitende Tätigkeit mitunter sehr umfangreich. Wichtig ist, die Anforderungen klar und kontinuierlich zu kommunizieren sowie auf den Lernzuwachs und den Gewinn an Wissen (zum Beispiel im Hinblick auf das Schulpraktikum) hervorzuheben.

⊃ Tipp

- Erwarten Sie nicht, dass alle Studierenden diese kognitiv anregende Herausforderung mit Begeisterung annehmen. Das Format ist unüblich und muss begründet und argumentiert werden. Manche Studierenden unterschätzen den Aufwand und die Zusammenarbeit im Team.
- Machen Sie die zugrunde liegenden lerntheoretischen Überlegungen immer wieder transparent.

Literatur

Argyris, C., & Schön, D. A. (1999). *Die Lernende Organisation. Grundlagen, Methoden, Praxis.* Stuttgart, Klett-Cotta.

Hattie, J. (2013). *Lernen sichtbar machen* (überarb. deutschsprachige Ausg. von „Visible Learning" besorgt von W. Beywl und K. Zierer). Baltmannsweiler: Schneider Hohengehren.

Hattie, J. & Timperley, H. (2007). The Power of Feedback. *Review of Educational Research, 77* (1), 81–112.

Winter, F. (2016). Rückmeldungen. Drei Irrtümer und einige Neuigkeiten. *Friedrich Jahresheft,* XXXIV, 73–76.

48 Software-Produkt
Dirk Bade

Kurzbeschreibung	Bei der Erstellung eines Software-Produkts geht es in erster Linie um die Entwicklung einer Anwendung oder eines Algorithmus. Durch eine Vielzahl kreativer Möglichkeiten bei der Gestaltung und Umsetzung eignet sich dieses Prüfungsformat nicht nur für technische Disziplinen.
Form	praktisch
Kompetenzen	Fachkompetenz
	Methodenkompetenz
	Sozialkompetenz
	Selbstkompetenz
Gruppengröße	Einzelperson 1 Student/-in
	kleine Gruppe < 20 Studierende
Dauer der Durchführung	je nach Anforderung mind. 1–2 Wochen (Algorithmen); kann jedoch auch auf 1–2 Semester (Software-Projekte) ausgelegt werden.
Studentischer Workload	je nach Anforderung mindestens ca. 10 Arbeitsstunden pro Student (einfacher Algorithmus). Kann jedoch, z. B. bei 2-semestrigen Projekten, auf bis über 300 Stunden pro Student ansteigen.
Semesterbegleitend durchführbar?	ja
Durchführungsort	grundsätzlich ortsunabhängig. Einzige Voraussetzung ist das Vorhandensein eines Computers, ggf. mit Internetzugang.

Beschreibung der Prüfungsform

Das Erstellen eines Software-Produkts reicht von einfachen Algorithmen (z. B. mathematische Berechnungen) bis hin zu Entwurf und Entwicklung kompletter Anwendungsprogramme für Computer oder Smartphones (z. B. Spiele). Je nach Lernziel kann der Fokus hier entweder auf einer fachlichen Vertiefung von Inhalten (z. B. „Routenplanung in der Logistik") und/oder der technischen Umsetzung (z. B. „Programmierung einer Smartphone-App") liegen.

Bei der Gestaltung von Software-Produkten ist der nicht zu unterschätzende zeitliche Aufwand zu berücksichtigen. Ein Software-Produkt kann, je nach Vorkenntnissen, durchaus einen hohen dreistelligen Stundenaufwand mit sich bringen. Daher eignet sich diese Prüfungsform weniger zur abschließenden Kompetenzbeurteilung für z. B. Vorlesung oder Seminar, sondern vielmehr als Schwerpunkt in z. B. Projekten oder Praktika. Aufwandsbedingt ist es oft sinnvoll, eine entsprechende Aufgabe in (mehreren) Gruppen von 2 bis max. 8 Studierenden bearbeiten zu lassen. Durch Kollaboration (gemeinsames Programmieren vor dem Bildschirm) und Kooperation (Aufgabenteilung) zielt diese Prüfungsform neben fachlicher, methodischer und Selbstkompetenz somit auch auf die Entwicklung sozialer Kompetenzen (vgl. Böttcher et al., 2011).

Zur abschließenden Beurteilung des Kompetenzerwerbs sollten bereits im Rahmen der Vorbereitung auch entsprechende Bewertungskriterien (z. B. Funktionalität, Nachvollziehbarkeit, Teamarbeit) aufgestellt sowie zu berücksichtigende Bewertungsartefakte (Programmcode, Dokumentation, ggf. Software-Werkzeuge) ausgewählt werden. Weitergehend bietet es sich an, ein Anwendungsszenario oder einen Anforderungskatalog mit wünschenswerten und notwendigen Funktionen zu erstellen und geeignete Werkzeuge (z. B. zur Kommunikation, Aufgabenplanung oder Programmcodeverwaltung) auszuwählen, Dokumentationen (z. B. Installationsanleitungen) zusammenzutragen sowie ggf. auch für das Einrichten (und Testen) der Computer in Laboren/Pool-Räumen zu sorgen.

Anwendungsmöglichkeiten

Bei der Entwicklung von Software-Produkten durchläuft man eine Reihe zeitlich aufeinanderfolgender Phasen: Beginnend mit einer Analyse der Anforderungen folgt zunächst der Entwurf am Reißbrett, dann die eigentliche Programmierung und schließlich das Testen. Für die konkrete Durchführung eignen sich etablierte Vorgehensmodelle der Softwareentwicklung (z. B. agile Modelle wie „Scrum", vgl. Wieczorrek & Mertens, 2010), welche diese Phasen einmalig oder wiederholt durchlaufen und die Interaktionen der Beteiligten sowie die zu erstellenden Artefakte beschreiben. Nach Abschluss eines Durchlaufs bieten sich Präsentationen der Ergebnisse sowie Feedback-Gespräche an, damit alle Beteiligten sich über den aktuellen Fortschritt sowie eventuelle Kurskorrekturen austauschen können.

Da Software-Produkte meist einen Bezug zu einer Anwendungsdomäne haben, eignet sich dieses Prüfungsformat auch für den fächerübergreifenden Einsatz. Gemischte Gruppen erfordern hierbei von den Lernenden einen intensiven Austausch über fachliche Inhalte und deren softwaretechnische Umsetzung. Für informatikferne Disziplinen bieten sich Software-Werkzeuge zur graphischen Programmierung an, die auch bereits im Kindes- und Jugendalter den spielerischen Umgang mit der Technik fördern (eine Übersicht findet sich z. B. in Wikipedia, 2017).

Anwendungsbeispiel aus der Hochschulpraxis

In meiner Praxis fordere ich die Erstellung von Software-Produkten ausschließlich im Rahmen von Projekten und Praktika. Hier lasse ich die Studierenden idealerweise 4er-Gruppen bilden und gebe nur sehr grobe Anforderungen vor, sodass ausreichend Platz für eigene Kreativität bleibt. Mithilfe eines vereinfachten, agilen Vorgehensmodells setze ich einen Orientierungsrahmen für den Entwicklungsprozess, der zweiwöchige Iterationen durch alle Phasen (Anforderungsanalyse, Entwurf, Programmierung, Test) mit anschließender Präsentation und Retrospektive vorsieht und entsprechend schnelle (Teil-)Ergebnisse liefert.

Im Rahmen eines Blended-Learning-Ansatzes nutze ich die Präsenzzeiten ausschließlich für soziale Interaktionen sowie fachliche Diskussionen und technische Hilfen. Das Gros der Programmierarbeit verschiebt sich so in die Online-Phasen, die durch Werkzeuge zur Kommunikation (z. B. Chat), zur gemeinsamen Programmcodebearbeitung (z. B. Versionsverwaltung), zur Dokumentation (z. B. Wiki) sowie zur Aufgabenplanung (z. B. Projektmanagement-Software) unterstützt werden.

Vor der abschließenden Beurteilung, die das Produkt, die Dokumentation sowie die Beteiligung am Prozess berücksichtigt, führe ich prozessbegleitend 2–3 individuelle Feedbackgespräche, um mich mit den Studierenden über deren Leistungen und Probleme bei der Durchführung auszutauschen.

Grenzen und mögliche Stolpersteine

Bei der Entwicklung von Software-Produkten können jederzeit unvorhersehbare (und durch die Beteiligten oft nicht selbst verschuldete) Probleme auftreten, deren Lösung Zeit und Nerven kostet. Idealerweise lässt die Aufgabenstellung daher Raum, um die Anforderungen im Einzelfall flexibel nach oben und unten ändern zu können.

Die Bewertung der Kompetenzentwicklung bzw. des finalen Software-Produkts kann sich als herausfordernd darstellen und sollte sich neben dem Produkt als solches auch auf dessen Dokumentation sowie den Entwicklungsprozess beziehen. Eine individuelle Benotung von Gruppenarbeiten (insbesondere auch in Blended-Learning-Szenarien) ist weitergehend herausfordernd, da es schwierig ist, den jeweiligen Einsatz und Anteil eines einzelnen Gruppenmitglieds zu bestimmen. Eine Durchsicht des kompletten Programmcodes ist meist nicht zielführend, da dieser selbst bei kleineren Projekten schnell hunderte oder tausende Zeilen umfassen kann. Für eine differenziertere Betrachtung sei z. B. auf Hummel (2013) verwiesen.

⊃ Tipp

Unterschätzen Sie nicht den Arbeitsaufwand zur Entwicklung eines Software-Produkts, legen Sie Wert auf eine gute Dokumentation (des Produkts und des Prozesses), unterstützen Sie die Entwicklung durch sinnvolle Software-Werkzeuge und bieten Sie (anfänglich) enge Betreuung.

Literatur

Böttcher, A., Thurner, V. & Müller, G. (2011). *Kompetenzorientierte Lehre im Software Engineering.* Tagungsband des 12. Workshops „Software Engineering im Unterricht der Hochschulen" 2011 (S. 33–39). München.

Hummel, O. (2013). *Transparente Bewertung von Softwaretechnik-Projekten in der Hochschullehre.* Tagungsband des 13. Workshops „Software Engineering im Unterricht der Hochschulen" 2013 (S. 103–114). Aachen.

Wieczorrek, H. & Mertens, P. (2010). *Management von IT-Projekten: Von der Planung zur Realisierung.* Berlin, Heidelberg: Springer.

Wikipedia (2017). *Visual Programming Language.* Verfügbar unter: http://bit.ly/1e5B1p0 [02.10.2017].

49 Studienskizze

Judith Vriesen

Kurzbeschreibung	Die Studienskizze bereitet auf die Umsetzung des Forschenden Lernens vor. Sie prüft, inwieweit es den Studierenden gelungen ist, eine eigenständige kleinere Forschungsleistung so vorzubereiten, dass diese in einer folgenden Praxisphase durchgeführt und ausgewertet werden kann. Die Kompetenzerwartungen an die Studierenden werden von den Lehrenden nach Maßgabe der jeweiligen Prüfungsordnung festgelegt.
Form	schriftlich
Kompetenzen	Fachkompetenz Methodenkompetenz Selbstkompetenz
Gruppengröße	Einzelperson 1 Student/-in
Dauer der Durchführung	Verschriftlichung eines Textes von 9.000–12.000 Zeichen
Studentischer Workload	ca. 30 Stunden, Näheres regelt die Studienordnung bzw. das Modulhandbuch
Semesterbegleitend durchführbar?	ja
Durchführungsort	ortsunabhängig

Beschreibung der Prüfungsform

Die Studienskizze ist eine Prüfungsform, die durch die Umsetzung des Forschenden Lernens entstanden ist. „Forschendes Lernen zeichnet sich [...] dadurch aus, dass die Lernenden den Prozess eines Forschungsvorhabens [...] in seinen wesentlichen Phasen – von der Entwicklung der Fragen und Hypothesen über die Wahl und Ausführung der Methoden bis zur Prüfung und Darstellung der Ergebnisse in selbstständiger Arbeit [...] – (mit) gestalten, erfahren, reflektieren" (Huber 2009, S. 10). Forschendes Lernen wird vor allem in verlängerten Praxisphasen realisiert. Die universitäre Begleitung einer längeren Praxisphase erfolgt oftmals durch vorbereitende Seminare, die sich auf die Praxisphase beziehen und auf die eigenständige Durchführung eines Forschungsprozesses im Praxiskontext hinarbeiten. Die Studienskizze ist eine Prüfungsleistung am Ende eines solchen Seminars. Ihr Inhalt ist die Planung des Forschungsprozesses, der in der Praxisphase realisiert werden soll. Sie kann wie folgt gegliedert sein:
1. Kurze Hinführung zum Thema
2. Theorierahmen

3. Entwicklung einer Fragestellung
4. Relevanz der Fragestellung im wissenschaftlichen Kontext
5. Entwicklung von Untersuchungskriterien
6. Darlegung der Untersuchungsmethode
7. Aufzeigen möglicher Reflexionsmöglichkeiten

Der Umfang soll ca. 9.000 bis 12.000 Zeichen (ohne Leerzeichen) für den Text betragen. Hinzu kommen Deckblatt, Inhaltsangabe, Zeitplan für das Untersuchungssetting und eine Literaturliste.

Im Sinne des Constructive Alignments werden die Studierenden im Vorbereitungsseminar auf ihre Prüfungsleistung vorbereitet. Dazu gehören das Vorstellen der Bewertungskriterien einer Studienskizze und den damit verbundenen Kompetenzerwartungen, das Vorstellen eines „learning cycle im Format des Forschungsprozesses" (Wildt 2009, S. 5) sowie unterschiedlichste Übungen zur Annäherung an einen Forschungsprozess. Im Seminar tauschen sich die Studierenden über ihre Forschungsideen aus, geben sich gegenseitige Anregungen und Hinweise, indem sie zum Beispiel die Wahl ihres Forschungsdesigns und ihrer Methoden begründen. Auf diese Art und Weise schärfen sie ihre persönliche Forschungsidee.

Anwendungsmöglichkeiten

Die Studienskizze wird am Ende eines Vorbereitungsseminars beziehungsweise im Vorfeld einer Praxisphase von den Studierenden verschriftlicht. Zur Vorbereitung auf die Prüfungsleistung werden im Seminar wesentliche Elemente eines Forschungszyklus aufgegriffen und vertieft. Dazu gehören unter anderem die Themenfindung, die Formulierung der Fragestellung und die Vorstellung von Untersuchungsmethoden. Die Auseinandersetzung mit unterschiedlichen Schwerpunkten im Seminar dient den Studierenden zur Themenfindung. Daraus formulieren sie den theoretischen Hintergrund ihrer Studienskizze. Übungen zur Formulierung einer Forschungsfrage, zur Ermittlung und Präzisierung von Untersuchungskriterien und die exemplarische Erprobung und Auseinandersetzung mit ausgewählten Untersuchungsmethoden wie zum Beispiel der Beobachtung oder des Fragebogens sind wesentliche Bestandteile der Prüfungsvorbereitung. Im Anschluss verschriftlichen die Studierenden ihre Texte.

Die Studienskizze wird zu einem individuell vereinbarten Zeitpunkt gegen Ende des Vorbereitungsseminars abgegeben und von der Seminarleitung korrigiert und bewertet. Mithilfe eines Bewertungsrasters werden, neben der Darstellung formaler Kriterien, die Darstellung des Themenschwerpunktes, die Entwicklung und Formulierung der Fragestellung, die Einordnung in den wissenschaftlichen Kontext, die Operationalisierung, die Beschreibung des Erhebungsinstrumentes und Reflexionsmöglichkeiten überprüft. Die Rahmenbedingungen für das Bewertungsraster werden zum Beispiel in Modulhandbüchern festgelegt.

Jede/r Studierende erhält eine individuelle, unbenotete Rückmeldung. Die Studienskizze kann digital eingereicht werden und auch die Rückmeldung kann digital erfolgen. Falls gewünscht, erfolgt nach einer digitalen Rückmeldung noch eine persönliche Beratung.

Mithilfe des Feedbacks auf der Grundlage des Bewertungsrasters adaptieren die Studierenden gegebenenfalls ihre Planungen für die spätere Umsetzung des Forschungsplans in der Praxisphase.

Anwendungsbeispiel aus der Hochschulpraxis
Im Rahmen des Praxissemesters in der universitären Lehrerbildung biete ich Vorbereitungsseminare zum Thema „Leben und Lernen in Vielfalt" an der TU Dortmund an. Die Studierenden erhalten im Seminar die Aufgabe ein eigenständiges Forschungsprojekt zu planen, um es später im Praxissemester umzusetzen. Die Planung des Vorhabens wird in der Studienskizze verschriftlicht. Aus den im Seminar behandelten Themengebieten entwickeln die Studierenden ihre Fragestellung. Übungen, wie sie Rathjen (2013) empfiehlt, helfen ihnen, ihre Fragestellung zu formulieren, wie zum Beispiel „Wie ist im inklusiven, jahrgangsübergreifenden Unterricht das soziale Selbstkonzept der Lernenden mit, und das der Lernenden ohne diagnostiziertem sonderpädagogischem Förderbedarf am Beispiel der Schülerinnen und Schüler einer Klasse 3 und 4 der Grundschule XYZ?". In den Sitzungen sprechen wir auch über Forschungsergebnisse im behandelten Themenbereich, damit sie Hinweise zum aktuellen Forschungsstand erhalten.

Einen besonderen Schwerpunkt lege ich auf die Behandlung möglicher Forschungsmethoden. Bewährt hat sich, nur ausgewählte Forschungsmethoden anzusprechen, diese dann aber intensiver zu behandeln. Hierbei konzentriere ich mich auf die Methoden Beobachtung und Fragebogen. Die Beobachtung hat in der Lehrerbildung einen besonderen Stellenwert, da sie nicht nur Forschungsmethode, sondern auch Diagnostikinstrument ist.

Die Formulierung von Untersuchungskriterien stellt eine besondere Herausforderung dar. Die Möglichkeit einer Darstellung in Anlehnung an ein Flussdiagramm, vom untersuchten Begriff über die Indikatoren bis hin zur möglichen Forschungsfrage bzw. dem zu beobachtenden Aspekt, wird gerne angenommen.

Bei der Vorbereitung zeigt sich die sehr große Heterogenität der Studierenden hinsichtlich der Vorkenntnisse, Interessen und Motivation. Deshalb bilde ich in den Seminarsitzungen regelmäßig nach Themenbereichen gegliederte Kleingruppen, die sich untereinander und mit mir austauschen. Dies steigert die Motivation und wirkt sich positiv auf die Qualität der Skizze aus.

Am Ende des Seminars reichen die Studierenden ihre Prüfungsleistung ein. Ich nehme die Arbeiten digital an und gebe jedem Studierenden auf diesem Weg eine Rückmeldung zu den einzelnen Punkten. Darüber hinaus biete ich Rücksprache in meiner Sprechstunde an.

Grenzen und mögliche Stolpersteine

Studierende, die bisher wenig Erfahrung im Bereich der empirischen Sozialforschung hatten, sind aufgefordert, im Eigenstudium empirische Kenntnisse zu vertiefen.

Die theoretischen Überlegungen in der Studienskizze können aufgrund der angetroffenen Bedingungen im Praxisfeld nicht immer umgesetzt werden. Zur Umsetzung eines kompletten Forschungszyklus werden deshalb die Überlegungen aus der Studienskizze regelmäßig an die Bedingungen in der Praxis angepasst.

Da die Studienskizze eine unbenotete Prüfungsleistung ist, zu der jeder Studierende eine individuelle schriftliche und/oder mündliche Rückmeldung durch die Seminarleitung erhält, bietet sie die Chance, theoretische Kenntnisse über einen Forschungsprozess zu erlangen und zu vertiefen.

⊃ Tipp
- Ermöglichen Sie im Seminar regelmäßig die Auseinandersetzung mit der Forschungsidee, es motiviert die Studierenden und hilft Schwierigkeiten bei der Erstellung der Studienskizze auszuräumen.
- Ein Bewertungsraster schafft inhaltliche Klarheit und erleichtert die Arbeit bei der Korrektur.

Literatur
Huber, L. (2009). Warum Forschendes Lernen nötig und möglich ist. In L. Huber, J. Hellmer & F. Schneider (Hrsg.), *Forschendes Lernen im Studium* (S. 9–35). Bielefeld: Universitätsverlag Weber.

Rathjen, S. (2013). Von der Idee zur Forschungsfrage. In B. Drinck (Hrsg.), *Forschen in der Schule* (S. 123–141). Opladen und Toronto: Barbara Budrich.

Wildt, J. (2009). *Forschendes Lernen: Lernen im „Format" der Forschung*. Verfügbar unter: http://bit.ly/2yrr5F3 [02.10.2017].

50 Thesenpapier

Helge Keller & Jürgen Boeckh

Kurzbeschreibung	Beim Thesenpapier handelt es sich um eine schriftliche Ausarbeitung, in der passend zu einem übergeordneten Thema und einer entsprechenden Fragestellung unterschiedliche Thesen möglichst kurz und präzise ausformuliert werden. Daran anknüpfend können kurze Begründungen oder Kommentare zu den einzelnen Thesen folgen. Die Erarbeitung ist auch in Gruppenarbeit möglich.
Form	schriftlich
Kompetenzen	Fachkompetenz
	Methodenkompetenz
	Sozialkompetenz
Gruppengröße	Einzelperson 1 Student/-in
	(kleine Gruppe) < 20 Studierende
Dauer der Durchführung	15 Minuten – 1,5 Stunden
Studentischer Workload	7–30 Stunden
Semesterbegleitend durchführbar?	ja
Durchführungsort	ortsunabhängig

Beschreibung der Prüfungsform

Das Thesenpapier besteht aus einer kontextabhängig unterschiedlich großen Anzahl an Thesen, die z. B. auf der Basis gelesener Texte, den Inhalten von Lehrveranstaltungen oder der Bearbeitung eines für den Studiengang relevanten Themas beruhen. Die Studierenden bilden auf dieser Grundlage Thesen, die in kurzer und prägnanter Form die wesentlichen Aussagen des Inhalts präsentieren. Neben der Bildung eigener, am Material entwickelter Thesen kann und soll ein Thesenpapier auch Erkenntnisse anderer Autoren beinhalten, um unterschiedliche Positionen des wissenschaftlichen Diskurses sichtbar zu machen (vgl. Frank, Haacke & Lahm 2013, S. 172). Beachtet werden muss bei der Erstellung von Thesen, dass sie (1) einen Erklärungsansatz anbieten bzw. Bestandteil eines solchen sind und (2) verifizierbar bzw. falsifizierbar, also empirisch überprüfbar, sein müssen. Aussagen, die einen Fakt oder eine Tatsache wiedergeben, sind demnach keine Thesen.

Nach Durchsicht diverser Curricula zeigt sich, dass ein Thesenpapier als Prüfungsform selten fünf Seiten übersteigt. Diese Beschränkung ist insofern sinnvoll, als dass das Thesenpapier weder eine Paraphrase gelesener Texte noch ein Exzerpt sein soll. Der Aufbau kann durchaus variieren, wenngleich bestimmte Eckpfeiler obligatorisch sind: In die Kopfzeile sind die personenbezogenen Daten des Studierenden zu setzen. Den inhaltlichen Einstieg bildet die Angabe des Themas, verbunden mit der erkenntnisleitenden Fragestellung. Daran schließt sich die Nennung der ersten These an, die durch eine Begründung gestärkt wird, wenngleich diese noch keinen hinreichenden Beweis für die Bestätigung der These liefert. Sie dient vielmehr der Erläuterung und Nachvollziehbarkeit der aufgestellten These. Hierbei sind grundsätzlich die Regeln der Zitation zu beachten! Je nach Umfang kommen weitere Thesen und entsprechende Begründungen hinzu. Ergänzend zu diesen Bausteinen können nach Franck (2004, S. 257) auch noch Schlussfolgerungen, Antithesen und Synthesen in die Ausarbeitung eingearbeitet werden, was die Komplexität und den Anspruch des Prüfungsformates erhöht. Abschließend werden die verwendeten Quellen in ein Literaturverzeichnis aufgenommen, damit nachvollziehbar ist, woher der/die Studierende die Informationen bezogen hat.

Ein Thesenpapier kann grundsätzlich auch von mehreren Studierenden erstellt werden, sofern es in den Rahmen des Seminars passt und eine der Prüfungsordnung entsprechende Prüfungsform darstellt. Wie bei anderen Gruppenarbeiten sollte auch hier gewährleistet sein, dass alle Mitglieder gleichermaßen am Bearbeitungsprozess teilgenommen haben.

Anwendungsmöglichkeiten

Erfahrungen in der Lehre zeigen, dass viele Studierende bei der Erstellung schriftlicher Leistungen den zeitlichen Aufwand für die Literaturarbeit unterschätzen. Damit geht vielfach eine Form wissenschaftlichen Arbeitens einher, die aus Alltagswissen reproduziert wird, was wiederum zu Lasten der Auseinandersetzung mit wissenschaftlichen Erkenntnissen gehen kann. Thesenpapiere eignen sich sehr gut, die Studierenden zur Auseinandersetzung mit Texten zu motivieren. Sinnvoll ist es, Texte, die gelesen werden sollen, vorzugeben. Die Studierenden lernen bei einer guten Textauswahl über die Thesenpapiere die Vielfalt möglicher Sichtweisen auf ein Thema kennen. Sie können beim Erstellen ihrer Arbeiten die Techniken des wissenschaftlichen Arbeitens einüben. Und – ganz wichtig – Thesenpapiere, die in Kleingruppen erarbeitet werden, schärfen die Diskursfähigkeit der Studierenden. Deshalb empfehlen wir auch, die Thesenpapiere vortragen zu lassen, um über die schriftliche Leistung die Diskussion in der Gruppe anzuregen.

Thesenpapiere werden im Hochschulkontext oft mit Prüfungsformen wie einer mündlichen Prüfung oder einem Referat kombiniert. Dabei kann sich der

Zweck des Thesenpapiers je nach Prüfung unterscheiden: Während im Rahmen eines Referates das Thesenpapier in Form eines Handouts als Tischvorlage wesentliche Inhalte des Themas in pointierten Aussagen zusammenfasst und eine Grundlage für spätere Diskussionen im Plenum darstellt, dient es in einer mündlichen Prüfung oftmals der Vorbereitung und wird im Vorfeld des Prüfungsgespräches angefertigt. Auch in Seminardiskussionen und Gruppenarbeiten kann das Thesenpapier einen Anhaltspunkt geben, ob ein vorher behandeltes Thema in seinem Kern erfasst und daraus zentrale Aussagen in Form von Thesen gebildet werden konnten.

Soll das Thesenpapier frei von anderen Formaten als einzelnes Prüfungsinstrument Anwendung finden, können die Themen im Rahmen einer Lehrveranstaltung entweder frei wählbar sein oder den Studierenden zugeteilt werden. Die Auseinandersetzung mit den Lehrinhalten dient gewissermaßen der Prüfungsvorbereitung, da ohne intensive Literaturarbeit keine hinreichende Bearbeitung stattfinden kann. Die eigentliche Prüfungsdurchführung beinhaltet die Arbeit am Material inklusive der Erstellung relevanter Thesen und der dazugehörigen Begründungszusammenhänge. Ein Thesenpapier ist dann als gelungene Arbeit zu bewerten, wenn ersichtlich wird, dass auf der Basis einer hinreichenden Literaturrecherche die Prüfung in Umfang und Qualität den Maßstäben wissenschaftlicher Arbeiten genügt. Dabei gilt es in besonderem Maße zu berücksichtigen, ob die Thesen im Einzelnen sinnvoll und nachvollziehbar aufeinander aufbauen und das Papier in seiner Gesamtheit vor dem Hintergrund der entwickelten Fragestellung einer inneren Logik folgt.

Anwendungsbeispiel aus der Hochschulpraxis

Wir setzen das Thesenpapier in der Hochschulpraxis ein, um Studierende zu befähigen, sich mit relevanter Literatur auf wissenschaftlichem Niveau auseinanderzusetzen. Dabei wollen wir sicherstellen, dass Studierende eine in sich logisch aufgebaute Argumentation zu einem Fachthema entwickeln können. Das didaktische Vorgehen hängt unseres Erachtens vom Kenntnisstand der Studierenden ab. In unteren Semestern entwickeln wir, teilweise in Gruppenarbeit, gemeinsam mit den Studierenden ein Erkenntnisinteresse bzw. eine Fragestellung und geben ihnen eine Auswahl unterschiedlicher Texte, um zu prüfen, ob sie in der Lage sind, hieraus einen logischen Text aufzubauen. In höheren Semestern erarbeiten Studierende selbstständig eine Fragestellung vor dem Hintergrund ihrer Literaturrecherche. Das Thesenpapier ist dann für sie ein Indikator, in welcher Art und in welchem Umfang der/die Studierende das Themenfeld durchdrungen hat. Bei der Bewertung der Prüfungsleistungen achten wir primär auf die inhaltliche und strukturelle Aufbereitung. Schafft es ein/e Studierende/r neben deskriptiven Elementen auch auf analytischer Ebene zu argumentieren und Positionen darzustellen, entspricht das einer guten oder sehr guten Leistung. Fehlt der analytische Zugang oder zeigt der logische Aufbau des Thesenpapiers Brüche sind Abwertungen vorzunehmen. Positiven Einfluss auf die Notenvergabe kann überdies die eigenständige Entwicklung einer systematischen Fragestellung haben.

Grenzen und mögliche Stolpersteine

Die Entwicklung eines Thesenpapiers setzt die Fähigkeit voraus, aufgenommene Inhalte in eigenen Worten zu Positionen zuzuspitzen und den Inhalt des Gegenstandes zu verdichten. Dabei ist es notwendig, das Gelesene in seiner Gesamtheit zu erfassen und die zentralen Aussagen herauszufiltern. Ferner gilt es zu beachten, dass mit einem Thesenpapier ein gewähltes Thema in der Regel nicht in der Breite und Tiefe bearbeitet werden kann. Eine wissenschaftliche Bearbeitung und Aufbereitung unter Zuhilfenahme verschiedener Theorien und Konzepte, eine Einnahme unterschiedlicher Perspektiven und eine Neuordnung wissenschaftlichen Materials sind somit nicht möglich. Das Thesenpapier dient vielmehr dem Kompetenzerwerb, pointierte Behauptungen formulieren und Positionen verteidigen zu können. In Anbetracht dessen bietet es sich an, die Erstellung eines Thesenpapiers im Seminarverlauf zu erproben, um auf jene Unterschiede und Schwerpunktsetzungen aufmerksam machen zu können. Ein Thesenpapier ist deshalb Teil eines Prozesses, in dem die Studierenden lernen können, über das Lesen (von Fachliteratur) und das Sichern des Gelesenen (Exzerpt) zu einem Erkenntnisinteresse zu gelangen, das eben mehr ist als der Titel einer Hausarbeit und mit einer systematischen Fragestellung als einer Abfolge logisch aufeinander aufbauender Thesen abgearbeitet werden muss.

⊃ Tipp

In Zeiten vielfältiger Zugänge zu (Fach-)Wissen sowie neuer Lese- und Verarbeitungsgewohnheiten Studierender plädieren wir für die systematische Integration von Internetquellen in die Lehre. Dabei können auch Wikipedia-Artikel, Facebook-Postings oder Tweets den Ausgangspunkt bilden, um die Studierenden zu motivieren, sich mit dem entsprechenden Thema systematisch auseinanderzusetzen und dabei das Thesenpapier als probates Werkzeug zur Erschließung und Verarbeitung neuer Wissensbestände kennenzulernen und anzuwenden.

Literatur

Franck, N. (2004). *Handbuch Wissenschaftliches Arbeiten*. Frankfurt am Main: Fischer Taschenbuch Verlag.

Frank, A., Haacke, S. & Lahm, S. (2013). *Schlüsselkompetenzen: Schreiben in Studium und Beruf*. Stuttgart und Weimar: Verlag J.B. Metzler.

51 Übersetzung

Björn Oellers

Kurzbeschreibung	Die Übersetzung als Prüfungsform stammt aus der Philologie. Sie ist jedoch auch auf anderen Fachgebieten anwendbar. Durch sie werden Fachkenntnisse und sprachliches Ausdrucksvermögen, aber auch analytische Fähigkeiten und interkulturelle Kompetenz geprüft. Es ist zwischen individueller und kooperativer Übersetzung zu unterscheiden. Der Leistungsumfang wird durch die Prüfungsordnung geregelt.
Form	schriftlich
Kompetenzen	Fachkompetenz
	Methodenkompetenz
	Sozialkompetenz (bei kooperativer Übersetzung)
Gruppengröße	Einzelperson 1 Student/-in
	kleine Gruppe < 20 Studierende
Dauer der Durchführung	Regelung durch die Prüfungsordnung. In der Regel zwischen 90 und 240 Minuten.
Studentischer Workload	Regelung durch die Prüfungsordnung. Denkbar sind 60–300 Stunden
Semesterbegleitend durchführbar?	nein
Durchführungsort	Einzelbüro, ruhiger Seminarraum, Sprachlabor, ggf. mit Internetanschluss

Beschreibung der Prüfungsform

Die heutige Internationalisierung bringt einen steigenden Bedarf an Übersetzungen und folglich auch an den hierzu nötigen Kompetenzen mit sich. Die Übersetzung eines Textes verlangt umfangreiches Wissen und eine Reihe an Fähigkeiten. Es bedarf nicht nur analytischer Expertise, sondern auch der Bereitschaft, sich sprachlich und terminologisch auf unbekanntes Gebiet zu begeben.

Im Hochschulsetting ist Übersetzen eine Form der gelenkten Textproduktion. Im Fokus steht die Übertragung eines fachlichen oder literarischen Textes in eine andere Sprache. Dabei sind zwei grundlegende Dinge zu entscheiden: Zum einen kann die Übersetzung in die Muttersprache oder in eine Fremdsprache erfolgen. Zum anderen kann sie als Einzelleistung oder als sogenannte kooperative Übersetzung, d.h. als Gruppenarbeit von drei bis fünf Studierenden geschehen.

Die Prüfungsform der Übersetzung ist zeitintensiv sowohl in der Vorbereitung als auch in der Durchführung und Bewertung sowie dem notwendigen nachträglichen Lektorat. Von Seite der Prüferinnen und Prüfer ist ein geeigneter

Text auszusuchen und sind die Hilfsmittel festzulegen. Für die Bewertung sind die Übersetzungen – je nach Ziel der Prüfung – nicht nur auf inhaltliche Korrektheit zu prüfen, sondern auch die stilistische Ausarbeitung und die idiomatische Exaktheit zu beachten. Zudem ist für ein detailliertes Feedback ein anschließendes Gespräch über die Stärken und Schwächen der Übersetzung nötig. Von Seite der Studierenden ist die Übersetzung zu üben, da das Übersetzen nicht als abstraktes Wissen vermittelt werden kann. Bei mehrmaliger Durchführung von Übersetzungsübungen können sie die für die Prüfung notwendige Schwerpunktsetzung, Effektivität und Zeitökonomie lernen. Aus diesem Grund finden im Seminar am besten mehrfache Durchläufe des Übersetzungsprozesses und der gemeinsamen Reflexion der Übersetzungen statt. So können exemplarisch die Tiefen und Untiefen, Eigenarten und Herausforderungen des Übersetzungsprozesses kennengelernt und bewältigt werden.

Anwendungsmöglichkeiten

Obschon diese Prüfungsform aus der Philologie stammt und heute überwiegend in übersetzungswissenschaftlichem Studium Anwendung findet, ist sie für verschiedene Fächer und Studienabschnitte geeignet. Unabhängig davon, in welche Richtung die Übersetzung getätigt wird (in die Muttersprache oder in die Fremdsprache), gilt es einige grundsätzliche Dinge zu beachten. Diese lassen sich in Form von Fragen festhalten, deren Beantwortung vor der Anwendung dieser Prüfungsform ratsam ist:
- Welche Fähigkeiten sollen geprüft werden?
- Welches Wissen soll abgefragt werden?
- Sind diese Fähigkeiten und dieses Wissen im Seminar gefördert und vermittelt worden?
- Welche weiteren Fähigkeiten setzt die Übersetzung voraus?
- Welches weitere Wissen setzt die Übersetzung voraus?
- Sind diese Fähigkeiten im Seminar geschult und gefördert worden?
- Ist das nicht curriculare Wissen (z. B. sprachliche Eigenarten: Im Deutschen werden mehr Passivkonstruktionen als im Englischen verwendet) im Seminar vermittelt worden?

Es kann sinnvoll sein, einen Fachtext aus dem Gebiet etwa der Pflegewissenschaft zu übersetzen, um das Verständnis interkultureller Unterschiede und der verschiedenen pflegewissenschaftlichen Traditionen zu ermessen. In einem solchen Fall böte es sich an, die Übersetzung mit einer mündlichen Einzelprüfung (siehe dazu Kapitel 29 zur mündlichen Einzelprüfung) in der Form eines reflektierenden Kurzreferats über Aspekte der Übersetzung mit anschließendem

Prüfungsgespräch zu verbinden. Dieses bietet Studierenden die Chance der Erläuterung ihrer Übersetzung und den Prüfenden die Möglichkeit einer näheren Prüfung der Lernziele des Seminars.

Sind Übersetzungen nicht fundamentaler Bestandteil des Studiums, sollte bei Anwendung dieser Prüfungsform eine Übersetzung in die Muttersprache erfolgen, da dieses eine größere Entfaltung des kreativen Potenzials der Studierenden ermöglicht. Wichtig ist in jedem Fall, den Studierenden zu vermitteln, dass diese Prüfungsform nicht nur Sprachvermögen, sondern bspw. Reflexion und Abstraktion voraussetzt, und zur Übersetzung auch interkulturelle und Textverarbeitungskompetenz oder die Fähigkeit zur Analogiebildung notwendig sind (Nord 2010).

Anwendungsbeispiel aus der Hochschulpraxis
Bei Übersetzungen als Prüfungsform an Fachhochschulen, d. h. im nicht philologischen Studium, habe ich gute Erfahrungen damit gemacht, zusätzlich zur Übersetzung Aufgaben zu verwenden, die auf die Reflexion der Übersetzung oder einzelner Aspekte des Textes zielen. Dies geschah etwa in Form von Fragen zu Fachtermini, idiomatischen Ausdrücken, kulturellen Hintergründen, die es, bezogen auf den Text, zu beantworten galt. Konkret ging es etwa im Gesundheitsbereich um die Übersetzung eines Textes zur Ergotherapie. Zu diesem habe ich Fragen nach den unterschiedlichen Traditionen der Ergotherapie und der ergotherapeutischen Kernbegriffe im englisch- und deutschsprachigen Raum gestellt. Ein solches Verfahren der gelenkten Übersetzung hat verschiedene Vorteile. Es wird nicht nur eine spezifische Fähigkeit geprüft und das nötige Vokabular abgefragt, sondern die Studierenden können vermitteln, auf welches Wissen und Verständnis sie zurückgreifen. Zudem vermindert es die Wahrscheinlichkeit, dass aufgrund von Prüfungsstress eine schlechte Benotung erfolgt, da die Studierenden wissen, dass die Bewertung nicht allein auf einer (in einer Übersetzungssituation schwer prüfbaren) sprachlichen Kreativität beruht. Für mich hat diese Vorgehensweise den Vorteil, dass ich einzelne Bestandteile der curricularen Lernziele genauer erfragen kann, als dies bei einer reinen Textproduktion möglich wäre.

Grenzen und mögliche Stolpersteine
Die Übersetzung ist eine – für beide: Prüfer(in) wie Studierende – sehr anspruchsvolle Prüfungsform. Stärke und Schönheit des sprachlichen Ausdrucks können in einer Prüfungssituation nicht unbedingt verlangt werden (Kornelius 2011). Andererseits eignet sich diese Prüfungsform nicht als Wissensüberprüfung, da das Übersetzen eine Sprach*fertigkeit* ist. Sie korreliert nicht mit der ein-

fachen Abfrage von Vokabeln, sondern bedarf der zielgerichteten Ausbildung. Zudem kann in einem nicht sprachwissenschaftlichen Studium eine Übersetzung aufgrund ihres Schwierigkeitsgrades den Eindruck der Schikane erwecken. In diesem Fall gilt es, in der Vorbereitung die Wissenschaftlichkeit der Prüfungsform zu betonen und auch wiederholt darauf hinzuweisen, welche Kompetenzen und welches Wissen durch die Vorbereitung geschult und vermittelt werden. Prüferinnen und Prüfer müssen beachten, dass auch für sie diese Prüfungsform durch die Vorbereitung, Korrektur, das Feedback und entstehende Fragen sehr zeitintensiv ist.

⊃ Tipp
- Legen Sie sich einen Pool an Texten und passenden Reflexionsfragen zu, die sich als geeignet für die Übersetzung erwiesen haben.
- Unterscheiden Sie Texte und Fragen je nach Schwierigkeitsgrad, um eine getrennte Bewertung der Übersetzung und der Beantwortung der Fragen vornehmen zu können.

Literatur
Kornelius, J. (2001). *Vergessen und Übersetzen.*
   Verfügbar unter: http://bit.ly/2lvLyQw [02.10.2017].
Nord, C. (2010). *Fertigkeit Übersetzen.*
   Verfügbar unter: http://bit.ly/2mhQNmZ [02.10.2017].

52 Videos analysieren und Ergebnisse der eigenen Auswertungen präsentieren

Miriam Hess & Frank Lipowsky

Kurzbeschreibung	Die Studierenden arbeiten im Rahmen eines Forschungsseminars an der systematischen Auswertung von (Unterrichts-)Videos, formulieren eine eigene Fragestellung, planen ihr methodisches Vorgehen und werten ausgewählte Videos mit den selbst entwickelten Beobachtungsinstrumenten aus. Die Prüfung besteht aus der Präsentation der eigenen Forschungsergebnisse, die z. B. in Form eines Posters oder eines Vortrags erfolgen kann.
Form	schriftlich
	mündlich
Kompetenzen	Fachkompetenz
	Methodenkompetenz
Gruppengröße	Einzelperson 1 Student/-in
Dauer der Durchführung	Analysen der Unterrichtsvideos: ca. 15 Stunden; Erstellung der Ergebnispräsentation ca. 10 Stunden
Studentischer Workload	inklusive Seminarzeiten ca. 50 Stunden
Semesterbegleitend durchführbar?	ja
Durchführungsort	Studierende erstellen die Poster in Heimarbeit.

Beschreibung der Prüfungsform

Bei der hier beschriebenen Prüfungsform analysieren die Studierenden Videos und werten diese systematisch aus. Die Ergebnisse ihrer Analysen präsentieren sie anschließend in Form von Postern (siehe dazu Kapitel 38 zu Postern und Kapitel 39 zu Posterkonferenzen) oder Vorträgen.

Das Konzept wurde von den Autoren im Rahmen des Lehramtsstudiums erprobt und eignet sich hier besonders gut, da die Studierenden durch den analytischen Blick auf Unterrichtsvideos lernen, bei der Beurteilung des eigenen oder fremden Unterrichts systematisch vorzugehen und sich an relevanten Kriterien zu orientieren. Sowohl dem forschenden Lernen als auch dem Lernen mit Unterrichtsvideos wird insbesondere für Lehramtsstudierende ein großes Potenzial zugeschrieben, da Lernende sich dabei reflexiv mit den authentischen Situationen des schulischen Alltags auseinandersetzen (z. B. Roters, Schneider, Koch-Priewe, Thiele & Wildt 2009; Steffensky & Kleinknecht 2016). Insbesondere, wenn die Studierenden mit denselben Kriterien unterschiedliche Videos auswerten, werden Prozesse des Vergleichens und Kontrastierens in Gang gesetzt, die als besonders lernförderlich gelten (Alfieri, Nokes-Malach & Schunn 2013).

Auch in anderen Fachbereichen, in denen Studierende lernen sollen, sich auf relevante Aspekte von Interaktionssituationen oder Handlungen zu beziehen und diese analytisch zu betrachten, kann diese Prüfungsform eingesetzt werden (z. B. im Rahmen des (Sozial-)Pädagogik- , des Psychologie-, oder des Sportstudiums). Der Fokus dieses Beitrags liegt allerdings auf der Analyse von Unterrichtsvideos durch Lehramtsstudierende. Da die Form der Prüfungsleistung unmittelbar an die Seminargestaltung gebunden ist, wird im Folgenden auch das Konzept entsprechender Seminare näher vorgestellt.

Anwendungsmöglichkeiten

Die Seminare und die Prüfungsform wurden bislang für Lehramtsstudierende sowie Masterstudierende der Empirischen Bildungsforschung erprobt. Dabei kann ein Thema vertiefend behandelt und auf unterschiedliche Videos angewendet werden (z. B. Feedback, Kognitive Aktivierung). Möglich ist aber auch, dass die Studierenden durch die Konfrontation mit verschiedenen Unterrichtsvideos eigene Fragestellungen entwickeln und die gleichen Videos aus unterschiedlichen Perspektiven untersuchen. In einer Veranstaltung untersuchten Studierende bspw. Interaktionen in Schülergruppen genauer. Alle Gruppen bearbeiteten die gleiche mathematische Modellierungsaufgabe. Eine Studierendengruppe setzte sich dabei genauer mit den Redebeiträgen der Lernenden auseinander, eine zweite Gruppe untersuchte das Argumentationsniveau, eine dritte Gruppe entwickelte ein System, mit dem man sichtbar machen kann, wie sich die Lernenden aufeinander beziehen, und eine vierte Gruppe analysierte, welche Fehler die Lernenden in welchen Phasen der Aufgabenbearbeitung machen und wie sie mit diesen umgehen. So entstanden multiperspektivische Sichtweisen auf dieselben Unterrichtssituationen.

Anwendungsbeispiel aus der Hochschulpraxis

Die Seminarkonzepte werden von uns im Rahmen des Lehramtsstudiums bereits seit mehreren Semestern erprobt, beispielsweise in Seminaren zu den Themen „Aspekte gelingender Lehrer-Schüler-Interaktion", „Feedback", „Kooperatives Lernen sichtbar machen" oder „Kognitive Aktivierung im Grundschulunterricht".

Den Lehrenden kommt dabei zunächst die Aufgabe zu, den Studierenden geeignete Unterrichtsvideos zur Verfügung zu stellen. In den Seminaren können beispielsweise Videos von Klassensituationen genutzt werden, aber auch Aufnahmen von Schüler*innengruppen, die gemeinsam an einer komplexen Aufgabe arbeiten. Es ist möglich, auf Videos aus bereits bestehenden Forschungsprojekten zurückzugreifen, die teilweise über Videoportale zur Verwendung in der Lehramtsausbildung freigegeben werden (vgl. Helmke 2015). Die Videos können aber auch von den Dozierenden – unter Berücksichtigung der datenschutzrechtlichen Bestimmungen – beispielsweise im Rahmen von schulpraktischen Studien selbst in Schulen aufgenommen werden, um sie für Seminare zu nutzen.

Aufgabe der Dozierenden ist es zudem, verschiedene Möglichkeiten der Videoanalyse vorzustellen und deren Anwendung mit den Studierenden zu üben. So können beispielsweise niedrig inferente Beobachtungsmethoden angewandt werden, bei denen relevante unterrichtliche Ereignisse (z. B. Fragen der Lehrperson, Beiträge der Lernenden) identifiziert und anschließend kategorisiert werden (z. B. einfache Wissens- vs. komplexe Denkfragen, Schüleraussagen mit und ohne Begründung). Aber auch hoch inferente Beobachtungsinstrumente, bei denen die Qualität unterrichtlicher Maßnahmen beurteilt wird, können den Blick der Studierenden auf bedeutsame Aspekte der Interaktion (z. B. Wertschätzung, Argumentationsniveau) lenken.

Im Anschluss entwickeln und präzisieren die Studierenden ihre Fragestellung, mit der sie die Unterrichtsvideos auswerten. Sie planen gemeinsam in der Gruppe das genaue methodische Vorgehen und werden bei der Auswertung von dem/r Lehrenden unterstützt. Grundsätzlich empfiehlt es sich hierbei, längere Arbeitsphasen vorzusehen, entweder in Form einer einzigen oder mehrerer Blockphasen. Die eigentlichen Analysearbeiten erfolgen dann entweder im Rahmen des Blockseminars oder aber zwischen den Blockphasen in häuslichen Arbeitsphasen.

Es empfiehlt sich, den Studierenden während ihres Forschungsprozesses individuelle Beratungsangebote zu machen und Feedback zu ihren Operationalisierungsversuchen und Analyseschritten zu geben. Um eine optimale Betreuung der Studierendengruppen gewährleisten und die Gruppengröße auf maximal drei Personen beschränken zu können, ist es wünschenswert, das Seminar mit maximal etwa 20 Studierenden durchzuführen. Wenn dies organisatorisch nicht möglich ist, sind aber auch Seminargrößen bis 30 noch realisierbar.

Die Studierenden bewerten die Seminare generell als sehr lernförderlich, wie die Aussagen aus der Evaluation verdeutlichen. So schätzen sie ihren Lernzuwachs höher ein als in Seminaren ohne Videoeinsatz. Sie melden auch zurück, von den Arbeitsanforderungen sowie der Prüfungsleistung zu profitieren und wichtige analytische Fähigkeiten erlernt zu haben. Außerdem betrachten sie die Arbeit an den Videos als eine sehr intensive Beschäftigung mit dem Thema.

Grenzen und mögliche Stolpersteine

Lehrende stehen gegebenenfalls insbesondere vor folgenden Herausforderungen: Zunächst ist es natürlich wichtig, über geeignete Unterrichtsvideos zu verfügen. Einige Universitäten stellen hierzu Videoportale zur Verfügung. Auch in der Literatur findet man inzwischen gute Überblicke für Zugriffsquellen (z. B. Helmke 2015). Wichtig ist dabei, die Studierenden eine Datenschutzerklärung unterzeichnen zu lassen. Zudem muss – wie bei jeder Form der Gruppenarbeit – eine Möglichkeit gefunden werden, die Leistung des einzelnen Studierenden adäquat zu bewerten. Wenn als Prüfungsleistung nur eine Einzelleistung abgenommen werden darf, bietet es sich an, alle Studierenden ein eigenes Poster erstellen zu lassen oder im Anschluss an die Präsentation der Ergebnisse eine Art Kolloquium anzuschließen.

⊃ Tipp

Sie sollten den Studierenden Freiheiten gewähren, eine eigene Fragestellung zu entwickeln und zu wählen. Rechnen Sie hier auch mit Unerwartetem und lassen Sie kreative Forschungsideen zu, insofern sie zum Thema und Lernziel Ihres Seminars passen. Es kommen häufig auch für Sie anregende und teilweise neuartige Forschungsideen zum Vorschein.

Literatur

Alfieri, L., Nokes-Malach, T. J. & Schunn, C. D. (2013). Learning through case comparisons: A meta-analytic review. *Educational Psychologist, 48*, 87–113.

Helmke, A. (2015). *Unterrichtsqualität und Lehrerprofessionalität. Diagnose, Evaluation und Verbesserung des Unterrichts*. Seelze: Klett-Kallmeyer.

Roters, B., Schneider, R., Koch-Priewe, B., Thiele, J. & Wildt, J. (Hrsg.) (2009). *Forschendes Lernen im Lehramtsstudium. Hochschuldidaktik, Professionalisierung, Kompetenzentwicklung*. Bad Heilbrunn: Klinkhardt.

Steffensky, M. & Kleinknecht, M. (2016). Wirkungen videobasierter Lernumgebungen auf die professionelle Kompetenz und das Handeln (angehender) Lehrpersonen. Ein Überblick zu Ergebnissen aus aktuellen (quasi-)experimentellen Studien. *Unterrichtswissenschaft, 44*(4), 305–321.

53 Zeitungsartikel analysieren oder verfassen
Nico Thom

Kurzbeschreibung	Es gibt zwei Möglichkeiten, einen Zeitungsartikel in Prüfungen einzusetzen: a) als Analyseobjekt und b) als Formatvorgabe. Bei der Analyse wird auf einen fremden Zeitungsartikel zurückgegriffen, bei der formalen Vorgabe wird ein eigener Zeitungsartikel vom Prüfling erstellt. Im Vordergrund steht das Kennenlernen und die Einübung der journalistischen Praxis bzw. die anregende und konzise Aufbereitung eines Themas.
Form	schriftlich
Kompetenzen	Fachkompetenz
	Methodenkompetenz
	Selbstkompetenz
Gruppengröße	Einzelperson 1 Student/-in
Dauer der Durchführung	1 Stunde für das Lesen & Feedback geben
Studentischer Workload	8–16 Stunden für das Recherchieren & Schreiben des Zeitungsartikels
Semesterbegleitend durchführbar?	ja
Durchführungsort	Erstellung des Zeitungsartikels zu Hause; Lesen & Feedback geben im Büro der Lehrkraft

Beschreibung der Prüfungsform

Diese Prüfungsform eignet sich nicht nur für Studierende der Journalistik und der Medien- und Kommunikationswissenschaften. Jede akademische Disziplin hat Bezüge zum (Wissenschafts-) Journalismus bzw. sollte den Studierenden dieses Berufsfeld eröffnen. Darüber hinaus kann die Analyse bzw. das Verfassen eines Zeitungsartikels zur Weiterentwicklung der Schreibkompetenz beitragen.

Es ist daher ratsam, die Prüfung schriftlich durchzuführen. Prinzipiell sind jedoch auch mündliche Prüfungsszenarien denkbar, vor allem bei der Analyse eines Zeitungsartikels (hierbei ist etwas Vorbereitungszeit für die Studierenden einzukalkulieren, z. B. 30 Minuten vor dem Prüfungsgespräch). In jedem Falle sollte es sich um eine Einzelprüfung handeln, bei der die wissenschaftlich-analytischen Fähigkeiten und/oder die journalistisch-produktiven Fertigkeiten des Prüflings betrachtet werden. Sowohl die Erstellung eines Zeitungsartikels als auch die schriftliche Analyse eines solchen müssen mit einer Einreichungsfrist verbunden sein. Die Einhaltung des Abgabetermins kann als Teil der Prüfung verstanden werden.

Zur Vorbereitung auf die Prüfung sollten Analyse- und/oder Erstellungsübungen im Rahmen der Lehrveranstaltung durchgeführt werden. Den Studierenden sind vorab grundlegende Vorgehensweisen zu vermitteln. Prüfende sollten auch ein formatives Assessment zusätzlich zur summativen Prüfung einplanen, denn die Studierenden benötigen Feedback zu ihren Versuchen bzw. Probeleistungen.

Anwendungsmöglichkeiten

Da das Analysieren und Verfassen von Zeitungsartikeln bereits in der Schule – mitunter schon ab der 7. Klassenstufe im Deutschunterricht – geübt werden (vgl. ZGS-Bildungs-GmbH 2015), kann man in der Hochschullehre darauf rekurrieren. Gleichwohl es sich in textaffinen Studiengängen der Geistes-, Sozial- und Kulturwissenschaften besonders anbietet, ist es ebenso in den MINT-Fächern bzw. in naturwissenschaftlichen Studiengängen möglich, Zeitungsartikel analysieren und verfassen zu lassen und diese Leistungen abzuprüfen.

Beim Ausbau der Analysekompetenz für Zeitungsartikel sollte mit Good/Bad-Practice-Beispielen gearbeitet werden. Die Studierenden erwerben so die Fähigkeit, zwischen stilistisch gelungenen und misslungenen Artikeln zu unterscheiden. Selbstverständlich gilt es auch, die Standards eines Zeitungsartikels bzw. des jeweiligen journalistischen Genres herauszustellen (vgl. Deutscher Fachjournalisten-Verband 2016). Eine der häufigsten journalistischen Darstellungsformen ist der *Bericht*. Dessen Spezifika sind: geringer Umfang, Lead-Stil bzw. wesentliche Informationen zuerst, klar verständliche und möglichst umfassende Darstellung eines Themas bzw. Beantwortung aller themenbezogenen W-Fragen (Wer, Was, Wie, Wo, Womit, Wann, Warum) auf der Grundlage überprüfter Fakten, der Autor / die Autorin bleibt im Hintergrund (vgl. Kiesewetter 2016).

Die Kompetenz, Zeitungsartikel zu schreiben, baut auf der Kompetenz, Zeitungsartikel zu analysieren (und wissenschaftlich zu verwerten, vgl. Klein 2014) auf. Insofern ist es nötig, in einem ersten Schritt mit den Studierenden zumindest themenrelevante Zeitungsartikel zu lesen und zu besprechen, bevor man sie beauftragt, selbst einen entsprechenden Artikel zu schreiben. Im Idealfall üben die Studierenden das Schreiben eines Zeitungsartikels, bevor sie einen als schriftliche Prüfungsleistung einreichen. Da die eigene Lehrveranstaltung dafür in den seltensten Fällen genügend zeitlichen Spielraum bietet, kann man die Studierenden dazu anhalten, Schreibwerkstätten zu besuchen, die in vielen Hochschulen angeboten werden. Dort wird ihnen – unter Anleitung von fachkundigem Personal – vermittelt, in unterschiedlichen Formaten (u. a. auch Zeitungsartikel) kreativ zu schreiben. Man kann die Studierenden zudem dazu anhalten, sich in Peer

Groups bzw. Arbeitsgruppen auszutauschen, bspw. über eine E-Learning-Plattform. Dort stellen sie ihre Entwürfe ein und kommentieren diese gegenseitig.

Anwendungsbeispiel aus der Hochschulpraxis

In meinem Arbeitskontext (musikbezogene Studiengänge) lässt sich bspw. die *Rezension* (vgl. Schalkowski 2005) als schriftliche Prüfungsleistung einsetzen. Die Studierenden erhalten den Auftrag, für eine fiktive überregionale Tageszeitung ein Musikalbum zu besprechen. Alternativ können sie auch ein Buch über Musik rezensieren. Welches Werk sie wählen, steht ihnen prinzipiell frei; es sollte jedoch Bezug zum Thema der Lehrveranstaltung haben. Um ihnen die Auswahl zu erleichtern, kann man ihnen einen vorsortierten Pool von Alben oder Büchern zur Verfügung stellen.

Ihre Prüfungsaufgabe besteht dann darin, auf einer DIN-A4-Seite (Schriftart: Times New Roman, Schriftgröße: 11 Pt.) das gewählte Werk prägnant zusammenzufassen und es kritisch, das heißt wertend, in dessen Kontext einzuordnen. Herausfordernd für die Prüflinge ist, in einem begrenzten Textraum viele Informationen unterzubringen, diese mit Werturteilen zu versehen und das Ganze in eine unterhaltsame und gut lesbare Sprache zu kleiden. Als Prüfende/r sollte man die besprochenen Werke selbstverständlich kennen, um die Bewertung derselben durch die Prüflinge beurteilen zu können. Unumgänglich sind außerdem vorab zurechtgelegte Bewertungskriterien für die Rezensionen, die möglichst auch gewichtet sein sollten (z. B. 50 % der Note für die Inhaltsdichte, 25 % für die Angemessenheit der Werturteile, 25 % für die Originalität der Sprache).

Grenzen und mögliche Stolpersteine

Das Reizvolle an der Aufgabe, im Rahmen einer Lehrveranstaltung einen eigenen Zeitungsartikel zu schreiben, ist „der hohe Grad an Selbstorganisation sowie die weitgehend ohne Vorgaben gestaltete Vorgehensweise" (Kamin, 2014, S. 8) – zumindest für schreibaffine und selbstbestimmte Studierende. Genau hier stößt die Prüfungsform an ihre Grenzen. Sie setzt voraus, dass die Prüflinge regelmäßig relativ anspruchsvolle Zeitungsartikel rezipieren und ein kritisches Bewusstsein für journalistische Textformen entwickelt haben. Mit anderen Worten: Wer noch nie bzw. sehr selten Artikel einer überregionalen Tages-, Wochen- oder Monatszeitung gelesen hat, sondern lediglich ab und an in Lokalmagazinen und Boulevard-Zeitschriften blättert oder diese online überfliegt, ist vermutlich kaum in der Lage, einen gut lesbaren und inhaltsreichen Zeitungsartikel zu produzieren. Unter Umständen sollte man als Lehrkraft von einer ausgeprägten Heterogenität der Lese-, Analyse-, und Schreibkompetenzen bei den Studierenden ausgehen. In sprachbezogenen bzw. philologisch ausgerichteten Studiengängen bietet sich diese Prüfungsform mehr an als bspw. in MINT-Studiengängen. Generell gilt: Die Studierenden sollten nicht überfordert bzw. ihre Studieninteressen adäquat bedient werden.

⊃ **Tipp**
Achten Sie bitte darauf, dass Sie den Studierenden Themen vorgeben, die überschaubar und somit umfassend darstellbar sind. Ein Thema wie „Die politische Entwicklung Deutschlands im 20. Jahrhundert" eignet sich nicht, um auf einer DIN-A4-Seite behandelt zu werden. Es bieten sich vielmehr einzelne Ereignisse, Personen oder Werke an. Die Studierenden bzw. Prüflinge sind besonders motiviert, wenn sie sich ein konkretes Thema selbständig wählen können.

Literatur
Deutscher Fachjournalisten-Verband (Hrsg.) (2016). *Journalistische Genres*. Konstanz: UVK Verlagsgesellschaft.
Kamin, A.-M. (2014). Zwischen Konsistenz und Korrektur – Lehrdispositionen von Lehrenden aus den Kulturwissenschaften. *ZHW-Almanach*. Paderborner Beiträge, 2014-05, S. 1–19. Verfügbar unter: http://bit.ly/2zddZZr [02.10.2017].
Kiesewetter, C. (2016). *Bericht*. Verfügbar unter: http://bit.ly/2yocQii [02.10.2017].
Klein, H. (2014). Zeitungsartikel. In N. Bauer & J. Blasius (Hrsg.), *Handbuch Methoden der empirischen Sozialforschung* (S. 841–846). Wiesbaden: Springer.
Schalkowski, E. (Hrsg.) (2005). *Rezension und Kritik*. Konstanz: UVK-Verlagsgesellschaft.
ZGS-Bildungs-GmbH (2015). *Umgang mit Medien – Zeitungstexte verfassen*. Verfügbar unter: http://bit.ly/2hIeROm [02.10.2017].

Good-Practice-Beispiel 1

Der „shift from teaching to learning". Kompetenzorientierung und Studierendenzentriertheit als Herzstück der Hochschullehre
Ein Interview mit Julia Rózsa von der SRH-Hochschule Heidelberg
Germo Zimmermann

Spätestens seit den Bologna-Reformen sind auch die Hochschulen in Deutschland herausgefordert ihre Lehre kompetenzorientiert auszugestalten. Das hat viele Hochschulen vor immense Herausforderungen gestellt: Für die einen war dies ein willkommener Anlass tradierte lehrendenzentrierte Lehrformate loszuwerden, andere sahen darin einen Angriff auf gut etablierte und bewährte Formen der universitären Wissensvermittlung. Im Gespräch mit Julia Rózsa, Professorin an der SRH-Hochschule in Heidelberg und Leiterin der SRH-Akademie für Hochschullehre, wird diskutiert, wie der „shift from teaching to learning" in der Lehre und im Prüfungskontext konsequent zu Ende gedacht wurde. Gemeinsam mit der Hochschulleitung und dem Team der Akademie für Hochschullehre hat sie das sogenannte „CORE-Prinzip" entwickelt, das Kompetenzorientierung und Studierendenzentriertheit in den Mittelpunkt der Hochschullehre rückt und das Constructive Alignment konsequent zur Anwendung bringt.[1] Um dies zu erreichen hat die Hochschule – und das ist in Deutschland bisher einmalig – ihre Lehre komplett auf kompetenzorientierte Blockveranstaltungen umgestellt. Für dieses Studienmodell wurde die SRH Hochschule Heidelberg im Frühjahr 2017 vom Stifterverband für die deutsche Wissenschaft für den Genius Loci-Preis nominiert (http://bit.ly/2xJTZ4a).[2]

Die SRH-Hochschule Heidelberg (gegründet: 1969 als „Einrichtung zur beruflichen Rehabilitation von Menschen mit Behinderungen im tertiären Bildungsbereich") ist eine staatlich anerkannte private Hochschule der SRH-Gruppe mit derzeit 2.900 Studierenden (http://bit.ly/2yMpWZR).

GZ: Frau Rózsa, was genau kennzeichnet das CORE-Prinzip, das Sie entwickelt haben?
JR: Das CORE-Prinzip ist ein Akronym für „Competence Oriented Research and Education" und ist ein ganzheitlicher Ansatz, der die Kompetenzen bei Lernenden fördert, entwickelt und diesen Lernprozess strukturiert begleitet. Wie kann

---
1 http://bit.ly/2zP0xw3
2 Dem Interview wurden nachträglich Quellenverweise zur besseren Nachvollziehbarkeit der jeweiligen Argumente angefügt.

man sich das vorstellen? Wir haben viele Ergebnisse, sowohl praktische Erfahrungen aus dem Ausland als auch die Erkenntnisse psychologischer oder lerntheoretischer Forschungen zusammengetragen (siehe dazu Biggs, 1985; Marton & Säljö, 1976, Hattie & Yates, 2015). Da sind Elemente zusammengekommen, die einzeln genommen keine Besonderheit darstellen oder nicht ganz neu waren, die aber in dieser Form bisher nirgendwo sonst so konsequent zusammengesetzt wurden. Das hat mit den äußeren Rahmenbedingungen zu tun bspw. der Zeitstruktur, nämlich der Frage, inwieweit es für das Lernen förderlich ist, wenn in einer Semester- oder Trimesterstruktur Veranstaltungen parallel (fragmentiert) angeboten werden. Studierende müssen dann nämlich alle vier Stunden oder alle zwei Stunden ein anderes Fach besuchen. Diese vielen Fächer pro Woche müssen dann typischerweise – wie wir es ja aus dem universitären Alltag kennen – am Ende des Semesters in Klausuren geprüft werden. Nach vielen guten Beispielen aus Skandinavien, z. B. der Universität Linköping, und aus den Niederlanden, etwa der Universität Maastricht, haben wir uns darauf verständigt, eine Zeitstruktur zu schaffen, in der sich Studierende innerhalb von fünf Wochen mit einem Thema, einem Fach, einem Modul ganz intensiv beschäftigen können und dieses Modul dann auch im Rahmen dieser Zeit mit einer entsprechenden kompetenzorientierten Prüfung abschließen.

Neben diesen organisatorischen Rahmenbedingungen ist das Herzstück des CORE-Prinzips das Constructive Alignment. Immer vom Ende her zu denken, also zu Beginn der Konstruktion eines solchen Moduls oder fünf Wochen Blocks zuerst zu fragen: Was ist genau das Ziel? Was möchte ich erreichen? Was soll der Learning Outcome der Lehr-Lern-Veranstaltung sein? Was ist es, das die Studierenden am Ende können sollen? Dazu haben wir uns eines Kompetenzmodells bedient, das sich aus vier Feldern zusammensetzt: aus Fach-, Methoden-, Selbst- und Sozialkompetenz, welche insgesamt in die Handlungskompetenz münden. Aus der Frage nach den Learning Outcomes ergibt sich automatisch die Frage nach der Überprüfung, nach dem Assessment: Welche Form der Prüfung ist geeignet, in der die Studierenden zeigen können, ob sie die festgelegten Lernziele auf den entsprechenden Niveaustufen auch erreicht haben (hierzu Bloom, 1976; Biggs & Collis, 1982)? Daran schließt sich quasi automatisch die Frage an: Welche Methoden sind geeignet, auf die Prüfung vorzubereiten?

GZ: Was war der Anlass für die Entwicklung des CORE-Prinzips?
JR: Die Entwicklung des CORE-Prinzips an der SRH-Hochschule in Heidelberg hatte für uns mehrere Gründe. Für uns als private Hochschule stand die Frage im Zentrum, wie wir uns auch in Zukunft so positionieren können, dass wir ein attraktiver Studienort für Studierende sind, der optimale Lernbedingungen

bietet. Zweitens waren die Überlegungen der Bologna-Reform zentral, das heißt die Überprüfung der Umstellung der alten Studienstruktur auf die Struktur von Bachelor- und Masterstudiengängen sowie die ebenfalls fokussierte Kompetenzorientierung. Letztlich ausschlaggebend waren für uns die Hinweise aus der Hochschulrektorenkonferenz, die sich intensiv mit dem Thema Lehren und Lernen beschäftigt hat und empfahl, dass die Studierendenzentriertheit und die damit verbundene Rollenveränderung der Lehrenden sowie das Training von Lehrenden eine wesentliche Rolle für ein gutes Lehr- Lerngeschehen spielen muss (hierzu Schaper, Reis, Wildt, Horvath & Bender 2012). Ein weiterer Punkt waren die Erkenntnisse des Deutschen Industrie- und Handelskammertages, aus deren regelmäßigen Umfragen deutlich wurde, dass nicht nur die Fachkompetenzen, sondern zunehmend Sozial- und Selbstkompetenzen für Arbeitgeber immer attraktiver und relevanter werden (siehe hierzu Deutscher Industrie- und Handelskammertag 2015). Ein weiterer wichtiger Aspekt ist, dass im Zeitalter der digitalen Medien und der Zugangsmöglichkeiten zu Informationen an jedem Ort zu jeder Zeit in Echtzeit, sich natürlich auch der Umgang mit Wissen und mit Informationen und Informationsverarbeitung verändert. Damit verbunden ist eine Veränderung des Rollenverständnisses der Lehrenden, der sogenannte „shift from teaching to learning". Für uns als Hochschule – die aus der Stiftung Rehabilitation Heidelberg entstanden ist und ihren Auftrag in der Vergangenheit besonders für Personen sah, die wieder in den Beruf einsteigen möchten – waren bestimmte Prinzipien, wie etwa kleine Gruppen, eine intensive Betreuung und Barrierefreiheit usw. bereits gegeben. Damit gab es sozusagen beste Voraussetzungen für ein attraktives Lernumfeld. Aus diesem Grund konzentrierten wir uns bei unserer Reform auf die Lehre, denn das ist schon immer eine unserer besonderen Stärken gewesen. Allerdings hatten wir damals noch kein übergreifendes didaktisches Konzept, das unsere Hochschule von anderen Hochschulen unterscheidet. Damit war der Grundstein gelegt, unser neues Studienmodell zu entwickeln.

GZ: Welchen Einfluss hatten zeitgleich stattfindende Diskurse und empirische Studien wie z. B. die ZEITLast-Studie von Schulmeister und Metzger auf Ihre Arbeit?
JR: Die Diskussion über das Lernen in anderen Zeitstrukturen etwa den Block- oder Epochenunterricht ist ja nicht neu und wurde im schulischen und universitären Kontext immer wieder geführt. Rolf Schulmeister und Christiane Metzger (2011) haben jedoch im universitären Kontext meines Wissens die erste systematische empirische Studie zur Erfassung des Workloads von Studierenden nach der Bologna-Reform durchgeführt. Ihre Ergebnisse sprechen sich ganz klar für

eine Veränderung der Zeitstruktur hin zu einem Blocksystem aus und unterstützten natürlich unsere Bestrebungen enorm. Daneben haben uns ebenfalls die Erfahrungswerte der Kolleginnen und Kollegen aus Maastricht oder Aalborg, die schon seit vielen Jahren in Blockstrukturen lehren, bestärkt.

GZ: Wie haben Sie die Lehrenden auf dieses neue Modell vorbereitet?
JR: Wenn Lehrende dazu herausgefordert sind, sich über Kompetenzniveaus und -stufen, verschiedene Prüfungsformate, Lehrformen usw. Gedanken zu machen, dann ist dies für den einen oder die andere neu, denn das hat eine Professorin oder ein Professor typischerweise nicht in seinem eigenen Studium gelernt. Dies bedeutet: Wir brauchen ein ausgeklügeltes und breitgefächertes Schulungs- und Fortbildungsangebot für die Lehrenden, die nach dem CORE-Prinzip unterrichten und prüfen sollen. Dafür steht unsere hausinterne Akademie für Hochschullehre, die für uns eine der wesentlichen Säulen für das neue Studienmodell darstellt. Ohne die Veränderung und Reflexion der Haltung der Lehrenden und ohne die Kenntnisse über die Lehr- und Lerntechniken und Prüfungsformate, kann ein neues Studienmodell nicht eingeführt und aufrechterhalten werden. Inzwischen besuchen an unserer Hochschule alle neuen Mitarbeiterinnen und Mitarbeiter eine Einführungsveranstaltung in unser Studienmodell, die „Der Kern von CORE" heißt. Darüber hinaus verpflichten sich alle neuen Professorinnen und Professoren unser Lehrtraining-Jahresprogramm innerhalb der ersten drei Jahre zu durchlaufen. So erhalten sie das ganze Handwerkszeug, welches sie für kompetenzorientiertes Lehren und Prüfen brauchen. Darüber hinaus bietet die SRH Akademie für Hochschullehre Coachings an – sowohl für die Studierenden als auch für die Lehrenden.

GZ: Brauchen die Studierenden ebenfalls eine Vorbereitung auf die andere Art und Weise des Lernens?
JR: Ja, das ist so. Denn die subjektive Vorstellung über Lernen entwickelt sich aus den Lernerfahrungen (siehe hierzu Rózsa 2002). Darum müssen wir auch die Studierenden darauf vorbereiten, dass das Studium hier auf eine andere Weise funktioniert, als sie das Lernen aus der Schule gewohnt sind. Dafür gibt es die sogenannten „Startklar Tage". Das sind zwei Wochen zu Beginn des Studiums, in denen die Studierenden erst einmal lernen, wie Lernen hier bei uns funktioniert.

GZ: Was bedeutet die Anwendung des CORE Prinzips für die Prüfungen?
JR: Für die Prüfungen bedeutet das CORE-Prinzip eine konsequente Übersetzung der Lernziele in das entsprechende Prüfungsformat. Das ergibt sich aus der Überlegung, welche Kompetenzfacetten und welche Kompetenzstufen die Do-

zierenden mit diesem Modul verbinden und welche Prüfungsform geeignet ist, um den Studierenden die Möglichkeit zu geben, zu zeigen, was sie gelernt haben. Manchmal auch, welche Kombination von Prüfungsformaten geeignet ist, um dies zu zeigen. Wenn es zum Beispiel um eine hohe Verhandlungskompetenz geht, die in einem Fach in englischer Konversation erreicht werden muss, muss ich zwangsläufig Studierenden in der Prüfung den Raum geben, dieses Verhandlungsgeschick auch zeigen zu können. Also brauche ich ein Setting, in dem sie verhandeln. Das heißt aber auch, ich muss sie vorher darauf vorbereiten und muss mit ihnen Klarheit darüber herstellen, welche Kriterien angelegt werden, um zu entscheiden, ob das eine gute oder schlechte, erfolgreiche oder technisch saubere Verhandlung ist. Was sind die Techniken, die man lernen kann, wie kann man diese beobachten und wie kann man das Prüfungssetting entsprechend gestalten? Anders gesagt: Wenn etwa die Selbstkompetenz im Vordergrund steht und der Reflexionsprozess über die Vorgehensweise oder über den eigenen Lernfortschritt oder Ähnliches im Zentrum steht, dann muss ich mir als Dozentin die Frage stellen „Welches Format ist geeignet, diese Kompetenzen abzubilden?" Das könnte z. B. ein Lerntagebuch sein. Wenn es aber darum geht, die Fähigkeiten im Umgang mit digitalen Medien unter Beweis zu stellen, dann wird sich die Aufgabe so gestalten, dass die Studierenden zeigen können, dass sie bspw. einen Film oder einen Podcast zusammenstellen, schneiden, vorbereiten, diskutieren oder etwas daraus ableiten können. Prüfungsform und Lehrform hängen unmittelbar miteinander zusammen, sie sind untrennbar mit dem Lehr-Lerngeschehen verbunden. Meiner Meinung nach ist die Prüfungsform der Lehrform vorgelagert. Daher können formative wie summative Prüfungsformen zum Einsatz kommen. Immer das, was zum gewünschten Kompetenzerwerb am passendsten ist, sollte eingesetzt werden. Der Prüfungskatalog mit dem wir an unserer Hochschule im Moment arbeiten, beinhaltet etwa 33 verschiedene Prüfungsformen. Aber im Grunde genommen sind alle formativen sowie summativen Prüfungsformen denkbar, solange sie geeignet sind, den Kompetenzerwerb zu begleiten oder zu unterstützen.

Insgesamt orientieren wir uns stark an den Prinzipien von Oliver Reis, der eine gute Hilfestellung für die Formulierung von Learning Outcomes formuliert (siehe hierzu Reis 2014). Beispielsweise: „Benutze Verben der äußeren Sichtbarkeit." oder „Mach einen Prüfungsauftrag aus deinen Lernzielen." Durch die Beantwortung dieser Fragen wird schon sehr klar, wie die Prüfung gehen muss, damit alles sinnvoll aufeinander aufbaut.

GZ: Wie gestaltet(e) sich die Implementierung dieses Konzepts an Ihrer Hochschule?

JR: Hinsichtlich der Vorgehensweise in einem solchen Change-Prozess haben wir gelernt, dass eine Mischform aus top-down und bottom-up geeignet erscheint, um einen solchen Umsetzungsprozess zu gestalten. Manchmal ist es wichtig, dass Entscheidungen von oben getroffen werden. Das bezieht sich in unserem Fall z. B. auf die Entscheidung in Fünfwochen-Blöcken zu lehren. Die Umgestaltung der Methoden, also die Festlegung, mit welchen Lehr- und Lernformaten die Inhalte vermittelt werden und welche Prüfungsformate adäquat sind, kann natürlich nur in den Fachdisziplinen und entsprechend der Fachkulturen in den Fakultäten entschieden werden. Wichtige Meilensteine waren zunächst der Kick-off für das CORE-Prinzip. Es war relevant, ein Pilotprojekt durchzuführen. Wir haben mit einem Masterstudiengang gestartet, in dem wir geprüft haben, wie unsere Ideen funktionieren, und geschaut, auf was man achten muss, was man lernen kann, was man vermeiden sollte.

Außerdem haben wir, vor den mit der Umstrukturierung verbundenen Reakkreditierungen sämtlicher Studiengänge, zunächst das Studienmodell an sich evaluieren lassen, da sich die inhaltliche Zusammensetzung, die Zeitstruktur, die Prüfungsform und vieles mehr verändert hatten. Das war insgesamt eine gewaltige Herausforderung, die wir alle gemeinsam gestemmt haben. Den gesamten Veränderungsprozess haben wir mit zahlreichen Veranstaltungen für die unterschiedlichsten Akteursgruppen flankiert. Wir haben Workshops für die Verwaltungsmitarbeiter/-innen veranstaltet, um mit ihnen zu üben und zu prüfen, was auf sie zukommt und was sich verändert. Die Prüfungsämter haben sich auf diese neuen Herausforderungen vorbereitet. Wir haben über die Raumgestaltung und Raumbuchung gesprochen und ein neues System für uns angelegt. Die Mitarbeitenden der gesamten Hochschule wurden immer wieder in Strategietagungen und zu Tagesworkshops zusammengebracht. Für die Lehre haben wir Expertinnen und Experten aus Europa und Deutschland eingeladen, die ihre Beispiele, Impulse und Erfahrungen mitgebracht haben. Sie haben mit uns in Ringvorlesungen, Seminaren und Workshops erarbeitet, wie wir diese aufnehmen und umsetzen können. Wir haben sehr viel Unterstützung aus dem Netzwerk „Lehren" von der Töpfer-Stiftung erhalten, in welchem wir die Chance hatten, uns mit den Kolleginnen und Kollegen auszutauschen. Das heißt, wir haben im In- und Ausland Expertise und Unterstützung gesucht, die uns bei diesem Umstellungsprozess geholfen haben und auch heute noch helfen.

GZ: Wie sehen Sie Schwierigkeiten und Herausforderungen in der Implementierung, aber auch dann der Umsetzung des CORE-Prinzips?
JR: Veränderungsprozesse rufen häufig Widerstand hervor. Denn es bedeutet Liebgewordenes zu überdenken und sich auf etwas Neues einzulassen. Manche sehen dies als Chance, andere nehmen es als Bedrohung wahr.

Wichtig für die Veränderung des Studienmodells war die Kombination aus der Veränderung der Zeitstruktur gepaart mit der konsequenten Kompetenzorientierung. Dazu bedarf es vieler Informationen, weshalb Kommunikation auf allen Ebenen der zentrale Schlüssel zum Erfolg ist. So etwas wirft so viele Fragen auf, die beantwortet werden müssen. Aber der Veränderungsprozess findet nicht bei allen Beteiligten gleichzeitig und gleichförmig statt, was für die Begleitung eine große Herausforderung darstellt und ein großes Maß an Geduld voraussetzt.

Der Rollenwechsel der Lehrenden hat etwas mit der Veränderung der eigenen Haltung zu tun und muss geübt werden, das braucht Zeit und positive Erfahrungen. Neue Lehr- oder Prüfungsformen auszuprobieren macht erst mal mehr Arbeit und es braucht Mut und auch die Bereitschaft vielleicht mal einen Fehler zu machen. Nicht jede Lehrmethode ist für jede/-n Lehrende/-n und jede Studierendengruppe gleichermaßen geeignet, deshalb ist es hilfreich sich darüber mit den Studierenden auszutauschen.

GZ: Welche Erfahrungen haben Sie mit dem CORE-Prinzip gemacht?
JR: Von den Studierenden wird es wirklich gut angenommen. In meiner letzten Veranstaltungsevaluation stand: „Man lernt viel, und das angenehm leicht!".

Die Studierenden melden zurück, dass es anstrengend ist, weil sie stark gefordert sind, sich aktiv zu beteiligen und einzubringen, aber auch, dass es ihnen mehr Spaß macht. Hier spielen die Sinnhaftigkeit des Lernens und die Selbstwirksamkeit eine große Rolle. Die Entzerrung der Prüfungen von einer intensiven Klausurphase am Ende des Semesters hin zu „kontinuierlichen" kompetenzorientierten Formaten alle 5 Wochen geben mehr Raum für *deep level learning* und wirken dem Bulimie-Lernen entgegen. Die Transparenz der Lernziele schafft Klarheit und zeigt den Weg, das gibt mehr Sicherheit. Und wir haben „unterwegs" festgestellt, dass wir die Räume und das Mobiliar an unser Studienmodell anpassen müssen, flexibleres Mobiliar und mehr Räume, vor allem auch für kleinere Gruppen und informelles Lernen bspw. auch die Selbstlernzeiten werden gebraucht. Jetzt wo wir auch diese haben, funktioniert es noch besser.

Ich persönlich kann mir kein besseres Studienmodell vorstellen!

GZ: Vielen Dank für das Gespräch!
JR: Sehr gerne, ich danke Ihnen.

Quellen zum Interview

Biggs, J. B. (1985). The role of metalearning in study process. *British Journal of Educational Psychology, 55*, 185–212.

Biggs, J. B., & Collis, K. F. (1982). *Evaluating the Quality of Learning: The SOLO Taxonomy (Structure of the Observed Learning Outcome)*. New York: Academic Press.

Bloom, B. (1976). *Taxonomie von Lernzielen im kognitiven Bereich* (5. Aufl.). Weinheim: Beltz Verlag.

Deutscher Industrie- und Handelskammertag (2015). *Kompetent und praxisnah – Erwartungen der Wirtschaft an Hochschulabsolventen.* Ergebnisse einer DIHK Online-Unternehmensbefragung. Berlin. Verfügbar unter: http://bit.ly/2gmnG42 [02.10.2017].

Marton, F., & Säljö, R. (1976). On qualitative differences in learning. I – Outcome and Process. *British Journal of Educational Psychology, 46*, 4–11.

Hattie, J. A .C. & Yates, G. C. R. (2015). *Lernen sichtbar machen aus psychologischer Perspektive* (überarb. deutschsprachige Ausg. von „Visible Learning" besorgt von W. Beywl und K. Zierer). Baltmannsweiler: Schneider Hohengehren.

Reis, O. (2014). Kompetenzorientierte Prüfungen: Prüfungstheorie und Prüfungspraxis. *Internationaler Coethener Erfahrungsaustausch* (ICE 13), 24.–26. Oktober 2013 in Köthen (Anhalt), 47–52.

Rózsa, J. (2002). *Was bedeutet Lernen? Saliente Konzepte und Aspekte der Wichtigkeit subjektiver Auffassungen von Lernen.* Frankfurt: Lang.

Schaper, N., Reis, O., Wildt, J., Horvath, E. & Bender, E. (2012). Fachgutachten zur Kompetenzorientierung in Studium und Lehre. *HRK projekt nexus*, 1–148.

Schulmeister, R. & Metzger, Ch. (2011). *Die Workload im Bachelor: Zeitbudget und Studierverhalten. Eine empirische Studie.* Münster: Waxmann.

Weiterführende Literatur zum CORE-Prinzip

Jaroschinsky, A. (2015). *Didaktischer Change am Beispiel der Veranstaltung „Entrepreneuership".* Heidelberg: Heidelberger Hochschulverlag.

Müller, T. A. & Rózsa, J. (2014). Das CORE-Prinzip als geeigneter Katalysator für die Umsetzung polyvalenter Lehrveranstaltungen (S. 68–80). In Stabsstelle Integrierte Qualitätssicherung in Studium und Lehre (Hrsg.), *Greifswalder Beiträge zur Hochschullehre*. Greifswald: Universität Greifswald.

Rózsa, J. (2014). *Participative Method in Teritiary Education. Learning and Teaching using the CORE Principle.* Heidelberg: Heidelberger Hochschulverlag.

Winterberg, J., Rózsa, J., Thöny, A. & Kempf, C. (2014). *Three years of CORE: The Transformation of a University* (S. 25–31). Verfügbar unter: http://bit.ly/2kpc0ON [02.10.2017].

Good-Practice-Beispiel 2

Die Rolle des Zentrums für Lehren und Lernen an der TU Hamburg im Kontext der Entwicklung kompetenzorientierter Prüfungen. Ein Interview mit Katrin Billerbeck

Julia Gerick

Die Entwicklung hin zu kompetenzorientiertem Prüfen stellt Hochschulen und die in ihnen Lehrenden vor Herausforderungen auf unterschiedlichen Ebenen. Mit dem Zentrum für Lehre und Lernen (ZLL) hat die Technische Universität Hamburg Harburg (TUHH) eine Serviceeinrichtung geschaffen, um Lehrende u. a. bei der Umgestaltung einzelner Lehrveranstaltungen, Module oder Studiengängen unter Berücksichtigung des kompetenzorientierten Prüfens zu unterstützen (ZLL 2017). Dabei arbeiten Lehrkoordinatorinnen und -koordinatoren sowie Fachreferentinnen und -referenten Hand in Hand. Die Lehrkoordinatorinnen und -koordinatoren bringen dabei das Fachverständnis über die Inhalte der Dekanate mit und die Fachreferentinnen und -referenten das didaktische Fachwissen. Der Wissenschaftsrat bezeichnete das ZLL in seinen Empfehlungen zur Weiterentwicklung der MINT-Bereiche an den Hochschulen des Landes Hamburg im Jahr 2016 als „vorbildlich" und als „hervorragende Einrichtung" (S. 137).

Im Gespräch mit Katrin Billerbeck, Fachreferentin für kompetenzorientiertes Prüfen am ZLL der TUHH, wird betrachtet, welche Rolle kompetenzorientiertes Prüfen an der TUHH spielt und welche Potenziale und Herausforderungen im Bereich des kompetenzorientierten Prüfens gesehen werden. Vor allem aber werden anschaulich und praxisnah Einblicke gegeben, wie eine solche institutionalisierte Unterstützungseinrichtung Lehrende in der Lehr- und Prüfungsentwicklung unterstützen und wie dies konkret aussehen kann.

Die Technische Universität Hamburg Harburg (gegründet: 1978) ist eine staatliche Universität mit dem Schwerpunkt auf ingenieurwissenschaftlichen Studiengängen und aktuell über 7000 Studierenden (http://bit.ly/2gmFyvD).

JG: **Kompetenzorientiertes Prüfen als einer der Themenbereiche des Zentrums für Lehre und Lernen, eine eigene Referentin für kompetenzorientiertes Prüfen: Was war das Ziel oder die Motivation der Universität, dem kompetenzorientierten Prüfen so explizit Raum zu geben?**
KB: Bei der Planung des Zentrums für Lehre und Lernen waren der Professor für die Fachdidaktik der Ingenieurwissenschaften, Christian Kautz, und der Pro-

fessor für Technik, Arbeitsprozesse und Berufliche Bildung (und heutiger Vizepräsident Lehre) Sönke Knutzen beteiligt. Sie haben damals eingebracht, dass Prüfungen maßgeblich das Lernverhalten der Studierenden beeinflussen. Es schien, dass in vielen der Prüfungen an der TUHH in erster Linie Faktenwissen und Rechenfertigkeiten abgefragt wurden, was aber nicht immer zu den gewünschten Lernzielen passte. Denn von den Lernzielen her war dann z. B. vorgesehen, dass Studierende ein vertieftes Verständnis fachlicher Inhalte erwerben sollten oder das Vermögen, unterschiedliche Problemlöseansätze zu bewerten. Damit die Studierenden dies auf die gewünschte Weise lernen, müssten auch die Prüfungen anders gestaltet werden, so die Einschätzung. In den Ingenieurwissenschaften gab es wenig Vorbilder für Formate zur Überprüfung des qualitativen Verständnisses und noch weniger Konzepte dazu, wie auch überfachliche ingenieurwissenschaftliche Kompetenzen geprüft werden könnten. Es wurde daher eine Stelle geschaffen, die hierzu Ideen entwickelt, Lehrende in der Umsetzung der Konzepte begleitet und diese schließlich dauerhaft in die Lehre an der TUHH implementiert. Ein zusätzliches Ziel war eine weitere Verbreitung von (i. d. R.) unbenoteten formativen Lernerfolgskontrollen an der TUHH. Die Erfahrung zeigte, dass viele Studierende ihre eigenen Fähigkeiten schwer einschätzen konnten. Deswegen fingen sie zu spät an, für die Prüfungen zu lernen. Eine Rückmeldung zu ihrem Lernstand noch vor der eigentlichen Prüfung sollte hier gegensteuern.

JG: Was genau umfasst Ihr Aufgabengebiet als Referentin für kompetenzorientiertes Prüfen?
KB: Kernstück meiner Arbeit ist die Beratung und Begleitung von Lehrenden bei der Einführung neuer Prüfungsmethoden oder formativer Lernstandserhebungen. Wir haben hier am Zentrum für Lehre und Lernen ein Anreizsystem für die Weiterentwicklung von Lehrveranstaltungen, die sogenannten Calls. Dabei können sich Professorinnen und Professoren auf einen Call zu einem bestimmten didaktischen Thema mit einem Lehrinnovationskonzept bewerben. Bei einer Bewilligung bekommen sie für mehrere Monate die Finanzierung für einen wissenschaftlichen Mitarbeiter bzw. eine wissenschaftliche Mitarbeiterin, um den Mehraufwand bei der Umstellung zu kompensieren. Zwei der frühen Calls waren eng mit dem Thema Prüfungen verbunden, dadurch konnten direkt neue Prüfungskonzepte erprobt werden und dann in den weiteren Beratungen als Praxisbeispiele dienen. Im Zusammenhang mit den Calls haben wir damals auch eine Broschüre mit kurzen informativen Texten zu verschiedenen Prüfungsmethoden sowie Grundlagen des Prüfens erstellt, um einen niedrigschwelligen Einstieg in das Thema zu bieten (Billerbeck, Tscheulin & Salden 2014). Zudem führe ich all-

gemeine und vertiefende Weiterqualifizierungsworkshops für Lehrende zum Thema kompetenzorientiertes Prüfen durch. Zu meinen Aufgaben gehört auch, auf dem aktuellen Stand zu bleiben, was an anderen Hochschulen oder auch in den verschiedenen Bereichen der TUHH zum Thema Prüfen diskutiert wird. So werden z. B. an vielen Universitäten bereits Erfahrungen mit E-Prüfungen gesammelt, über die wir uns austauschen und die wir bei eigenen Überlegungen für die Implementierung von E-Assessment-Formaten einbeziehen. TUHH-intern habe ich mich wiederum recht intensiv in ein Gremium eingebracht, in dem die Reform unserer Prüfungsordnung diskutiert wurde. Das Ziel war es dabei, die Rechtssicherheit der neuen Prüfungsszenarien zu gewährleisten. Da ich in den Beratungen vor allem die Perspektive der Lehrenden auf Prüfungen mitbekomme, habe ich auch das Gespräch mit Studierenden gesucht und dann gemeinsam mit dem AStA eine große Studierendenumfrage durchgeführt, um auch ihre Einschätzungen zu den Prüfungen an der TUHH einbeziehen zu können. Die Ergebnisse, wie etwa die Kritik der Studierenden an dem häufigen Zeitdruck oder auch der mangelnden Verständnisorientierung in Klausuren, wurden dann am Tag der Lehre mit Lehrenden und Studierenden gemeinsam diskutiert.

JG: Mit welchen Fragen kommen Lehrende auf Sie zu?
KB: Häufig fragen mich Lehrende, wie sie sinnvolle semesterbegleitende Prüfungen in die Lehre integrieren können. Diese sollen Studierende dazu anregen, sich frühzeitig und ggf. exemplarisch vertieft mit den Veranstaltungsinhalten auseinanderzusetzen. Andere Anliegen sind, dass in einer Klausur eine besonders hohe Durchfallquote besteht oder dass es Beschwerden von Studierenden gibt und die Lehrperson dem nachgehen möchte. Dann stellt sich für viele die Frage nach geeigneten Bewertungskriterien für verschiedene schriftliche oder auch mündliche Prüfungsformate. Bei der Planung von Poster-Präsentationen, die gerade ein recht beliebtes Prüfungsformat werden, geht es häufig einfach um die genaue Planung der Präsentation. In den Projekten, die bereits stark in Richtung Kompetenzorientierung gehen, kommen Lehrende dann manchmal mit der Frage, wie sie neben der Tiefe des Verständnisses auch noch eine gewisse Breite der Veranstaltungsinhalte abprüfen können. Oft rufen mich Lehrende an, um eine grobe Einschätzung zu erhalten, ob sie sich mit ihren Plänen im rechtlichen Rahmen bewegen. So stehen Prüfungsszenarien mit Vorleistungen oder über das Semester gestreckte Teilprüfungen erst einmal im Widerspruch zu der Anforderung der KMK nach einer einzigen Modulprüfung. Da schauen wir dann gemeinsam, wie gute Konzepte dennoch rechtssicher durchgeführt werden können.

JG: Wie können Sie Lehrende bei kompetenzorientiertem Prüfen unterstützen?
KB: Ich unterstütze vor allem dadurch, dass ich sehr bedarfsorientiert berate. Die Anliegen der Lehrenden stehen dabei immer im Vordergrund. Von diesen ausgehend bringen wir unsere didaktische Perspektive und unsere Empfehlungen sowie die mit anderen Projekten gesammelten Erfahrungen ein und versuchen, gemeinsam Ideen zu entwickeln. Insbesondere die Weitergabe der Erfahrungen anderer Lehrender der TUHH ist sehr nützlich. Denn hier zeigt sich zum einen, dass ein Konzept schon einmal in einem fachnahen Kontext erprobt wurde und funktioniert hat, zum anderen kann ich dadurch sehr viel klarere Aussagen zu Aufwand, Herausforderungen und möglichen Stolpersteinen einer Prüfungsmethode machen. Ich unterstütze die Lehrenden manchmal zudem, indem ich die erste Durchführung einer neuen Prüfungsform begleite und auf organisatorische Details achte. Oft ist es allerdings so, dass die summative Prüfung am Ende der Veranstaltung etwa aufgrund der Teilnehmendenzahlen nur wenig verändert werden kann (oder dies nicht gewünscht ist) und dann gemeinsam Lösungen entwickelt werden, wie dennoch im Sinne der angestrebten Kompetenzen geprüft werden kann. Häufig wird dann ein zusätzliches Prüfungselement eingeführt, wie beispielsweise die erwähnte Poster-Präsentation, für die Studierende in Gruppen eigenständig Inhalte aufbereiten und präsentieren. Oder aber wir verändern etwas an den Aufgabenstellungen. Meine Kollegin, Nicole Podleschny, und ich beraten zum Beispiel auch dazu, wie in einer Multiple-Choice-Klausur fallbasierte Aufgaben gestellt werden können, die nicht nur Faktenwissen, sondern auch Transferfähigkeiten, Einschätzungen und Beurteilungen von Situationen oder Vorgehensweisen abfragen. Das sind dann nicht immer ideale, aber dafür maßgeschneiderte Konzepte, die die strukturellen Bedingungen in der universitären Lehre einbeziehen. Wir bieten immer auch an, die Prüfungen anschließend zu evaluieren, um dann das Feedback der Studierenden in eine spätere Anpassung des Konzepts einbeziehen zu können.

JG: Welche Erfahrungen haben Sie in Ihrer Arbeit gemacht?
KB: Meine Erfahrung ist, dass die allermeisten Prüferinnen und Prüfer ein sehr ernsthaftes Interesse daran haben, wirklich gute Prüfungen zu stellen: also fair, angemessen schwierig und valide im Sinne der Lernziele. Und Prüfungen zu stellen, die vielleicht auch noch motivierend sind, etwa durch praxisnah gestellte Aufgaben. Allerdings fühlen sie sich häufig eingeschränkt von den Bedingungen, wie den hohen Teilnehmendenzahlen. Für die Studierenden hängt natürlich sehr viel von den Prüfungen ab, die nun ja alle rechtsgültig sind. Es gibt also einen hohen Anspruch an die Einhaltung formaler Vorgaben. Damit sind die Prü-

ferinnen und Prüfer aber zugleich weniger frei, mal etwas auszuprobieren. Bei Gruppenprüfungen etwa muss darauf geachtet werden, dass Einzelleistungen individuell zugeordnet werden können. Das muss bei gemeinschaftlichen Arbeiten dann gut durchdacht werden. Hier wäre es schön, wenn langfristig mehr verschiedene Prüfungsvarianten über einen Studiengang verteilt werden könnten, von denen nicht alle diesem hohen formalen Druck unterliegen. Die Bedingungen beeinflussen momentan Lehrende eher dahingehend, doch lieber bei einer Klausur zu bleiben, mit der viele Studierende rechtssicher geprüft werden können – die aber dann leider nicht immer den angestrebten Lernzielen entspricht.

JG: Wie sieht beispielhaft eine Beratung aus?
KB: Bei jedem Beratungsgespräch steht erst einmal das Anliegen der Lehrperson im Vordergrund. Wir beraten in der Regel in Teams aus fachnaher Lehrkoordinatorin bzw. fachnahem Lehrkoordinator und didaktischem Fachreferenten bzw. didaktischer Fachreferentin. Dadurch können wir didaktische und fachliche Aspekte in der Regel gut zusammenbringen. Ich frage dann meistens erst einmal viel nach, um den Bedarf genau zu erfassen. Dabei geht es z. B. auch um die Lernziele: „Was sollen die Studierenden in einer Veranstaltung/einem Modul wirklich lernen, was ist besonders relevant?", um die Passung zur jeweiligen Prüfungsform zu reflektieren. Während dieser Befragung kristallisiert sich häufig schon heraus, in welche Richtung es weitergehen kann. Das hängt auch stark von dem oder der Lehrenden ab, ob es beispielsweise eine Person ist, die sehr neugierig ist und Lust hat, etwas Neues auszuprobieren oder ob jemand das Problem zwar gern gelöst hätte, aber eigentlich nichts verändern möchte. Im letzteren Fall beginne ich eher mit sehr niedrigschwelligen Tipps. Letztlich muss die Lehrperson am Ende ja mit dem Konzept umgehen und es vertreten können. Wenn entschieden ist, in welche Richtung eine Veranstaltung und eine Prüfung verändert werden sollen, erläutere ich die Methode, ihre Vorteile bzw. Dinge, die bei der Durchführung berücksichtigt werden sollten und verweise zum Teil auch an andere Lehrende, die bereits Erfahrungen mit einer Methode oder einem bestimmten Szenario gemacht haben. Am Ende werden die auf das Gespräch folgenden Schritte besprochen. Meist wird ein weiteres Treffen für Teilthemen, wie der Diskussion eines Bewertungsrasters, eines Leitfadens für Studierende, eines Evaluationsbogens o. ä. vereinbart. Nach der Beratung versenden wir ggf. noch weiteres Informationsmaterial und tauschen uns intern aus, welche weiteren Unterstützungsmöglichkeiten wir ggf. sehen.

JG: Wo sehen Sie Potenziale kompetenzorientierten Prüfens?

KB: Ich sehe in kompetenzorientierten Prüfungen die Chance, dass sie das Lernen der Studierenden so beeinflussen, dass diese sich eigenständiger, kreativer und verständnisorientierter mit Inhalten auseinandersetzen. Die reine Abfrage von Rechenfertigkeiten oder Faktenwissen führt ja eher dazu, dass Studierende ihren Wunsch nach Verstehen und ihre Neugierde zurückstellen, um sich zielgerichtet mittels alter Klausuren auf Prüfungen vorzubereiten. Natürlich gibt es in Studiengängen auch Inhalte, die häufig geübt werden müssen, damit sich Routinen aufbauen können, und dann ist auch eine entsprechende Prüfung angemessen. Insgesamt gibt es aber noch zu wenige Prüfungen, die ein angemessenes Umgehen mit berufsnahen, ergebnisoffenen Problemen ermöglichen und prüfen. Dies wäre sowohl wichtig für das Erreichen der Studiengangziele, als auch m.E. ein relevanter Aspekt für die Senkung der hohen Abbruchquoten. Denn kompetenzorientierte Prüfungen kommen dem Bedürfnis der Studierenden nach einem Verständnis von Zusammenhängen und dem, was hinter der Formel liegt, viel stärker entgegen.

JG: Wo sehen Sie Grenzen und Herausforderungen kompetenzorientierten Prüfens?

KB: Die größte Herausforderung sind sicherlich die hohen Teilnehmendenzahlen in den Veranstaltungen und damit verbunden die hohe Belastung der Lehrenden – und auch der wissenschaftlichen Mitarbeiterinnen und Mitarbeiter. Zudem schränken die formalen und rechtlichen Vorgaben bestimmte Prüfungsszenarien ein. Das müsste allerdings nicht so sein, wenn man mehr unbenotete Prüfungsleistungen einführen würde. Es ist allerdings noch eine Herausforderung, wie in den sehr stark prüfungsorientierten Studiengängen dann sichergestellt werden kann, dass auch unbenotete Prüfungen ernst genommen werden. Eine weitere Herausforderung liegt in der Konstruktion guter Aufgabenstellungen und der Bewertung kompetenzorientierter Prüfungsleistungen.

JG: Welche Entwicklungen erwarten Sie in den kommenden Jahren in diesem Bereich?

KB: Grundsätzlich sehe ich, dass wir im Bereich des Prüfens noch viel Arbeit vor uns haben. Gut ist, dass es mittlerweile viele Beispiele für innovative Prüfungskonzepte gibt, die z.T. auch fachspezifisch angepasst sind. Auf diesen Erfahrungen lässt sich aufbauen und von dort ausgehend kann eine Weiterentwicklung der Konzepte betrieben werden. Insgesamt geht es aber nicht nur um innovative, kompetenzorientierte Prüfungsformate, sondern um Qualitätsentwicklung im Bereich der Prüfungen allgemein. Viele Lehrende fühlen sich allein gelassen und überfordert mit den Prüfungsanforderungen und Rahmenbedingungen. Hier müsste eine noch breitere Personalentwicklung und eine dauerhafte Unterstützung Lehrender bei der Konstruktion, Durchführung und Auswertung von Prüfungen gewährleistet werden.

Dieses Interview macht deutlich, dass die Unterstützung des ZLL eine große Bandbreite aufweisen kann und oftmals nicht nur auf inhaltliche, sondern auch auf rechtliche Fragen der Prüfungsgestaltung fokussiert und damit einen Bereich abdeckt, der im Kontext von Prüfungen nicht zu vernachlässigen ist. Das ZLL wird weiterhin als Ort beschrieben, an dem Expertise unterschiedlichster Art zusammengeführt wird und wo Good Practices für Prüfungsformate entstehen, die dann als Impulse für andere Lehrende zur Verfügung stehen können. Abschließend lässt sich festhalten, dass dieser Einblick in die Hochschulpraxis in eindrücklicher Art und Weise deutlich macht, welche Möglichkeiten der Unterstützung von Lehrenden es geben kann und wie diese ausgestaltet sein können. Damit kann dieser Beitrag als Impulsgeber für Hochschulen und Hochschulentwicklung auf dem Weg zum kompetenzorientierten Lehren und Prüfen gelesen werden. Für weitere Informationen: http://bit.ly/2hI0xFy.

Quellen zum Interview
Billerbeck, K., Tscheulin, A. & Salden, P. (Hrsg.). (2014). *Auf dem Prüfstand. Lernen bewerten in technischen Fächern*. Hamburg.
    Verfügbar unter: http://bit.ly/2yNrvqw [02.10.2017].
ZLL (2017). *Das ZLL*. Verfügbar unter: http://bit.ly/2yqeDDB [02.10.2017].

Autorinnen und Autoren

Aßmann, Martin, Psychologie M. Sc., Wissenschaftlicher Mitarbeiter am Institut für Pädagogische Psychologie der Leibniz Universität Hannover.

Bade, Dirk, Dr., Diplom-Informatiker, Wissenschaftlicher Mitarbeiter an der Universität Hamburg.

Billerbeck, Katrin, Dipl.-Soz., Fachreferentin für kompetenzorientiertes Prüfen am Zentrum für Lehre und Lernen der Technischen Universität Hamburg.

Boeckh, Jürgen, Dipl.-Sozialarbeiter (FH), Professor für Sozialpolitik an der Ostfalia HaW in Wolfenbüttel.

Borsdorf, Paul, M.A., MHEd., Wissenschaftlicher Mitarbeiter für Lehre am Fachbereich Sozialwissenschaften der Universität Hamburg.

Braßler, Mirjam, M.Sc. MHEd., Psychologin, Ökonomin, Erziehungswissenschaftlerin, Wissenschaftliche Mitarbeiterin an der Universität Hamburg.

Decker, Christian, Dr. rer. pol., Dipl.-Kfm., Professor für Internationale Betriebswirtschaftslehre an der HAW Hamburg.

Dilly, Marc, Dr. med. vet., MHEd., Leiter des Arbeitskreises Didaktik und Kommunikationskompetenz der Deutschen Veterinärmedizinischen Gesellschaft (DVG).

Dombrowski, Simon, Studium der Sozialwissenschaften, Biologie und Erziehungswissenschaften, wissenschaftlicher Mitarbeiter im Fachgebiet Soziologie der Universität Hamburg.

Ellinger, Dorothea, Dr., Biochemikerin und MHEd., Fachreferentin für Forschendes Lernen am Zentrum für Lehre und Lernen der Technischen Universität Hamburg.

Enders, Natalie, Dr., Dipl.-Psych., Wissenschaftliche Mitarbeiterin am Institut für Pädagogische Psychologie der Leibniz Universität Hannover.

Equit, Claudia, Dr. phil., wissenschaftliche Mitarbeiterin am Lehrstuhl für Soziale Arbeit der TU Dortmund, derzeit Vertretung der Professur Sozialisation, außerschulische Erziehung und Bildung der Universität Osnabrück.

Gerick, Julia, Dr. phil., Dipl.-Päd., Juniorprofessorin für Erziehungswissenschaft, Schwerpunkt: Schulentwicklungsforschung an der Universität Hamburg.

Gray, Ina Silvia, Sozialwissenschaftlerin (Europäische Studien, M. A.) und Hochschuldidaktikerin (MHEd.), Leiterin des Sprachenzentrums und wissenschaftliche Mitarbeiterin in der Lehre an der Hochschule Wismar.

Gutsmiedl-Schümann, Doris, Dr., MHEd., Archäologin, Wissenschaftliche Mitarbeiterin an der Freien Universität Berlin. Während Studium und Promotion aktive Debattiererin und Mitbegründerin des Debattierclubs München.

Hammer, Marisa, M.A., Fachreferentin für problem- und projektbasiertes Lernen am Zentrum für Lehre und Lernen der Technischen Universität Hamburg.

Hess (geb. Lotz), Miriam, Dr., Studium des Lehramts an Grundschulen und der Psychologie mit schulpsychologischem Schwerpunkt, Akademische Rätin am Institut für Grundschulforschung an der Universität Nürnberg.

Hieronymus, Martin, Dipl.-Ingenieur-Informatiker (FH), Laboringenieur und wissenschaftlicher Mitarbeiter an der NORDAKADEMIE-Hochschule der Wirtschaft, Elmshorn.

Hoebel, Thomas, M.A., Soziologe, Wissenschaftlicher Mitarbeiter am Institut für interdisziplinäre Arbeitswissenschaft an der Leibniz Universität Hannover. Redakteur von wissenschaftlich-arbeiten.info.

Hoffmann, Andreas, Dr.-Ing., Akademischer Rat am Lehrstuhl Betriebssysteme und verteilte Systeme an der Universität Siegen.

Holdschlag, Arnd, Dr., MHEd., Geograph und Hochschuldidaktiker, Lehrbeauftragter am Institut für Geographie der Universität Hamburg.

Hombach, Katharina, Dipl.-Päd., Dipl.-Sozialpäd., Wissenschaftliche Mitarbeiterin an der Justus-Liebig-Universität Gießen.

Jänicke, Nathali T., Dr., Dipl.-Wirtschaftsingenieurin und MHEd., Professur für allgemeine Betriebswirtschaftslehre, insbesondere Energie- und Umweltmanagement an der Jade Hochschule in Wilhelmshaven.

Jung, Karsten, Dr., Studienrat an einer Beruflichen Schule in Baden-Württemberg und Leiter der Forschungsstelle Religionspädagogik an der CVJM – Hochschule Kassel.

Kahrs, Miriam, Wissenschaftliche Mitarbeiterin der Akademie für Weiterbildung an der Universität Bremen.

Karcher, Florian, Dr., Dipl. Sozial- und Religionspädagoge (FH), Leiter des Instituts für missionarische Jugendarbeit an der CVJM-Hochschule Kassel.

Kauder, Peter, Privatdozent für Allgemeine Erziehungswissenschaft an der TU Dortmund in der Fakultät Erziehungswissenschaft, Psychologie und Soziologie; dort angestellt seit 1997.

Kautz, Christian, Prof. Dr., Physiker, Professor für Fachdidaktik der Ingenieurwissenschaften an der Technischen Universität Hamburg.

Keller, Helge, Master of Arts Soziale Arbeit, wissenschaftlicher Mitarbeiter.

Kempka, Andreas, seit 2009 wissenschaftlicher Mitarbeiter bzw. Lehrkraft für besondere Aufgaben an der TU Dortmund in der Fakultät Erziehungswissenschaft, Psychologie und Soziologie im Bereich Allgemeine Erziehungswissenschaft.

Killus, Dagmar, Professorin für Schulpädagogik mit dem Schwerpunkt Allgemeine Didaktik und Unterrichtsforschung an der Universität Hamburg.

Kohl, Sandra, Koordinierungsstelle Verwaltungsforschung an der Universität Bremen.

Königstein-Lüdersdorff, Katja, Dipl.-Pflegewirtin (FH), wissenschaftliche Mitarbeiterin, E-Learning-Moderatorin und -Gestalterin, Arbeitsstelle Studium und Didaktik, E-Didaktik an der HAW Hamburg.

Kulin, Sabrina, Dr. phil., Erziehungswissenschaftlerin; wissenschaftliche Koordinatorin im Projekt „Theorie-Praxis-Verknüpfung in den drei Handlungsfeldern

"Heterogenität und Inklusion", "Kompetenzorientierte Unterrichtsgestaltung" und "Professionsbezogene Unterstützungsangebote im Studium"; Leuphana Universität Lüneburg.

Künkler, Tobias, Professor für Allgemeine Pädagogik und Soziale Arbeit an der CVJM-Hochschule Kassel.

Lautner, Silke, Prof., Dr., Forstwissenschaftlerin und Professorin für Holzbiologie an der Hochschule für nachhaltige Entwicklung Eberswalde.

Lipowsky, Frank, Prof. Dr., Grund- und Hauptschullehrer, Dipl. Pädagoge, Professor für Empirische Schul- und Unterrichtsforschung an der Universität Kassel.

Lund, Daniela, wissenschaftliche Mitarbeiterin für die Lehre am Institut für Berufs- und Wirtschaftspädagogik, Berufsschullehrerin, systemische Organisationsberaterin, Lerncoach.

Nettke, Tobias, Prof. Dr., erstes Staatsexamen Lehramt für die Sekundarstufe I in den Fächern Biologie und Kunstpädagogik, Dipl.-Pädagoge, Professur für Bildung und Vermittlung in Museen an der HTW Berlin.

Niekler, Lena, M.A., Sozialarbeiterin, Religionspädagogin und Ev. Theologin, Wissenschaftliche Mitarbeiterin am Institut für missionarische Jugendarbeit der CVJM-Hochschule Kassel.

Oellers, Björn, Dr., Wissenschaftlicher Mitarbeiter an der Hamburger Fern-Hochschule.

Ohle, Annika, Dr. phil. nat., Akademische Rätin am Institut für Schulentwicklungsforschung an der TU Dortmund.

Otto, Jonathan, Dipl.-Geograph, Wissenschaftlicher Mitarbeiter am Fachbereich Informatik der Universität Hamburg.

Paseka, Angelika, Professorin für Erziehungswissenschaft mit dem Schwerpunkt Professionsforschung und Professionsentwicklung an der Universität Hamburg.

Reinmann, Gabi, Prof., Dr., Dipl. Psych., Professorin für Lehren und Lernen an der Hochschule an der Universität Hamburg.

Rennstich, Joachim K., Prof., Dr., Dipl. Sozialwirt (Uni Göttingen), M.A./Ph.D. Political Science (Indiana University, Bloomington). Professor für Internationale Soziale Arbeit an der CVJM-Hochschule Kassel.

Sauer, Marc, Wissenschaftlicher Mitarbeiter (Supportstelle für elektronische Klausuren) am Lehrstuhl für Betriebssysteme und verteilte Systeme der Universität Siegen.

Schilling, Malte, Dr., Center of Excellence 'Cognitive Interaction Technology' (CITEC), Universität Bielefeld.

Scholkmann, Antonia, Dr. phil., Dipl. Psych. Postdoc-Mitarbeiterin an der Universität Hamburg, Fakultät Erziehungswissenschaft, EW 3: Berufliche Bildung und Lebenslanges Lernen.

Sommer, Angela, Diplom-Pädagogin, Wissenschaftliche Mitarbeiterin am Hamburger Zentrum für Universitäres Lehren und Lernen (HUL) der Universität Hamburg.

Stahlberg, Nadine, Dr., Wissenschaftliche Mitarbeiterin am Zentrum für Lehre und Lernen (ZLL) der Technischen Universität Hamburg sowie freiberufliche schreib- und hochschuldidaktische Trainerin.

Sutter, Carolin, Dr. iur., Professorin für (Internationales) Wirtschaftsprivatrecht und Kapitalgesellschaftsrecht, seit 2016 Prorektorin für Studium und Weiterbildung an der SRH Hochschule Heidelberg. 2013 ausgezeichnet mit einem Fellowship für Innovationen in der Hochschullehre durch die Baden-Württemberg Stiftung.

Tan, Wey-Han, Dipl.-Päd., M.A., Interessgebiet: Spiele im weitesten Sinne, in Kombination mit Kunst, Kultur und Bildung.

Teichert, Wolfgang, M.Sc. Geographie, Wissenschaftlicher Mitarbeiter und Lehrbeauftragter am Institut für Geographie der Universität Hamburg.

Thom, Nico, Musikwissenschaftler, Wissenschaftsmanager und Hochschulforscher bzw. -didaktiker, Wissenschaftlicher Mitarbeiter an der Musikhochschule Lübeck und im Netzwerk Musikhochschulen für Qualitätsmanagement und Lehrentwicklung.

van den Berk, Ivo, Dr., Leiter der Hochschuldidaktik der Hochschule Emden/Leer, Mitherausgeber der Online Zeitschrift die hochschullehre.

Vennebusch, Jochen Hermann, M.A., Studium der Kunstgeschichte, Geschichte, Katholischen Theologie und Philosophie, Wissenschaftlicher Mitarbeiter am Sonderforschungsbereich 950 „Manuskriptkulturen in Asien, Afrika und Europa" der Universität Hamburg.

Vriesen, Judith, Lehrerin für das Lehramt der Sekundarstufe I und sonderpädagogische Förderung, Fachleiterin für das Lehramt sonderpädagogische Förderung, wissenschaftliche Mitarbeiterin im Rahmen einer Abordnung an die Technische Universität Dortmund.

Warnke, Andrea, Dr. phil., akademische Mitarbeiterin an der Pädagogischen Hochschule Freiburg, Fachrichtung Public Health & Health Education im Institut für Alltagskultur, Bewegung und Gesundheit.

Zimmermann, Germo, Prof. Dr. rer. soc., Dipl. Sozial- und Religionspädagoge (FH), Professor für Soziale Arbeit/Jugendarbeit an der CVJM-Hochschule Kassel.